AF612771

CATALOGUE

DES

ESTAMPES ET DESSINS

COMPOSANT LE CABINET

DE FEU

M. LE CHEVALIER J. CAMBERLYN.

LE CATALOGUE SE DISTRIBUE :

PARIS.	DELBERGUE-CORMONT, commissaire-priseur, rue de Provence, 8. VIGNÈRES, marchand d'estampes, rue de la Monnaie, 13, à l'entresol, entrée rue Baillet, 1.
AMSTERDAM.	GRUYTER, marchand de tableaux, de dessins et d'estampes. BUFFA et fils, marchand d'estampes.
ANVERS.	JOS. LINNING, peintre-graveur.
BERLIN.	AMSLER et RUTHARDT, march. d'estampes. ROCCA frères, id.
BRUXELLES	HENRI LEROY, marchand de tableaux.
COLOGNE	J.-J. PRICKEN, marchand d'estampes.
DRESDE.	E. ARNOLD, id.
FRANCFORT-SUR-MEIN.	PRESTEL, id.
LEIPSIG.	RUDOLPH WEIGEL, id. W. DRUGULIN, id.
LIÉGE	CH. VAN MARCK, id.
LONDRES	COLNAGHI et Cie, id. GRAVES, id. EVANS et fils, id. HOLLOWAY, id.
ROTTERDAM.	D. LAMME.
VIENNE.	KAISER, marchand d'estampes. A. POSONYI, id. ARTARIA et Cie, id.

Conditions de la Vente.

Elle sera faite au comptant.

Les acquéreurs payeront 5 centimes par franc en sus du prix des adjudications, applicables aux frais.

Imprimerie de A. Guyot et Scribe, 18, rue Neuve-des-Mathurins.

CATALOGUE

DE L'INTÉRESSANTE COLLECTION

D'ESTAMPES

ET

DE DESSINS

Composant le Cabinet

DE FEU

M. LE CHEVALIER J. CAMBERLYN

DE BRUXELLES.

Première Partie.

LA VENTE AURA LIEU

HOTEL DES COMMISSAIRES-PRISEURS, RUE DROUOT, 5.

SALLE N° 3, AU PREMIER ÉTAGE.

Le lundi 24 avril 1865 et jours suivants,

A UNE HEURE PRÉCISE,

Par le ministère de Me DELBERGUE-CORMONT, commissaire-priseur,
Rue de Provence, 8,

Assisté de M. GUICHARDOT, ancien marchand d'estampes et de dessins.

EXPOSITION PUBLIQUE

Le Dimanche 23 Avril 1865, de midi à quatre heures

DES PRINCIPAUX MORCEAUX DE LA PRÉSENTE VENTE.

Yd-400 (1)-8

AVERTISSEMENT.

Cette première partie comprend les estampes des maîtres classés par ordre alphabétique de A à M inclusivement, exception faite des portraits d'après Antoine Van Dyck, par différents graveurs, qu'on a cru devoir placer à la suite de ceux gravés par le peintre même.

La seconde partie, dont la vente n'aura lieu qu'en novembre prochain, comprendra les estampes des maîtres classés aussi par ordre alphabétique de N à Z inclusivement, à l'exception des sujets et portraits par divers graveurs, d'après Pierre-Paul Rubens, qu'on a rangés dans l'œuvre de ce grand peintre; et les dessins de différents maîtres, indiqués de même par ordre alphabétique.

NOTICE

SUR

LE CHEVALIER J. CAMBERLYN.

J'ai eu l'honneur de connaître à Bruxelles le chevalier J. Camberlyn, durant les dernières années de sa vie. C'était un gentilhomme d'un fier caractère, un de ces types, rares aujourd'hui, chez lesquels une brusque franchise recouvre un sentiment exquis de loyauté, de justice et de bienveillance. Il avait à la fois quelque chose du capitaine aventureux et du châtelain campagnard : la stature haute et forte, le geste impérieux, l'œil brillant et très-sympathique. Ses manières, dignes et réservées au premier abord, se simplifiaient vite en une aisance familière et spirituelle avec les rares intimes qu'il adoptait.

Car c'était un privilége exceptionnel que d'être admis dans la vaste maison, je dirais volontiers dans le manoir, qu'il habitait à Bruxelles, au coin de la rue Montagne-de-la-Cour. Mais, une fois conquise *l'introduction*, — comme dans les maisons anglaises, — le vieux chevalier prenait ses hôtes en amitié. On causait, on causait, toujours des beaux-arts. Il avait une verve originale pour animer ses connaissances très-étendues en archéologie et en iconographie, en gravure, en peinture, en histoire. Il racontait comment il était devenu collectionneur; comment il avait amassé successivement tant de trésors; la découverte de ses pièces rares; la diplomatie patiente et ingénieuse qu'il avait dépensée parfois, à l'occasion d'une petite eau-forte, d'une épreuve unique, d'une toile délabrée; ses pérégrinations chez les bric-à-brac ou aux ventes publiques; et quantité d'anecdotes curieuses, concernant les amateurs ou les spéculateurs.

Depuis presque un demi-siècle, n'avait-t-il pas connu beaucoup d'artistes célèbres et de collectionneurs raffinés? Il avait été l'ami du baron Verstolck de Soelen, et il était en relation continue avec la plupart des amateurs de l'Europe. Il avait assisté lui-même aux ventes fameuses, en Hollande, en Belgique, en Allemagne et en France; mais surtout il avait trouvé de ces chances heureuses, — qui n'arrivent qu'aux curieux très-passionnés.

Tout jeune, il avait avisé quelques portraits de Nanteuil, égarés dans sa famille, et il les avait mis en portefeuille. Entré au service en 1815 et habitant La Haye, comme attaché, je crois, à l'état-major, voilà qu'il achète une série de Netscher, six portraits! ce furent ses premiers tableaux. Un portefeuille de Nanteuil et six Netscher avaient décidé sa vocation de collectionneur. La Hollande, à cette époque, était encore bien riche en peintures et en estampes, et le jeune officier avait pu satisfaire son goût, dans les conditions les plus favorables.

Lorsqu'arriva la révolution de 1830, il avait quitté le service depuis quatre ans, mais ses convictions et ses sympathies étaient demeurées fidèles à la famille d'Orange. La séparation des Pays-Bas en deux petits États lui parut malencontreuse : malgré la prospérité des deux pays, il ne manque pas aujourd'hui de penseurs sérieux qui regrettent peut-être aussi que la solidarité des Hollandais et des Flamands soit rompue.

Ce fut alors, dès 1830, que le chevalier Camberlyn se confina dans une solitude volontaire et se consacra presque exclusivement à son amour des estampes et des tableaux, augmentant toujours ses collections, et les classant avec une sollicitude très-éclairée. La plus grande salle de sa maison fut arrangée en bibliothèque, avec des casiers, des rayons, des tiroirs et de vastes tables. C'est là qu'il se plaisait, chaque jour, à feuilleter des œuvres précieux et à y joindre des notes puisées dans ses souvenirs ou dans les livres des anciens auteurs et des écrivains modernes. Il était devenu ainsi très-savant sur l'histoire de l'art et spécialement des écoles du Nord. Lui-même a publié divers articles pleins de goût et d'érudition, par exemple sur Memling, dont il fut un des premiers, il y a vingt-cinq ans, à rétablir le vrai nom, avec l'M initial au lieu de l'H. On lui doit aussi la découverte de plusieurs documents relatifs aux maîtres primitifs de l'école flamande, par exemple la Chronique du prieuré de Rouge-Cloître, qui a permis à M. Wauters de restituer la biographie de Hugues van der Goes. Moi, je le faisais causer sur les maîtres hollandais du dix-septième siècle, qui lui étaient également familiers. Nous passions alors dans la salle où étaient accrochés les tableaux, et nous discutions sur les points obscurs de l'histoire et de la biographie, sur ce que nous appellions les *sphinx*, sur van der Meer de Delft, Fabricius, Nicolas Maes, les élèves de Rembrandt, etc. Il citait des textes de vieux livres hollandais, ou des traditions orales qu'il avait recueillies en Hollande dans sa jeunesse. Nous ne nous accordions pas toujours, mais il m'a souvent appris du nouveau et du vrai.

C'est pourquoi je suis heureux de rendre ici témoignage au caractère de l'homme et à la compétence de l'amateur d'art. Quant à vanter sa collection d'estampes, ce serait superflu ; elle est de longtemps connue et appréciée, et le savant Catalogue qu'en a rédigé M. Guichardot, d'après la volonté expresse d'un testament, restera comme un livre à consulter dans les bibliothèques, non-seulement à cause de la description exacte des *états*, minutieusement étudiés, mais à cause de certaines raretés, que ne possèdent même pas les collections nationales les plus riches. Il faut cependant citer hors ligne les œuvres de Van Dyck, de Nanteuil, de Rembrandt, de Rubens et autres grands maîtres. Que de fois, lorsque nous parlions de Rembrandt, qui revenait le plus souvent dans nos conversations, le vieux chevalier allait chercher son *Lutma*, qu'il affectionnait entre tous et sur lequel il expliquait les incomparables qualités du génie de la Hollande.

Où vont aller toutes ces merveilles? Paris les disputera vivement aux Hollandais et aux Belges, aux Allemands et aux Anglais. La collection de tableaux aurait eu également beaucoup de succès à Paris, car elle contient, outre les Netscher, d'une conservation immaculée, des Albert Cuijp superbes, un Lucas de Leyde et un Mierevelt, un grand Pourbus, portraits de famille, un Teniers et un Jean Steen, Adrien van de Velde, Decker, etc. Mais M. le chevalier Camberlyn d'Amougies, neveu du chevalier J. Camberlyn, les garde, comme un souvenir, dans la maison de la rue Montagne-de-la-Cour.

Le chevalier J. Camberlyn était né le 11 mars 1783; il est mort le 3 janvier 1861. Il me semble que Louis David, durant son exil aux Pays-Bas, a peint de lui un très-beau portrait en buste et de grandeur naturelle.

W. Bürger.

CATALOGUE
DES ESTAMPES
ET
DES DESSINS

COMPOSANT LE CABINET DE FEU

M. le Chevalier J. CAMBERLYN.

ESTAMPES.

ÆNEA (P....), dessinateur et graveur en manière noire Hollandais; florissait dans la deuxième moitié du XVIIe siècle.

1. Nicolas Blancard ou Blanckaert, professeur d'histoire et de littérature grecque à l'Académie de Francker. Belle épreuve.

AKEN (JEAN VAN), peintre et graveur à l'eau-forte; né en Hollande, vers 1614; l'année de sa mort n'est pas connue.

2. *Différents chevaux.* Suite de six pièces (B. 1 à 6). Très-belles épreuves tirées avant que l'adresse de *Clément de Ionge*, au premier morceau, n'ait été effacée et remplacée par celle de *J. Bormeester*, qui a été supprimée dans le dernier état.

3. *Différents paysages.* Suite de dix estampes, savoir : 1) Le petit pont (B. 7). — 2) Le petit bateau (B. 8). —3) Le pays raboteux (B. 9). — 4) Le bouquet d'arbres (B. 10). — 5) La chasse au cerf (B. 11). — 7) La colline creusée (B. 13). — 8) L'homme qui se repose près du chemin (B. 14). — 9) Le pays montueux (B. 15). — 10) L'homme à cheval, sur le devant

(B. 16). Très-belles épreuves; le n° 7 est tiré avant que l'adresse de Clément de Jonghe n'ait été effacée et remplacée par celle de François Carelse. Du n° 11 deux épreuves: la première avec les angles aigus; du n° 14 deux épreuves, dont l'une a trois de ses angles aigus. Le n° 12 manque. En tout 11 estampes.

4. Les voyageurs à cheval (B. 17.) Superbe épreuve du premier état, avant que le nom du maître, à gauche sur les eaux, n'ait été effacé.

5. Le même sujet (B. 17). Très-belle épreuve du deuxième état, après que le nom du maître a été effacé; sur le ciel, à la gauche du haut: *P. Pot;* à droite dans le bas de la marge: 4.

6. *Vues du Rhin.* Suite de quatre pièces, d'après H. Saft-leven, savoir: 1) Les paysans en conversation au haut de la colline (B. 18). — 2) L'homme portant un paquet sur le dos (B. 19). — 3) La pêche aux écrevisses (B. 20). — 4) Le repos des voyageurs (B. 21). Belles épreuves; au premier morceau on y voit l'adresse de Clément de Jonghe, qui a été remplacée depuis par celle de N. Vischer. L'épreuve du quatrième morceau (B. 21) est rognée sur le trait carré.

AKERSLOOT (Willem ou Guillaume), peintre et graveur au burin; né à Harlem, vers 1600; l'année de sa mort n'est pas connue.

7. Amélie, princesse d'Orange, avec ses deux filles; on voit, dans le fond, la vieille cour du palais de la Haye. Jolie pièce en hauteur. Très-belle épreuve.

ALBERTI (Cherubin), peintre et graveur au burin; né à Borgo San-Sepolcro en 1552; mort à Rome en 1615.

8. Saint-Jean Baptiste debout, ayant la tête tournée vers la gauche (B. 67). Copie en contre-partie, sans nom de graveur. Superbe épreuve; elle a de la marge.

ALDEGREVER (Henri), peintre et graveur au burin; né à Soest, en Westphalie, en 1502; mort dans la même ville, vers 1562.

9. Joseph fait vendre du blé à ses frères; 1528 (B. 21). Superbe épreuve.

10. Ammon tué pendant le festin; 1540 (B. 27) Très-belle épreuve; elle a une petite restauration vers le haut de la gauche.

11. Sophonisbe, 1533 (B. 62). Très-belle épreuve.

12. Médée et Jason; 1529 (B. 65). Belle épreuve.

13. Mutius Scevola; 1530 (B. 69). Superbe épreuve.

14. Mars; 1529 (B. 82). Très-belle épreuve; elle a une petite restauration.

15. Les travaux d'Hercule; 1550. Suite de treize estampes (B. 83 à 95); les numéros 83 et 92 manquent. Très-belles épreuves. 11 estampes.

16. Un homme tenant à la main un bâton, accompagné de son chien; 1538 (B. 160). Très-belle épreuve.

ALMELOVEEN (JEAN), peintre et graveur à l'eau-forte; né à Gouda, dans la première moitié du XVIIe siècle.

17. Vue d'une petite rivière avec bateau qu'un homme tire en amont par une corde (B. 33). Très-belle épreuve.

18. Les portraits du pape Clément X et de Gibert Voet (B. 37). Très-belle épreuve.

AMATO (FRANÇOIS), peintre et graveur à l'eau-forte; né en Italie, dans le XVIIe siècle.

19. Sainte Famille (B. 1). Très-belle épreuve avec marge.

20. Saint Joseph (B. 2). Très-belle épreuve.

21. Saint Jérôme (B. 3). Très-belle épreuve.

22. Saint Christophe (B. 4). Superbe épreuve du premier état, avant l'inscription : S. CHRISTOFORO, écrite en très-grands caractères, à la droite d'en haut; elle a de la marge.

ANDREANI (ANDRÉ), peintre et graveur en camaïeu, et éditeur, né à Mantoue, vers 1540; mort en 1623 ou 1626.

23. Des Nymphes au bain, d'après le Parmesan (B. VII sect. 22). Très-belle épreuve du premier état, avec la marque d'André Andreani et l'année.

ANGELI (JEAN-BAPTISTE D'), surnommé *Torbido del Moro*, peintre et graveur à l'eau-forte; né à Vérone; florissait vers le milieu du XVIe siècle.

24. Repos en Égypte (B. 3). Très-belle épreuve du premier état, avant l'adresse : *Apud camocium*, sur la terrasse, au-dessous du pied gauche de la Vierge.

ARDELL (JAMES-MAC), graveur en manière noire; né en Irlande, vers 1710 ; mort à Londres en 1765.

25. Garrick et Mrs. Gibber dans les rôles de Jaffier et Belvidera, dans la *Venise sauvée* d'Otway, d'après Zoffani. Superbe épreuve avant la lettre.

26. Mrs. Turner de Clints dans le Yorkshire, d'après J. Reynolds. Très-belle épreuve avec marge.

27. Emilie, comtesse de Kildare, 1754 ; d'après J. Reynolds. Très-belle épreuve.

ASCANIUS (. . . . . .), graveur à l'eau-forte et au burin, du XVIe siècle.

28. Jésus-Christ présenté au peuple; au-dessus de sa tête, sur un cartouche, on lit: *Ecce Homo*, et au-dessous de ses pieds, sur un autre cartouche : *Ascanius*. A gauche : 1568. Superbe épreuve.

Ce morceau très-rare, de forme ronde, n'est décrit par aucun iconographe.

ASPRUCK (FRANÇOIS), peintre et graveur au maillet; florissait dans la première moitié du XVIIe siècle.

29. Jupiter, Antiope et l'Amour, d'après Joseph Heintz. Morceau très-rare. Superbe épreuve.

AUDOUIN (PIERRE), graveur au burin; né à Paris en 1768; mort en 1822.

30. Jupiter et Antiope, d'après Ant. Allegri, dit le *Corrège*. Superbe épreuve avant la lettre; seulement les noms des artistes et la date du dépôt à la bibliothèque indiqués par des points. Elle a de grandes marges.

AUDRAN (GIRARD ou GÉRARD), dessinateur et graveur à l'eau-forte et au burin; né à Lyon en 1640; mort à Paris en 1703.

31. Jésus-Christ marchant sur les eaux, d'après Lanfranc. Superbe épreuve, avec l'adresse : *à Paris rue S. Jacques aux deux piliers d'or*. Elle a de grandes marges.

32. Saint Augustin, vu en pied, tenant une plume de la main droite et un cœur embrasé de la main gauche. Très-belle épreuve, sans aucune lettre dans la marge du bas. Elle a de grandes marges.

33. Martyre de saint Étienne, d'après Ch. Le Brun. Superbe épreuve.

34. La mort de saint François, d'après Ann. Carrache. Superbe épreuve, avec les armes et la lettre; mais avant les mots : *au 2 piliers d'or*. Une main contemporaine a écrit ces mots à la plume, sur la présente épreuve. Elle a de la marge. Très-rare de cette beauté.

35. Saint Sébastien, d'après Ann. Carrache. Rare et superbe épreuve avant la lettre. Cabinet Debois.

36. L'Empire de Flore, d'après Nic. Poussin. Très-belle épreuve.

37. Narcisse métamorphosé en fleur, d'après Nicolas Poussin. Superbe épreuve.

38. Le Temps découvrant la Vérité, d'après N. Poussin. Deux épreuves; la première, avant la draperie; la seconde, avec la draperie. Elles manquent de conservation.

39. Ulysse découvrant Achille, d'après Ann. Carrache. Superbe épreuve.

40. Renaud et Armide, d'après Ant. Coypel. Très-belle épreuve. Elle a de la marge.

41. Guillaume de Limoges. Pièce rare et curieuse, connue sous le nom de : *Le Gaillard boîteux*. Superbe épreuve.

AUDRAN (Benoît), graveur à l'eau-forte et au burin; né à Lyon en 1661; mort à Louzouer, près de Sens, en 1721.

42. Zéphyre et Flore, d'après Ant. Coypel. Rare et superbe épreuve avant la lettre; elle a de grandes marges.

43. *Bon voyage*, d'après A. Watteau. Très-belle épreuve, avec de très-grandes marges

44. *Mezetin*, d'après A. Watteau. Très-belle épreuve; elle a de grandes marges.

45. *Le Rendez-vous*, d'après A. Watteau. Très-belle épreuve, avec de grandes marges.

46. Henri de Beringhen, d'après Nanteuil. Superbe épreuve du premier état, avant les changements; le personnage est couvert d'un manteau. Elle a de grandes marges.

47. Le même portrait. Belle épreuve du deuxième état, avec la cuirasse substituée au manteau.

48. Samuel Frisching, d'après Jean.-Rod. Huber. Très-belle épreuve.

49. Charles Le Goux de La Berchère, archevêque de Narbonne, d'après Boullongne l'aîné. Belle épreuve.

AUDRAN (Jean), graveur à l'eau-forte et au burin; né à Lyon en 1667; mort à Paris en 1756.

50. Cupidon vient au secours de Psyché, d'après Ant. Coypel. Rare et superbe épreuve, avant les armes et la lettre. Elle a de grandes marges.

51. Homme s'efforçant de remonter dans une barque. Morceau sans nom ni marque. Fort belle épreuve, avec de très-grandes marges.

52. Noël Coypel, peintre ordinaire du Roi, d'après son portrait dessiné par lui-même. Très-belle épreuve avec marge.

AVELINE (Pierre), dessinateur et graveur à l'eau-forte et au burin; né à Paris en 1710; mort en 1760.

53. *La Famille*, d'après A. Watteau. Très-belle épreuve; elle a de très-grandes marges.

54. Vénus montrant des fleurs à l'Amour, d'après F. Boucher; dans la marge, un quatrain : *Quand on a le corps si parfait. . . . . . Qui puisse autant plaire à la vue*. Très-belle épreuve avec marge.

Moissonneuse nue et endormie. Morceau sans nom de graveur, d'après le même peintre; dans la marge,

un quatrain : *L'Amour est un Dieu sans conduitte. . . Ses feux ne durent pas longtems.* Très-belle épreuve avec marge.

AVONDT (Pierre Van), peintre et graveur à l'eau-forte ; né à Anvers en 1619 ; l'année de sa mort n'est pas connue.

55. Deux anges, représentés en regard, sur un fond blanc, dans l'attitude de soutenir une couronne. Pièce fort rare. Très-belle épreuve.

56. Deux enfants sur un nuage.—Un Faune assis à terre entre deux enfants. Belles épreuves.

57. Trois pièces des quatre éléments : l'Air, le Feu, l'Eau. Pièces rares. Belles épreuves ; il y a une tache au premier morceau.

58. Quatre génies s'amusant à faire des bulles de savon. Morceau en hauteur, attribué à ce maître.

BADIALE (Alexandre), peintre et graveur à l'eau-forte ; né à Bologne en 1623 ; mort dans la même ville en 1678.

59. Descente de croix, d'après Flaminio Torre (B. 4). Très-belle épreuve.

BAEN (Jean Van), peintre et graveur à l'eau-forte ; né à Harlem en 1633 ; mort à Amsterdam en 1702.

60. Incendie de l'hôtel de ville d'Amsterdam. Rare et très-belle épreuve du premier état, avant l'année 1652.

BAES (Martin), peintre et graveur flamand ; travaillait de 1591 à 1622.

61. Portrait du vénérable Louis Blosius ou de Blois, abbé de Liesses. Très-belle épreuve.

BAILLIE (William), amateur et graveur sur cuivre en différents genres ; né en Irlande, vers 1736 ; l'année de sa mort n'est pas connue.

62. La Vierge et l'Enfant-Jésus. Jolie pièce en hauteur, d'après Sabbadini. Belle épreuve imprimée en encre rouge, sur papier de Chine.

63. Les disciples d'Emmaüs, d'après Rembrandt. Très-belle épreuve.

64. Femme à sa fenêtre, tenant une lampe allumée, d'après Gérard Dow. Belle épreuve.

65. Jeune fille, l'index devant la bouche, d'après Guido Reni. Très-belle épreuve.

66. Le paysan Sans-Souci, d'après A. Van Ostade. Très-belle épreuve sur papier de Chine.

BAILLU ou **BAILLIU** (Pierre de), graveur au burin ; né à Anvers en 1614 ; mort dans la même ville, on ne sait en quelle année.

67. Jésus-Christ en croix ; à droite, sont la Vierge, la Madeleine et saint Jean ; à gauche, saint François d'Assise. Belle pièce en hauteur, d'après Ant. Van Dyck. Superbe épreuve, avec l'adresse du graveur.

68. L'ensevelissement de Jésus-Christ ; il est soutenu par deux anges ; la Vierge et la Madeleine sont près de lui ; d'après Ann. Carrache. Superbe épreuve.

69. Renaud et Armide dans la vallée enchantée, d'après Ant. Van Dyck. Superbe épreuve du premier état, avant l'adresse de Romboudt Van de Velde ; le mot *sculpsit* est suivi de *et excudit*. Très-rare de cette beauté.

70. Le même sujet. Belle épreuve du deuxième état, avec l'adresse de Romboudt Van de Velde, au milieu du bas de la marge inférieure ; les mots *et excudit*, à la suite de *sculpsit*, ont été effacés.

71. Albert, comte d'Aremberg, représenté à cheval, d'après A. Van Dyck. Superbe épreuve du premier état, avant l'adresse de Romboudt Van de Velde, dans la marge, sous le mot *Æques*.

BAKHUISEN (Ludolf ou Louis), peintre et graveur à l'eau-forte ; né à Embden en 1631 ; mort à Amsterdam 1709.

72. Différentes marines. Suite de dix estampes, dites vues de l'Y, bras de mer près d'Amsterdam : vue de mer, où une déesse sur un char, tient un écusson aux armes de la ville d'Amsterdam (B. 1). — Marchande de poissons, au bord de la mer (B. 2). — Vaisseaux en mer (B. 3). — Vaisseau s'avançant à toutes voiles (B. 4). — Les deux bateaux (B. 5). — Yacht (B. 6). — Barque en carène (B. 7). — Mariniers mettant

une barque à flot (B. 8). — Port de mer où un homme pousse une brouette (B. 9). Mer agitée (B. 10). Au bas du premier morceau de cette suite, six vers hollandais ; *Zoo bouwt men hier..... en geplant*, gravés sur une planche séparée; aux sept pièces suivantes, des numéros de 1 à 7. Cette suite est précédée d'un titre en cinq lignes : *Stroom en zeegezichten... In Amsterdam*. Belles épreuves tirées avant les numéros aux morceaux ordinairement numérotés de 1 à 7. En tout 12 pièces, y compris le portrait du maître, gravé en manière par J. Gole, et le titre.

BAKKER ou **BACKER** (JACQUES DE), peintre et graveur à l'eau-forte; né à Harlingen en 1608 ; mort en 1641.

73. Quatre morceaux des cinq sens, savoir : le Goût, l'Ouïe, l'Odorat, et la Vue. Pièces rares; plusieurs, en belles épreuves.

BALDINI (BACCIO), orfèvre et graveur au burin ; florissait à Florence, dans la seconde moitié du XVe siècle.

74. Le Dante, égaré dans une forêt, est effrayé par une panthère et un lion (B. 37). Rare et belle épreuve, sans impression au verso.

75. Virgile conseillant à Dante de prendre une autre route, s'il veut échapper aux bêtes fauves (B. 38). Belle épreuve; elle est imprimée au verso.

BALECHOU (JEAN-JOSEPH), graveur au burin; né à Arles en 1715 ; mort à Avignon en 1764.

76. Sainte Geneviève, patronne de Paris, d'après C. Vanloo. Superbe épreuve avant les armes et la lettre, et avant les travaux ajoutés dans la partie supérieure, pour mettre d'équerre l'angle droit du haut. Extrêmement rare de cette beauté.

77. Le même sujet. Très-belle épreuve avec l'angle supérieur régularisé, les armes et la lettre; mais avant que le jupon n'ait été alongé. Elle a de la marge.

78. Saint Philippe de Néri, d'après E. Jeaurat. Très-belle épreuve.

79. Le Goûté, d'après E. Jeaurat. Belle épreuve avec marge.

80. Madame de Châteauroux, représentée sous la figure de LA FORCE, d'après J. M. Nattier. Superbe épreuve.

81. Auguste III, roi de Pologne, d'après Hyacinthe Rigaud. Fort rare et très-belle épreuve, avant la qualité de *chevalier de l'ordre de Saint-Michel*, et l'année 1750. On n'en connaît que cinq épreuves de cet état.

82. Prosper Jolyot de Crébillon, représenté dans un ovale, d'après Aved. Très-belle épreuve; elle a de grandes marges.

BALTA ou **BULTA** (. . . . .), dessinateur et graveur à l'eau-forte, sur lequel nous n'avons point de données.

83. La Vierge tenant sur ses genoux l'Enfant-Jésus endormi. Ce morceau, spirituellement exécuté, est très-rare. Belle épreuve.

BARBARY (JACQUES DE), dit *le Maître au Caducée*, peintre et graveur au burin; né en Allemagne selon les uns, en Italie selon les autres, dans la deuxième moitié dn XVe siècle.

84. Judith (B. 1). Belle épreuve; elle est rognée sur la hauteur et sur la largeur, mais le sujet est complet.

85. Sainte Catherine (B. 8). Copie dans le même sens et et de la même grandeur que l'original. Belle épreuve.

BARBAULT (JEAN), peintre et graveur à l'eau-forte français; né vers 1705; mort à Rome en 1765 ou 1766.

86. Martyre de saint Pierre, d'après P. Subleyras. Superbe épreuve.

BARBIERE (DOMINIQUE DEL), peintre et graveur à l'eau-forte et au burin; né à Florence en 1501; l'année de sa mort n'est pas connue.

87. La Gloire, d'après *le maître Boux* (B. 7). Épreuve avec marge.

BARBIERI (JEAN-FRANÇOIS), dit *le Guerchin*, peintre et graveur à l'eau-forte; né à Cento en 1590; mort à Bologne en 1666.

88. Une homme et une femme qui se battent (B. 1 des pièces douteuses). Il y a des connaisseurs qui croient que ce morceau est gravé par le *Benedette*, sur un dessin du Guerchin, et cette opinion paraît fort juste. Belle épreuve.

BARDON (Michel-François Dandré), peintre et graveur à l'eau-forte ; né à Aix, en Provence, en 1700 ; mort à Paris en 1783.

89. Magdeleine aux pieds de Jésus-Christ en croix. Très-belle épreuve.

BARGAS (A. F.), peintre et graveur à l'eau-forte ; né à Bruxelles, vers la fin du XVIIe siècle.

90. La Danse au son de la musette. Très-belle épreuve du premier état, avant quelques travaux, notamment les tailles horizontales au bas de la droite, derrière la vache.

Le même sujet. Belle épreuve avec les travaux additionnels.

91. Halte de gens de la campagne devant la porte d'une hôtellerie, d'après P. Bout. Belle épreuve.

92. Diverses personnes se rendant à l'église pour un mariage, d'après P. Bout. Très-belle épreuve du premier état, avant le titre : *Mariage de campagne*, et l'adresse de *Basan, graveur*. Elle a de très-grandes marges, et une tache d'huile sur le ciel, vers la gauche.

93. Le même sujet. Très-belle épreuve du deuxième état, avec le titre et l'adresse ; elle a de grandes marges.

94. La Foire à la porte d'une ville, d'après Pierre Bout. Très-belle épreuve du premier état, avant le titre : *Marché de campagne*, et l'adresse de *Bazan, graveur*. Elle a de grandes marges, et une tache d'huile.

BARON (Bernard), graveur à l'eau-forte et au burin ; né à Paris, vers 1700 ; mort à Londres en 1766.

95. *L'amour paisible*, d'après A. Watteau. Fort belle épreuve avec de grandes marges.

BAROZIO (Frédéric), dit *le Baroche*, peintre et graveur à l'eau-forte et au burin ; né à Urbin en 1528 ; mort à Rome en 1612.

96. L'Annonciation (B. 1). Très-belle épreuve.

97. La Vierge assise (B. 2). Belle épreuve.

98. Saint François stigmatisé (B. 3). Belle épreuve.

BARTOLI (Pietro-Santi), peintre et graveur ; né à Pérouse en 1635 ; mort à Rome eu 1700.

99. Saint Jean prêchant dans le désert, d'après P. F.

Mola. Rare et très-belle épreuve du premier état, avant la lettre et les armes.

BARTOLOZZI (François), peintre et graveur à l'eau-forte et au burin; né à Florence en 1730; mort à Lisbonne en 1813.

100. La Circoncision, d'après le Guerchin. Superbe épreuve ; elle a de grandes marges.

101. La sainte Vierge, l'Enfant-Jésus et saint Jean. Morceau connu sous le nom de : *Le Silence*, d'après Annibal Carrache. Très-belle épreuve; elle a de grandes marges.

102. Sainte Famille dans un paysage ; des Anges présentent des fleurs et des fruits à l'Enfant-Jésus. Morceau en hauteur, d'après Nicolas Poussin. Très-belle épreuve avant la lettre; seulement les noms d'auteurs et la publication du graveur tracés à la pointe. Elle a de grandes marges.

103. La Femme adultère, d'après Aug. Carrache. Très-belle épreuve ; elle a de grandes marges.

104. Clytie, d'après Ann. Carrache. Très-belle épreuve avant la lettre; seulement les noms d'auteurs et la publication de 1772 tracés à la pointe. Elle a de la marge.

105. Marie, reine d'Écosse, d'après Fréd. Zuccheri. Superbe épreuve avant les armes et la lettre ; seulement les noms d'auteurs et la publication de 1779 légèrement tracés à la pointe. Elle a de la marge. Très-rare de cette beauté.

106. Le même portrait. Très-belle épreuve avec la lettre; elle est à toutes marges.

107. Edward Lord Thurlon, d'après Josué Reynolds. Superbe épreuve avant la lettre.

108. Le même portrait. Très-belle épreuve avec la lettre; elle a de la marge.

BARY (Henri), graveur à l'eau-forte et au burin ; né à Anvers en 1625 ; l'année de sa mort n'est pas connue.

109. Mathieu van Gherwen, J. U. D., d'après Gérard Terburg. Superbe épreuve avant la lettre.

110. Gérard a Vassenaer, d'après J. Colaert. Superbe épreuve.

111. De Wit, d'après Hanneman. Superbe épreuve; elle a de la marge.

BASAN (Pierre-François), graveur à l'eau-forte et au burin; né à Paris en 1723 ; mort en 1797.

112. Carle Vanloo, peintre. Très-belle épreuve avec marge.

BASSE (Willem), dessinateur et graveur à l'eau-forte; florissait en Hollande, au milieu du XVIIe siècle.

113. Sacrifice de Noé. Très-belle épreuve du premier état, avant toute adresse.

114. La fuite en Égypte. Très-belle épreuve.

115. Pape assis sur des nuages, un livre sur les genoux et un lion à ses pieds; au bas de la gauche : *F. Vaneivs f.* Pièce rare. Belle épreuve.

116. Aventures de Bato et de Médée. Quatre morceaux exécutés pour un ouvrage hollandais intitulé : *L'Énée batave.* Belles épreuves.

117. Enlèvement de la fille d'Inachus. Rare épreuve d'eau-forte pure; il n'y a pas de contre-tailles sur le devant de la barque. Elle a quelques taches.

118. Danses de Satyres et de Nymphes. Deux pièces en largeur. Rares.

119. Les Paysans musiciens. Cette composition en hauteur, de trois figures, a été attribuée à Ad. Brouwer. Rare. Très-belle épreuve.

BAUDET (Étienne), dessinateur et graveur à l'eau-forte et au burin; né à Blois en 1643; mort selon les uns en 1711, selon les autres en 1716.

120. Les Israélites adorant le veau d'or, d'après Nic. Poussin. Rare et superbe épreuve, avant la dédicace.

BAUDEWYNS (F....), peintre et graveur à l'eau-forte flamand, sur lequel on n'a pas de données.

121. F. Baudewyns, assis devant son chevalet, occupé à peindre un paysage; il est tourné vers la gauche, éclairé par la droite. Morceau rare. Belle épreuve.

BAUDUINS (André-François), dessinateur et graveur à l'eau-forte; né en Belgique, dans la première moitié du XVIIe siècle.

122. Paysage en largeur; à droite, deux hommes et une femme assis à terre; à gauche, un groupe de cinq arbres. A la gauche de la marge du bas, on lit : *Andries François Bauduin inventor et fecit*, et du côté opposé : *M : Van den Enden exc.* Très-belle épreuve.

BAUDUINS ou **BAUDOUINS** (Antoine-François), peintre et graveur à l'eau-forte; né à Dixmude en 1640; mort à Paris en 1700.

123. Suite de six paysages en largeur, d'après A. F. Van der Meulen. Très-belles épreuves du premier état, avant l'adresse de *G. Scotin*, au milieu de la marge du premier morceau, où l'on remarque, sur le devant, une femme assise à côté d'un homme, la tête appuyée sur la main gauche; elles ont de très-grandes marges.

BAYEN Y SUBIAS (Ramon), peintre et graveur à l'eau-forte; né à Saragosse en 1746; mort en 1793.

124. Le Christ mort au pied de la croix; la Vierge, assise à côté de lui, soutient son bras droit; un Ange soulève un linceul. Morceau très-rare. Belle épreuve.

BAZIN (Nicolas), graveur au burin; né à Troyes, en Champagne, dans la première moitié du XVIIe siècle.

125. Nicolas Larcher, abbé de Citeaux, d'après J. B. de Cany. Très-belle épreuve.

BEATRIZET (Nicolas), graveur au burin; né à Thionville en 1507; mort vers 1570.

126. L'Adoration des Mages, d'après Jules Romain (B. 13). Très-belle épreuve.

127. Jésus-Christ ressuscitant la fille de Jaïre, d'après Jérôme Muziano (B. 15). Très-belle épreuve du premier état, avec la seule adresse du graveur; l'extrémité de l'angle inférieur est restaurée.

128. La mort de Méléagre (B. 41). Beau morceau, en largeur, qu'on croit être d'après Perin del Vaga. Superbe épreuve.

BEAUVARLET (Jacques-Firmin), dessinateur et graveur au burin; né à Abbeville en 1731; mort à Paris en 1797.

129. Télémaque dans l'île de Calypso, d'après Raoux.

Rare et fort belle épreuve avant toutes lettres; elle a de très-grandes marges.

130. Le Rendez-vous agréable, d'après Jean Raoux. Rare et superbe épreuve avant toutes lettres ; elle a de la marge.

131. Le Bourgmestre, d'après Adrien Van Ostade. Superbe épreuve avant toutes lettres; elle a de grandes marges.

132. Le comte d'Artois, et Mademoiselle Clotilde assise sur une chèvre. Beau morceau en hauteur, d'après Drouais. Très-rare et superbe épreuve avant les armes, et avant toutes lettres.

133. Edme Bouchardon, sculpteur, d'après Drouais. Très-belle épreuve; elle est à toutes marges.

BECKETT (Isaac), dessinateur et graveur en manière noire; né dans le pays de Kent en 1653; mort vers 1715.

134. Christophe, duc d'Albemarle, d'après T. Murrey. Superbe épreuve. Rare surtout de cette beauté.

135. Portrait de femme, d'après J. Kneller; elle est représentée dans un ovale, vue presque de face et dirigée à gauche. Très-belle épreuve avec marge.

BEGA (Corneille), peintre et graveur à l'eau-forte; né à Harlem, vers 1620; mort dans la même ville en 1664.

136. Le Paysan à la fenêtre (B. 19). Épreuve très-vigoureuse.

137. Le Paysan au dossier (B. 22). Belle épreuve.

138. La Mère (B. 28). Epreuve très-vigoureuse.

139. La Mère et son mari (B. 30). Superbe épreuve.

140. La Mère au cabaret (B. 31). Très-belle épreuve.

141. La jeune Aubergiste (B. 33). Belle épreuve, avec l'adresse de J. Covens et C. Mortier, qui a été effacée dans l'état postérieur ; elle a de grandes marges.

142. Le même sujet (B. 33). Épreuve tirée après l'effacement de l'adresse des éditeurs; mais avant les mots :

Corn. Bega fec. ajoutés par une main étrangère, à la gauche du bas. Elle a de la marge.

143. La jeune Cabaretière caressée (B. 34). Très-belle épreuve.

144. Le Cabaret (B. 35). Très-belle épreuve, avec l'adresse de J. Covens et C. Mortier, qui a été effacée dans le dernier état; elle a de grandes marges.

145. Dix-neuf pièces, y compris une double, savoir : L'homme avec la main dans le pourpoint (B. 10). — La Fumeuse (B. 11). — La Vieille tenant un grand pot (B. 12). — Le Fumeur (B. 13). — Le Buveur (B. 16). — Le Paysan au chapeau bas (B. 17). — La Femme portant un panier (B. 18). — Le Paysan à la fenêtre (B. 19). — Le Paysan allumant sa pipe (B. 20). — L'assemblée près de la cheminée (B. 23); deux épreuves. — Les deux Amoureux (B. 25). — La Danse (B. 26). — Le Chanteur; croquis (B. 27). — La Mère (B. 28). — Les Trois Buveurs (B. 29). — La Mère et son mari (B. 30). — La Mère au cabaret (B. 31). — La jeune Cabaretière caressée (B. 34). Belles épreuves.

BEHAM (Barthélemy), peintre et graveur au burin; né à Nuremberg en 1496 ou 1502; mort à Rome, vers 1540.

146. Judith, vue à mi-corps et de profil; superbe estampe (B. 4). Très-belle épreuve.

147. Cléopâtre; 1524 (B. 12). Très-belle épreuve du premier état, avant l'année; elle est mal conservée.

Lucrèce (B. 14). Jolie pièce.

148. Le jugement de Pâris (B. 26). Très-belle épreuve, mais rognée sur la bordure.

149. Trois têtes de mort; 1529 (B. 27). Épreuve du premier état, avant que la marque *B. P* n'ait été changée en celle de *H S P*.

150. Homme monté sur un dauphin; 1525 (B. 34). Belle épreuve.

151. La Mère et les deux enfants (B. 40). Belle épreuve.

152. L'homme assis sur une souche (B. 45). Très-belle épreuve.

BEHAM (Hans Sebald), peintre et graveur au burin et à l'eau-forte; né à Nuremberg en 1500; mort à Francfort, vers 1550.

153. Loth et ses filles (B. 9). Très-belle épreuve.

154. Judith (B. 10). Très-belle épreuve.

155. Job s'entretenant avec ses amis; 1547 (B. 16). Superbe épreuve du premier état, *non décrit*, avant les plantes parasites au-dessus de l'arche ruinée, qu'on voit dans le fond à droite.

156. Le même sujet (B. 16). Épreuve du deuxième état, avec les plantes parasites mentionnées ci-dessus.

157. La Vierge au perroquet; 1549 (B. 19). Très-belle épreuve, mais mal conservée.

158. L'Homme de douleurs; 1520 (B. 26). Très-belle épreuve.

159. Le Sauveur; 1546 (B. 30). Très-belle épreuve.

160. La parabole de l'Enfant prodigue; Suite de quatre pièces (B. 31 à 34). Très-belles épreuves.

161. L'Enfant prodigue gardant les pourceaux; 1538 (B. 35). Très-belle épreuve; elle manque un peu de conservation.

162. Saint Philippe et saint Jacques-le-Majeur; 1520 (B. 38). Très-belle épreuve.

163. Les douze Apôtres. Suite de douze pièces (B. 43 à 54). Très-belles épreuves.

164. Les quatre Évangélistes. Suite de quatre pièces (B. 55 à 58). Très-belles épreuves; celles du 55 et du 57 laissent à désirer pour la conservation.

165. Saint Jérôme; 1519 (B. 59). Belle épreuve.

166. Saint Antoine l'hermite; 1521 (B. 64). Belle épreuve.

167. Combat entre les Grecs et les Troyens (B. 69).

168. Cléopâtre (B. 77). Belle épreuve.

169. Lucrèce (B. 79). Superbe épreuve.

170. Didon; 1520 et non 1519 (B. 80). Belle épreuve, mais raccommodée.

171. Le jugement de Pâris (B. 88). Belle épreuve.

172. Les travaux d'Hercule. Suite de douze estampes (B. 96 à 107). Très-belles épreuves; plusieurs sont du premier état.

173. Les mêmes (B. 96 à 107). Suite de douze estampes, dont plusieurs très-belles d'épreuve.

174. La connaissance de Dieu et les sept vertus chrétiennes; Suite de huit estampes (B. 129 à 136). Superbes épreuves imprimées quatre par quatre sur deux feuilles. Très-rares de cette beauté et de cette condition.

175. La Patience; 1540 (B. 138). Très-belle épreuve.

176. La bonne Fortune; 1541 (B. 140). Très-belle épreuve du premier état, avant le ciel terminé par des petits points, et les contre-tailles sur la boule.

177. La Fortune contraire (B. 141). Superbe épreuve du premier état, avant la touffe d'herbes sur l'un des pics du rocher que l'on voit à la gauche du fond. Elle laisse un peu à désirer pour la conservation.

178. Le Triomphe (B. 143). Belle épreuve.

179. La Mélancolie; 1539 (B. 144). Très-rare et fort belle épreuve du premier état, avant l'année.

Le même sujet (B. 144). Très-belle épreuve du deuxième état, avec l'année; elle laisse un peu à désirer pour la conservation.

180. L'Impossible; 1549 (B. 145). Très-belle épreuve du deuxième état.

181. Femme, accompagnée de deux paysans, venant inviter à danser d'autres personnes attablées B. 161). Très-belle épreuve.

182. Paysans se battant, les uns armés de sabres, les autres de bâtons et de lances; 1547 (B. 162). Très-belle épreuve.

183. Morceau représentant à gauche, un homme et une femme, et du côté opposé, un paysan accroupi près d'un autre paysan debout (B. 163). Belle épreuve du deuxième état, avec le chiffre gravé dans le vrai sens.

184. Le Banquet (B. 164). Ce morceau est une répétition, avec quelques changements, du n° 161.

185. Des Paysans qui se battent (B. 165). Très-belle épreuve.

186. Le Paysan à la fourche; 1542 (B. 188). Très-belle épreuve.

187. Son Compagnon (B. 189). Très-belle épreuve.

188. Le Paysan allant au marché; 1520 (B. 191). — La Paysanne allant au marché; 1520 (B. 192). Belles épreuves du premier état, avec le fond blanc et sans la tablette.

189. Les trois Soldats et le Chien (B. 196). Très-belle épreuve.

190. La Sentinelle auprès des tonneaux (B. 197). Très-belle épreuve.

191. Le Porte-Enseigne et le Tambour; 1544 (B. 199). Belle épreuve.

192. Groupe d'enfants nus (B. 210). Très-belle épreuve. Enfant assis, endormi (B. 211).

193. Le Bouffon et les deux couples d'amoureux (B. 212). Rare épreuve du premier état, avant l'année 1535, vers le milieu du ciel, et avant les contre-tailles sur le vêtement du bouffon; elle est mal conservée.

Le même sujet (B. 212). Très-belle épreuve du troisième état, avec les travaux additionnels et avec l'année.

194. Les deux Bouffons (B. 213). Très-belle épreuve du

second état, avec la manche du bouffon à gauche rayée, et la taille croisée sur la pierre qui sert de siége à l'autre bouffon. Plus, deux différentes copies en contre-partie d'après une épreuve du second état, et une autre copie, aussi en contre partie, faite d'après une épreuve du premier état. En tout 4 estampes.

195. Étude d'une tête d'homme; 1542 (B. 219). Très-belle épreuve.

196. Vignette à la cuirasse (B. 223). Très-belle épreuve.

197. Vignette à la cuirasse entre deux génies; 1544 (B. 227). Très-belle épreuve.

198. Le Mascaron; 1543 (B. 231). Très-belle épreuve du premier état, avant divers travaux, notamment les contre-tailles diagonales de chaque côté de la tablette contenant le chiffre du maître.

199. Le même sujet (B. 231). Très-belle épreuve, avec les travaux ci-dessus mentionnés.

200. La Satyresse entre les deux Satyres (B. 232). Très-belle épreuve.

201. Les deux Têtes de poissons (B. 235). Très-belle épreuve.

202. Chapiteau de colonne; 1543 (B. 248). Très-belle épreuve.

203. Chapiteau de colonne; 1545 (B. 249). Très-belle épreuve.

204. Chapiteau de colonne; 1545 (B. 250). Belle épreuve.

205. Armoiries d'imagination; 1544 (B. 255). Belle épreuve, mais ayant quelques petites taches.

206. Les armoiries au Coq; 1543 (B. 256). Très-belle épreuve.

207. Les armoiries à l'Aigle ; 1543 (B. 257).

208. La parabole de l'Enfant prodigue; Suite de quatre

estampes, au lieu de trois annoncées par Bartsch (B. 125 à 127 des planches en bois), savoir : L'Enfant prodigue quitte la maison paternelle; il dissipe son bien; il est réduit à garder les pourceaux; il retourne chez son père. Belles épreuves.

209. Un Religieux; il est vu debout, tenant un livre des deux mains; sur le fond vers la droite, à la hauteur de sa tête, on voit le monogramme du maître. Ce morceau en hauteur, gravé sur cuivre dans la manière des planches en bois, est attribué à Hans Sebald Beham. Rare. Belle épreuve.

BEICH (Joachim-François), peintre et graveur à l'eau-forte; né à Ravensbourg, en Souabe, en 1663; mort à Munich en 1748.

210. Six Vues de sites agrestes, prises dans le Tyrol. A la gauche du premier morceau, un muletier et deux mulets; à droite, dans l'ombre, près d'une fontaine : *Beich fecit;* et au bas du même côté, dans la marge, au milieu de laquelle est le numéro : *Jérémias Wolff excudit.* Très-belles épreuves du premier état : on n'y voit de numéro qu'aux deuxième, troisième et quatrième morceaux. Elles ont des marges.

BELLA (Étienne Della), dessinateur et graveur à l'eau-forte; né à Florence en 1610; mort dans la même ville en 1664.

211. Saint Antoine. Il est monté sur un monstre ayant deux têtes : une de femme et une d'homme (Jombert, 6). Morceau extrêmement rare. Très-belle épreuve.

212. Le Printemps et l'Été (J. 77-1 et 2). Belles épreuves. Cabinet le Normant du Coudray d'Orléans.

213. *Agreable diuersité de figures Faictes par S. D. Bella. A mon-seigneur Artus Gouffier, marquis De Boisy.* 1642 (J. 84). Suite de treize pièces, y compris le titre, savoir : — 1) Le titre, entouré d'un cartel formé par deux palmes. — 2) Vue de l'entrée de la place Dauphine, du côté du Pont-Neuf. — 3) Vue de l'intérieur de la place Royale et de la statue équestre de Louis XIII. — 4) Vue d'une forêt, avec chasse au cerf. — 5) Les pélerins qui se reposent. — 6) Les

nourrices assises à terre, avec leurs nourrissons. — 7) Conversations de Messieurs et de Dames, assis à terre. — 8) Les chevaux dans le pâturage. — 9) Les deux petites chèvres dans un paysage aride. — 10) Un cavalier avec une Dame en croupe. — 11) L'âne qui se repose; derrière lui un moulin à vent. — (Les nos 12 et 13 de cette suite manquent). Très-belles épreuves; le n° 2 et le n° 3 sont avant la lettre, savoir : *la place Dauphine*, et *la place Royale*.

214. Livre de plusieurs petits caprices, en treize planches fort petites, y compris le titre (J. 85). Très-belles épreuves avec de grandes marges.

215. Dessins de quelques conduites de troupes, etc., en douze feuilles (J. 92). Très-belles épreuves avec marges.

216. *La Perspective du Pont Neuf de Paris* (J. 112). Très-rare et fort belle épreuve du premier état, avant le coq, ou girouette, sur le clocher de l'Église de Saint-Germain-l'Auxerrois, qu'on voit à droite.

217. La même vue (J. 112). Belle épreuve du deuxième état, avec la girouette.

218. Recueil de douze têtes coiffées à la Persane (J. 172). Belles épreuves avec marges.

BELLANGE (Jacques), peintre et graveur à l'eau-forte; né à Nancy en 1594; mort dans la même ville en 1638.

219. L'Annonciation (R.-D. 1). Très-belle épreuve.

220. La Vierge et l'Enfant-Jésus (R.-D. 4). Très-belle épreuve.

221. La Vierge et l'Enfant-Jésus. Pièce en largeur (R.-D. 5). Très-belle épreuve du premier état, avant l'adresse de *Le Blond*, qui a été enlevée dans le dernier état, ainsi que la partie du trait carré qui y correspondait.

222. La Vierge et l'Enfant-Jésus, avec un Saint et deux Saintes (R.-D. 10). Belle épreuve du deuxième état, *non décrit*, avec l'adresse de *le Blond*, au-dessous du pied de la Vierge.

223. Le Martyre de sainte Lucie (R.-D. 15). Très-belle épreuve.

224. Melchior, roi de Nubie (R.-D. 33). Très-belle épreuve du second état, *non décrit*, avec l'adresse de *le Blond*, au bas de la droite, au-dessus du trait carré.

225. Gaspard, roi de Tarse (R.-D. 34). Épreuve du premier état; elle est mal conservée.

Le même personnage. Belle épreuve du second état, *non décrit*, avec l'adresse de *le Blond*, vers la gauche du bas, au-dessus du trait carré; elle a une déchirure.

BEMMEL (Pierre Van), peintre et graveur à l'eau-forte; né à Nuremberg en 1685; mort à Ratisbonne en 1754.

226. Deux paysages en largeur; dans l'un on voit à droite un petit pont de bois; dans l'autre, un homme suivi de son chien marche vers la gauche. Très-belles épreuves.

BENASCHI (Jean-Baptiste), peintre et graveur à l'eau-forte; né à Turin en 1636; mort à Rome, vers 1690.

227. Sainte Famille, d'après Jean-Dominique Cerrini (B. 1). Seule pièce gravée par ce maître. Belle épreuve; le coin droit supérieur est restauré.

BENOIST (Jérôme ou Antoine), dessinateur et graveur à l'eau-forte et au burin; né à Soissons en 1721; mort à Londres en 1770.

228. Portrait d'un prince de la famille royale d'Angleterre. Rare et superbe épreuve avant toutes lettres.

BENOIST (Guillaume-Philippe), dessinateur et graveur au burin; né près de Coutances en 1725; mort à Paris, vers 1800.

229. Jacques-André-Joseph Aved, peintre, d'après son portrait peint par lui-même. Très-belle épreuve avec de grandes marges.

BERGH (Mathieu Van den), peintre et graveur à l'eau-forte; né à Ypres en 1615; mort en 1687.

230. Jansénius, évêque d'Ypres. Il est vu de profil, tourné à gauche, dans une bordure ovale. Belle et curieuse épreuve terminée à la plume et au lavis par l'auteur, qui l'a signée : *V. Bergh. f. aqua forte* 1662, au bas de la gauche.

BERGH (Nicolas Van den), peintre et graveur à l'eau-forte; né à Anvers en 1725; l'année de sa mort n'est pas connue.

231. Michel Ophovius, d'après P. P. Rubens. Très-belle épreuve; elle a de grandes marges.

BERGHEM (Claas ou Nicolas), peintre et graveur à l'eau-forte; né à Harlem en 1624; mort dans la même ville en 1683.

232. La vache qui pisse (B. 2). Belle épreuve du premier état, avant l'adresse de F. de Wit; elle a les marges coupées, mais il en reste assez pour constater son état.

233. La Halte près du cabaret (B. 11). Très-belle épreuve.

234. Tête de bouc, gravée à gros traits (B. 17). — Tête de bouc, au front éclairé (B. 18). Très-belles épreuves.

235. Les vaches à la laitière; Suite de six estampes (B. 23 à 28). Très-belles épreuves.

236. Sept pièces du cahier à la femme en huit feuilles, savoir : Bergère, vue de profil et assise vers la droite (B. 41). — Brebis couchée, vue de profil et dirigée vers la gauche (B. 42) — Mouton, vu presque de face et debout, entre deux autres moutons couchés (B. 43). — Brebis tondue, debout, vue de profil et dirigée vers la droite (B. 44). — Mouton debout, vu de profil et tourné vers la droite (B. 45). — Brebis qui pisse (B. 46). — Trois moutons, un debout, deux couchés (B. 47). — Plus, trois chèvres, l'une vue par le dos, la seconde vue de face et couchée, la troisième debout, au-delà des deux premières (B. 50). En tout huit estampes. Très-rares et superbes épreuves avant les numéros, et l'inscription au morceau qui sert de titre. L'épreuve du numéro 46 est raccommodée au bas, vers la gauche. Elles sont à toutes marges, et ont été mises en cahier du temps; ce qui prouverait que le n° 50 appartenait à cette suite, et non le n° 48 comme il l'est décrit par Bartsch.

237. Sujet historique de l'Ancien-Testament : Vers la droite, une femme assise, témoigne son indignation à la vue de présents que lui offre un homme, un genou en terre, placé à gauche; entr'eux, on remarque une vieille femme debout, les bras ouverts. Cette pièce en largeur, qui, à tort, a été attribuée par quelques curieux à Gerbrandt Van den Eeckhout, nous paraît être incontestablement de la main de Nicolas Berghem. Très-rare. Fort belle épreuve.

BERNARD (Louis), graveur en manière noire; florissait en en France, vers la fin du XVIIe siècle.

238. Sébastien le Prestre de Vauban, d'après De Troy. Très-belle épreuve, à laquelle on a ajouté au-dessous de l'inscription, des vers en l'honneur du personnage.

239. Tristan de la Baume de Suze, archevêque d'Auch, d'après De Troy. Superbe épreuve, avec de grandes marges. Rare de cette beauté.

BERVIC (Charles-Clément), graveur au burin; né à Paris en 1756; mort dans la même ville en 1822.

240. Louis XVI, représenté en pied et en manteau royal, d'après Callet. Rare et superbe épreuve avant la lettre; seulement les nom et qualité du peintre, et le nom et l'adresse du graveur. Elle a de grandes marges, et porte la signature à la mine de plomb du graveur.

BINCK ou **BINK** (Jacques), peintre et graveur au burin; né à Cologne, vers 1490; mort à Kœnigsberg en 1568.

241. La Vierge adorant l'Enfant-Jésus (B. 9). Très-belle épreuve.

242. La Vierge assise sur un banc de gazon (B. 19). Très-belle épreuve.

243. La Vierge sur le trône (B. 20). Très-belle épreuve; elle a une petite restauration au milieu du bas.

244. Le Panier d'œufs (B. 73). Belle épreuve.

245. Lucas Gassel; 1529 (B. 93). Belle épreuve.

Le même. Copie en contre partie, par un anonyme fort habile. Très-belle épreuve du premier état, avant ces mots : *S. Klocting exc. del. f.* Ce qui pourrait faire croire que cette copie a été gravée par ce S. Klocting.

BLOT (MAURICE), graveur à l'eau-forte et au burin; né à Paris en 1754; mort en 1814.

286. Winkelmann, d'après A. R. Mengs. Très-belle épreuve avec marge.

BOCQUET (NICOLAS), graveur à l'eau-forte et au burin; né dans la seconde moitié du XVIIe siècle; travaillait à Rome et à Paris.

287. Le Triomphe de Galathée, d'après Raphaël Sanzio. Chef-d'œuvre du graveur. Superbe épreuve.

288. Abbaye de Port-Royal-des-Champs. — Église de Port-Royal-des-Champs. — Le chœur des religieuses de Port-Royal-des-Champs. Belles épreuves avec de grandes marges.

BODENEHR (MAURICE), dessinateur et graveur au burin et en manière noire; né à Fribourg en 1665; mort en 1749.

289. Henri Schmars. Beau portrait en manière noire. Très-belle épreuve.

BOEL (PIERRE), peintre et graveur à l'eau-forte; né à Anvers en 1625; mort à Amsterdam en 1680.

290. Deux Faucons tombant sur un héron (B. 2). Pièce rare. Superbe épreuve; elle a de la marge.

291. Des Aigles se disputant un jeune chevreuil (B. 3). Pièce rare. Superbe épreuve; elle a de la marge.

292. Le Paon (B. 4). Pièce rare. Superbe épreuve.

293. Les Butors (B. 5). Pièce rare. Superbe épreuve.

294. La Chasse au sanglier (B. 7). Très-belle épreuve.

295. Aigles et griffon (suppl. de B. par Weigel, n 14). Superbe épreuve d'eau-forte pure, avant toutes lettres. Extrêmement rare. Les extrémités des angles sont restaurées.

BOEL (CORYN), graveur à l'eau-forte et au burin; né à Anvers; florissait dans le XVIIe siècle.

296. Fumeur assis devant une table, allumant sa pipe; près de lui, à gauche, un homme vu de face, un bonnet sur la tête. Jolie pièce, d'après Teniers. Très-belle épreuve.

297. Le Buveur; il tient de la main gauche un verre, et de la droite une pipe. — Vieux Paysan tenant des deux mains une cruche. — Le Fumeur; il bourre sa pipe. Ces trois morceaux, d'après Teniers. Belles épreuves.

298. Les Joueurs de quilles. — Deux Singes faisant de la musique; à gauche, une cruche et un verre à pied. Ces deux morceaux, d'après Teniers. Belles épreuves.

299. Les Singes barbiers; l'un d'eux savonne un chat. Riche composition en largeur, d'après D. Teniers. Très-belle épreuve.

BOISSARD (Robert), dessinateur et graveur au burin; né à Besançon vers 1540, selon les uns, et à Valence vers 1590, selon les autres.

300. Le Temps récompensant le Travail, et punissant la Paresse. Superbe épreuve; elle a de la marge.

BOISSENS (Corneille-Théodore), dessinateur et graveur à l'eau-forte et au burin; travaillait à Amsterdam, au milieu du XVIIe siècle.

301. Sujet emblématique sur la Paix et sur la Guerre; le fond représente un champ de bataille; d'après Jean Van Achen. Pièce très-rare. Fort belle épreuve.

BOISSIEU (Jean-Jacques de), peintre, dessinateur et graveur à l'eau-forte; né à Lyon en 1736; mort dans la même ville en 1810.

302. Le Portrait de Jean-Jacques de Boissieu; il est vu de face, tenant à la main un dessin (n° 1*). Superbe épreuve avec la tête de femme, qui a été remplacée depuis par un paysage.

303. Autre épreuve du même état; elle est teintée au lavis par l'auteur.

304. Les Pères du désert; l'un, debout, en extase; l'autre, assis, plongé dans la méditation. Au milieu de la marge du bas, le titre : *les Pères du désert;* à gauche : D. B. 1797 (n° 3). Superbe épreuve tirée avant le mot *Désert.*

* Ce numéro et les suivants se rapportent à ceux de l'œuvre de ce maître publiée dans le catalogue du cabinet Rigal.

264. Vieille, tournée vers la gauche, des lunettes sur le nez, chantant une chanson. Morceau sans nom de graveur, d'après G. V. Honthorst. Superbe épreuve.

265. Le tombeau de Nicolas Nomius, d'après P. Grebber. Morceau rare. Très-belle épreuve.

266. L'homme tenant à la main une flûte, d'après Théodore Baburen. Superbe épreuve.

267. Le Hibou placé sur un perchoir, d'après Henri Bloemaert. Pièce rare. Très-belle épreuve.

268. Le chat tenant une souris entre ses pattes. Pièce rare. Superbe épreuve.

269. Michel Favereau, d'après Abr. Diepenbeeck. Morceau sans noms de peintre ni de graveur. Belle épreuve avec marge.

270. Adrien ab Oirschot, curé de Saint-Jean à Utrecht. Superbe épreuve. Rare de cette beauté.

271. Colombe de Tofaninis, de l'ordre de saint François, d'après J. B. Ramaciotti. Très-belle épreuve avec marge; elle porte, au verso, la signature de *P. Mariette* et la date de 1663.

BLOEMEN (JEAN-FRANÇOIS), peintre et graveur à l'eau-forte; né à Anvers en 1656; mort à Rome, vers 1745.

272. Vues d'Italie et autres d'intérieurs de jardins. Suite de cinq pièces; quatre en hauteur et une en largeur. Belles épreuves.

273. Les trois hommes sous une arche; dans le fond, les ruines d'un cirque. Rare et belle épreuve du premier état, avant le nom du maître.

BLON (MICHEL LE), orfèvre et gravure au burin; né à Francfort-sur-Mein, vers 1590; mort à Amsterdam en 1656.

274. Écussons avec divers supports et armoiries. Dix pièces; de ce nombre, les armoiries d'Albert Durer. Superbes épreuves. Rares de cette beauté.

BLOOTELING, BLOTELING ou **BLOTELINGH** (ABRAHAM), dessinateur et graveur à l'eau-forte, au burin et en manière noire ; né à Amsterdam en 1634 ; l'année de sa mort n'est pas connue.

275. Tjerk Hiddes de Fries, amiral de Frise, d'après G. Van Eeckhout. Rare. Très-belle épreuve.

276. Constantin Huyghens, d'après G. Netscher. Très-belle épreuve.

277. L'amiral Egbert Meesz Kortenaer, d'après Bartholomé Van der Helst. Superbe épreuve du premier état, avant : *et excudit*, à la suite du mot *sculpsit*. Très-rare de cette beauté. Cabinet Graaf.

278. Le même personnage. Très-belle épreuve du second état, avec l'adresse du graveur.

279. Moëlman, plutôt Pierre Schout, chanoine d'Utrecht ; il est représenté à cheval, se dirigeant vers la gauche. Très-belle pièce en hauteur, d'après le tableau peint par G. Netscher pour la figure, Wouwermans pour le cheval, et Wynants pour le paysage. Cet admirable portrait est connu sous la dénomination de : *le Cavalier*. Superbe épreuve. Fort rare.

280. Michel-Adrien Ruyter, lieutenant-amiral général de Hollande. Superbe épreuve. Cabinet Lousbergs.

281. Tobie Van den Wyngaert, prédicateur anabaptiste à Amsterdam, d'après M[r]. Van Musscher. Superbe épreuve.

Morceaux gravés en manière noire :

282. Louis XIV, roi de France, vu en buste et de profil, tourné à gauche. Belle épreuve.

283. François Mieris, d'après lui-même. Très-belle épreuve avec marge.

284. Homme représenté à mi-corps, vu presque de face, tenant une médaille. Très-belle épreuve avec de grandes marges.

285. Le Temple de Janus, d'après G. de Lairesse. Belle épreuve avec de grandes marges.

246. Jésus-Christ au jardin des Oliviers; vers le haut de la droite, au-dessus de la tête de l'ange, on voit le monogramme du maître. Petit morceau en hauteur *non décrit*. Rare. Belle épreuve.

BISCHOP (Christophe), amateur, dessinateur et graveur à l'eau-forte; né en Hollande, dans la deuxième moitie du siècle dernier.

247. Six pièces représentant des vaches en différentes positions; plus, deux autres morceaux représentant une tête de taureau et une tête de vaches. Belles épreuves. En tout 8 estampes.

248. Vue d'une prairie au milieu de laquelle il y a deux chevaux, et à droite, un petit pont de bois. Très-belle épreuve.

BLANCHARD (Laurent), artiste français, sur lequel nous n'avons pas de données, a gravé à l'eau-forte.

249. Buste d'homme, vu de face. Pièce rare. Très-belle épreuve avec marge. Cabinet Robert-Dumesnil.

BLEKER (G...), peintre et graveur à l'eau-forte; né à Harlem; florissait dans la première moitié du XVIIe siècle.

250. L'Ange promettant un fils à Abraham (B. 1). Très-belle épreuve.

251. Le vacher (B. 6). Superbe épreuve; elle a de la marge.

252. Le troupeau qui s'abreuve (B. 7). Belle épreuve; elle manque de conservation.

253. La laitière (B. 9). Très-belle épreuve; elle a une petite restauration, au bas vers la gauche.

BLES (Henri Van), dit *Civetta* ou *le Maître à la chouette*, peintre et graveur au burin; né à Bovines, près de Dinant, où il florissait vers 1510.

254. Saint Augustin rencontrant un enfant au bord de la mer. Morceau en hauteur, *non décrit*. Extrêmement rare. Très-belle épreuve.

BLOEMAERT (Abraham), peintre et graveur à l'eau-forte et en clair-obscur; né à Gorcum en 1569; mort à Utrecht en 1647.

255. Junon. Belle épreuve du premier état, avant l'a-

dresse de *B. Bolsuerd* et le n° 3; elle manque un peu de conservation.

Le même sujet. Très-belle épreuve du deuxième état, avec l'adresse et le n°.

BLOEMAERT (CORNEILLE), dessinateur et graveur au burin ; né à Utrecht en 1603 ; mort à Rome en 1680.

256. La Sainte Famille, dite la Vierge aux lunettes, d'après Ann. Carrache. Très-belle épreuve du premier état, avant l'adresse de l'éditeur : *Jo. Jacobus de Rubeis formis ad templum S. M. de Pace*, à la suite du mot *licentia*. Elle porte, au recto, la signature de *P. Mariette* et la date de 1667. Cabinet Lousbergs.

257. La sainte Vierge et l'Enfant-Jésus, d'après le Titien. Très-belle épreuve.

258. Saint Jean dans le désert, d'après Abr. Bloemaert. Très-belle épreuve avec l'adresse du graveur. Cabinet Graaf.

259. Saint Pierre ressuscitant Tabite, d'après le Guerchin. Chef-d'œuvre du graveur. Superbe épreuve; elle porte, au verso, la signature de *P. Mariette* et la date de 1704. Cabinet Révil.

260. Saint Luc faisant le portrait de la Vierge et de l'Enfant-Jésus, d'après Raphaël Sanzio. Très-belle épreuve.

261. Saint Roch et saint Sébastien à genoux aux pieds de la Vierge, d'après F. Baroche. Très-belle épreuve.

262. Jésus-Christ apparaissant à saint Ignace de Loyola, d'après Abr. Bloemaert. Superbe épreuve du premier état, avant le privilége; une main contemporaine a écrit, à la plume, ces mots : *Cum privilegio Regis Christianissimi*. Elle porte, au recto, la signature de *P. Mariette* et la date de 1664. Très-rare de cette beauté. Cabinet Lousbergs.

263. L'avarice représentée par une vieille femme, qui compte son or, d'après A. Bloemaert. Très-belle épreuve.

305. La Promenade du pape Pie VII, sur les bords de la Saône, lors de son passage à Lyon (nº 5). Très-belle épreuve.

306. Les Moines au chœur chantant l'office (nº 6). Belle épreuve.

307. L'Écrivain public (nº 8). Très-belle épreuve tirée avant la totalité des travaux à la roulette et à la pointe sèche; la culotte de l'homme, vu de dos, est d'un ton clàir.

308. Quatre Tonneliers dans un caveau. Morceau piquant d'effet, connu sous le nom des *Grands Tonneliers* (nº 9). Très-belle épreuve tirée avant divers travaux faits depuis en différentes fois; il n'y a pas de légères tailles perpendiculaires à la pointe sèche sur l'épaule droite du tonnelier, tête nue.

309. L'Hermitage adossé à des rochers (nº 11). Très-belle épreuve.

310. Vieillard faisant l'aumône à une vieille qu'un enfant accompagne; à gauche, un homme et une femme près d'un rémouleur (nº 16). Très-belle épreuve.

311. Vieux Mendiant assis, les deux mains dans son chapeau (nº 17). Superbe épreuve.

312. Un Vieillard faisant lire un enfant. Morceau connu sous le nom du *Petit Maître d'école* (nº 18). Superbe épreuve avant la totalité des travanx à la roulette, principalement sur les pieds de la table.

313. Deux Enfants jouant avec un chien (nº 19). Belle épreuve.

314. Vieillard dans un bosquet touffu, donnant une leçon de botanique à quatre enfants (nº 20). Épreuve de l'édition de la Flore d'Europe.

315. Fête champêtre; on y voit le seigneur du village, accompagné de sa femme (nº 21) Rare et très-belle épreuve avant l'astérisque.

316. Deux Tonneliers dans un caveau. Pièce dite *les Petits Tonneliers* (n° 23). Très-rare et fort belle épreuve tirée avant l'astérisque, et avant que la coulure d'eau-forte sur la marge, au bas de la gauche, n'ait été effacée.

317. Vieillard jouant de la vielle, de la main droite (n° 29). Belle épreuve.

318. Vue du Temple de la Sibylle et de la cascade de Tivoli. Au milieu de la marge du bas, près du trait carré, le titre : *Temple de La Sibylle Tiburtine à Tivoly;* à droite : *J. J. D. B.* 1809 (n° 30). Très-rare et superbe épreuve, avant que la planche n'ait été terminée à la roulette.

319. La même vue (n° 30). Très-belle épreuve, avec les travaux à la roulette et avec les angles du cuivre fortement arrondis ; mais avant le titre gravé au burin et l'adresse de J.-F. Frauenholz et Cie.

320. *Vue du Temple du Soleil, de L'arc de Tite Et fragment du palais des Empereurs* (n° 32). Belle épreuve.

321. *Vue d'aqua pendente Sur la Route de Sienne a Rome* (n° 33). Rare et superbe épreuve tirée avec la morsure de l'étau, et le mot *dédiée* et la lettre *a* apparents. Cabinet Van den Zande.

322. Autre épreuve de la même planche, entièrement terminée ; elle est d'un bel effet.

323. Vue du Temple de Vesta et des vestiges d'anciens aqueducs, à la gauche d'une campagne (n° 34). Très-belle épreuve ; elle a une tache de cire sur les arbres du fond, vers la droite.

324. Vue du sépulcre de Cecilia Metella, à Capo di Bove (n° 35). Superbe épreuve avec le titre, les armes et la dédicace à M. le duc de la Rochefoucault, qui ont été effacés dans le dernier état.

325. Vue du pont Lucano, sur la route de Rome à Tivoli (n° 36). Très-belle épreuve, avant que le trait carré du

haut n'ait été redressé par une seconde ligne légèrement tracée.

326. Vue de l'Arbresle, en Lyonnais ; à droite, un champ de blé (n° 40). Belle épreuve.

327. Vue des bords de la rivière d'Ain ; à droite, deux hommes assis, l'un pêche à la ligne (n° 42). Belle épreuve.

328. *Vue du champ Verd près de Lyon Dessinée et grauée par Jean Jacque De Boissieu...* (n° 44). Très-belle épreuve avant l'adresse : *A Manheim, chez Dom : Artaria.*

329. *Vue du chateau de Madrid Maison Royale pres de paris Dessinée et gravée par Jean Jacque De Boissieu...* (*n*° 44). Très-belle épreuve avant l'adresse : *A Manheim, chez Dom : Artaria.*

330. Autre épreuve du même état ; mais moins belle.

331. *Vue De st. Romain sur giez En Lyonnois Dessinée et grauée par Jean Jacque De Boissieu* (n° 45). Belle épreuve avant que le trait carré n'ait été repris, à la gauche du haut.

Vue de montagnes, avec cascades sur le devant (n° 49). Belle épreuve.

332. Intérieur d'une forêt où des bûcherons abattent un vieil arbre. Morceau très-capital, dit *la Grande Forêt* (n° 55.) Très-belle épreuve, avant la troisième taille sur le ciel, à gauche, et avant la totalité des travaux à la roulette ; elle a quatre petites déchirures, au bord de la marge du haut.

333. Des villageois se reposant au coin d'un bois, près d'une femme qui fait manger un enfant (n° 59). Très-belle épreuve.

334. Joli paysage connu sous le nom de *l'Oratoire* ; sur le premier plan, deux hommes et une femme debout font la conversation (n° 60.) Très-belle épreuve.

335. La Cascade. Elle est formée par une rivière qui serpente entre des montagnes, des rochers et des bois ; à droite, sous des arbres violemment agités par le vent,

un pâtre et un petit garçon conduisent deux vaches (n° 62). Très-belle épreuve.

336. Paysage ; à droite, les colonnes d'un ancien temple ; vers le milieu, sur le devant, un bateau où sont plusieurs personnes et deux vaches. (n° 64). Très-belle épreuve.

337. Vieille chapelle entourée d'arbres ; sur le devant, des bergers font danser un chien (n° 65). Très-belle épreuve.

338. Entrée d'une forêt : à droite, une mare et une cabane ; du côté opposé, un vieux tronc d'arbre derrière lequel passe un homme à cheval (n° 71). Très-belle épreuve.

339. Autre entrée de forêt, faisant pendant à celle qui précède : à gauche, deux villageois et une petite fille à peu de distance d'une masure couverte de chaume ; à la droite, un homme à cheval se fait montrer le chemin (n° 72). Rare et superbe épreuve, avant l'astérisque.

340. Autre très-belle épreuve, avec l'astérisque ; mais avant que le bord du cuivre au bas du côté droit n'ait été régularisé.

341. Autre belle épreuve, avec le bord du cuivre régularisé.

342. Vue d'une campagne pendant l'hiver ; vers la droite, un gros arbre dépouillé de ses feuilles (n° 73). Épreuve d'eau-forte. Extrêmement rare.

343. Vue d'une campagne au printemps ; à gauche, le tronc d'un vieux cerisier (n° 74). Épreuve d'eau-forte pure, avant le ciel. Extrêmement rare.

344. Autre épreuve poussée à l'effet, mais avant les derniers travaux au pied du cerisier. Très-belle de tirage. Elle a deux petites taches, sur la droite.

345. Paysage où est une baraque en planches et en paille ; sur le devant, une jeune fille, un fagot sous le bras, suit un villageois et un enfant précédés d'une vache (n° 75). Rare et superbe épreuve, avant que le trait carré n'ait été renforcé.

346. Une Anesse debout près de son ânon couché sur le devant d'une campagne (n° 77). Très-belle épreuve.

347. Paysage où, vers la droite, trois femmes lavent du linge à une pièce d'eau. Morceau dit *les Petites Laveuses* (n° 82). Très-belle épreuve.

348. *Suite de dix Paysages, Gravés à l'eau-forte. Par Boissieux Peintre. A Paris chez Basan* (n°s 84 à 93).

349. Les deux Hommes et une chèvre près d'une rivière (n° 85). Très-rare et superbe épreuve avant la lettre.

350. Vieillard à front chauve, vu de trois quarts forcés, tourné vers la droite (n° 103). Très-rare et superbe épreuve, avant que la morsure de l'étau n'ait été ébarbée.

351. Vieille surnommée *la Boudeuse*. Elle est vue de trois quarts forcés, tournée à droite (n° 106). Belle épreuve.

352. Buste d'homme vu de trois quarts, dirigé vers la droite, d'après Van Dyck (n° 126). Très-belle épreuve.

353. Chasseur, son fusil sur l'épaule, sortant d'un bois, où un homme et une femme de distinction se promènent. Grand et riche paysage, d'après J. Wynants (n° 129). Très-belle épreuve, avant le changement d'inscription dans la marge du bas.

354. Villageois prêt à passer à gué une rivière où sont deux vaches et un chien; à droite du rivage opposé, une autre vache. Morceau d'après Berghem (n° 131). Très-belle épreuve.

355. La Digue rompue, d'après *Asselin Craesbèke* (Crabbetje); sur le terrain, à gauche, trois hommes, deux sont en manteau; du côté opposé, huit villageois, dont un à cheval (n° 133). Superbe épreuve, avant les travaux à la roulette.

356. Bouvier assis sous de grands arbres, à la gauche d'une campagne, près d'une pièce d'eau où sont deux vaches. Grand et beau paysage, d'après J. Ruysdael

(n° 134), faisant pendant à celui décrit sous le n° 129 de l'œuvre. Très-belle épreuve, avant le changement d'inscription dans la marge du bas.

BOL (Hans), peintre de paysages et graveur à l'eau-forte; né à Malines en 1534; mort à Amsterdam en 1593.

357. Saint Jean prêchant dans le désert. Deux belles épreuves.

358. La Course à l'oie. Très-belle épreuve; elle porte l'adresse de Bartholomé de Momper.

359. Deux petits Paysages de forme ronde : dans l'un, une promenade sur l'eau ; et dans l'autre, une danse au village. Belles épreuves.

BOL (Ferdinand), peintre et graveur à l'eau-forte ; né à Dordrecht en 1611; mort à Amsterdam en 1681.

360. Le Sacrifice d'Abraham (1*). B. 1. Superbe épreuve du premier état, avant le nom du maitre; elle est fortement chargée de barbes. Cette épreuve est extrêmement rare, sinon uniqne, et produit le plus grand effet.

361. Le Sacrifice de Gédéon (2). B. 2. Belle épreuve du troisième état.

362. L'Astrologue (8). B. 8. Morceau rare. Très-belle épreuve.

363. Vieillard, à barbe frisée, appuyé sur une canne (9). B. 9. Superbe épreuve.

364. L'Heure de la mort (19). B. 108, de l'œuvre de Rembrandt. Rare épreuve du second état, avec le cartouche et les vers latins; mais avant les travaux ajoutés depuis au burin; elle ne porte point d'impression au verso.

365. Le même sujet. Épreuve du troisième état, avec les travaux au burin ; elle est imprimée au verso.

* Le numéro entre deux parenthèses se rapporte à celui du catalogue de Claussin.

BOLSWERT (Schelte a), dessinateur et graveur au burin ; né à Bolswert en Frise, vers 1586 ; mort à Anvers, dans un âge avancé.

366. La sainte Famille ; près d'elle, des anges dansent pour amuser l'Enfant-Jésus. Grand et beau morceau en largeur, d'après A. Van Dyck. Superbe épreuve du premier état, avant que l'adresse de Mart. Van den Enden n'ait été effacée et remplacée par celle de Gillis Hendricx ; elle a de grandes marges. Très-rare de cette beauté.

367. Le même sujet. Très-belle épreuve du deuxième état, avec l'adresse de Gillis Hendricx ; elle a de la marge.

368. La Vierge tenant sur ses genoux l'Enfant-Jésus couché ; à gauche, une martyre s'incline devant le Sauveur ; d'après Van Dyck. Morceau beau et rare. Superbe épreuve. Cabinet de Fries.

369. L'Enfant-Jésus endormi sur le sein de la Vierge ; derrière eux, on voit saint Joseph ; d'après A. Van Dyck. Superbe épreuve, avant l'adresse d'A. Bon-Enfant. Cabinet Lousbergs.

370. Le Couronnement d'épines, d'après A. Van Dyck. Chef-d'œuvre du graveur. Superbe épreuve du premier état, avant les contre-tailles au vêtement et à la jambe gauche du second soldat, qu'on voit à droite ; elle est rognée au trait carré en haut, à droite et à gauche. Cabinet Lousbergs.

371. Élévation de la croix, d'après A. Van Dyck. Très-rare et superbe épreuve du premier état, avant la correction de la planche : la jambe gauche du cheval passe sur la droite. Elle a de la marge. Cabinet Lousbergs.

372. Jésus en croix, entre les deux larrons ; la Magdeleine embrasse ses pieds, etc. Rare et capital morceau en hauteur, d'après A. Van Dyck. Fort belle épreuve avant toute lettre ; elle a de la marge. Très-difficile à rencontrer de cette qualité.

373. Le Christ mort sur les genoux de la Vierge, qu'on voit, à droite, assise contre un rocher; du côté opposé, trois anges, dont l'un pleure; d'après A. Van Dyck. Superbe épreuve du premier état, avant que l'adresse de Van den Enden n'ait été effacée et remplacée par celle de Gillis Hendricx; elle a de la marge. Très-rare de cette beauté.

374. La Marche de Silène. Pièce en hauteur, d'après A. Van Dyck. Superbe épreuve avant la lettre, et avant divers travaux, notamment la contre-taille diagonale sur le haut de la cuisse gauche de Silène. Extrêmement rare, sinon unique. Cabinet de Fries.

375. Le même sujet. Superbe épreuve de la planche terminée, avec les quatre lignes de titre; mais avant que l'adresse de Nicolas de Lauwers n'ait été effacée et remplacée par celle de C. Galle. Elle a de la marge. Très-rare de cette beauté.

376. Jésus-Christ en croix, d'après Jacq. Jordaens (Hecquet, n° 10). Superbe épreuve, avec les mots : *Cum privilegio Regis* au milieu de la marge du bas. Cabinet Lousbergs.

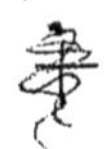

377. Jupiter enfant pleure en montrant un pot à une femme qui trait une chèvre, d'après J. Jordaens (Hecquet, n° 20). Très-belle épreuve du premier état, avec le privilége; mais avant l'adresse d'*A. Bloteling*, qui a été effacée dans le dernier état, ainsi que le privilége.

378. Le dieu Pan garde des chèvres et des moutons, en jouant de la flûte, d'après J. Jordaens (Hecquet, n° 21), Très-belle épreuve du premier état, avant l'adresse de Bloteling et le privilége, qui ont été effacés dans le dernier état.

379. L'Annonciation, d'après G. Seghers. Très-belle épreuve; elle a une déchirure, aux ailes de l'ange.

380. Le Reniement de saint Pierre. Riche composition en largeur, d'un grand effet de lumière, d'après G. Seghers. Superbe épreuve; elle est un peu rognée dans la partie supérieure.

381. Apparition de la Sainte Vierge et de l'Enfant-Jésus à saint François-Xavier, d'après G. Seghers. Superbe épreuve. Rare de cette beauté. Cabinet Lousbergs.

382. La Vierge apparaissant à saint Ignace de Loyola, d'après G. Seghers. Morceau rare. Superbe épreuve.

383. La Conversation, d'après Christophe Van der Laemen. Composition en largeur, de cinq figures. Rare. Très-belle épreuve.

BONACINA (Jean-Baptiste), graveur au burin; né à Milan, vers 1620; l'année de sa mort n'est pas connue.

384. La Vierge, l'Enfant-Jésus, saint Jean, sainte Catherine et saint François, d'après André del Sarto. Très-belle épreuve.

BONASONE (Jules), peintre et graveur à l'eau-forte et au burin; né à Bologne, dans la première moitié du XVIe siècle; mort à Rome en 1580.

385. Moïse ordonnant aux Hébreux de ramasser la manne, d'après le Parmesan (B. 5). Superbe épreuve; elle est restaurée à la plume, à l'angle droit inférieur.

386. L'Amour surpris dans les Champs-Élysées (B. 101). Très-beau morceau en largeur, de l'invention du graveur. Superbe épreuve du premier état, avant toute adresse.

BONNECROY (Jean), peintre et graveur à l'eau-forte; né à Anvers, dans le XVIIe siècle.

387. L'Enfant prodigue (R.-D. 1). Très-belle épreuve; les bords du cuivre sont irréguliers. Elle laisse à désirer pour la conservation.

388. Berger assis gardant son troupeau (R.-D. 3). Très-belle épreuve.

389. Le Bouvier et sa famille (R.-D. 4). Très-belle épreuve.

390. La Colline circulaire (R.-D. 6). Très-belle épreuve, mais manquant de conservation.

BONNEIONNE (E...), dessinateur et graveur à l'eau-forte; vivait en Italie en 1700.

391. Diane assise sur un char attelé de deux dragons; derrière elle, à gauche, on remarque l'Amour; d'après le Primatice. Morceau en travers, sans nom de graveur, cité par Brulliot, 3e partie, n° 337. Rare. Très-belle épreuve.

392. La Philosophie, d'après *Raphaël Urb.* Morceau gravé avec esprit et sentiment. Très-belle épreuve.

393. Groupe de sept figures : on remarque sur le devant, à gauche, un homme à genoux, les mains jointes, à côté d'un autre homme debout, dans une attitude de vénération; derrière eux, plusieurs personnages expriment divers sentiments; d'après Paul Véronèse. Rare et superbe épreuve du premier état, avec le nom du graveur écrit : *E: Bonneionne fec:*

394. Le même sujet. Très-belle épreuve du second état; le nom du maître est écrit : *Fr. Bonnoniensi Fecit.*

395. Sujet allégorique représenté par une femme assise sur un coussin, tournée à droite, le bras gauche appuyé sur un enfant; on voit deux autres enfants à ses côtés, dont l'un verse le contenu d'une urne qu'il porte sur l'épaule. Ce morceau en travers, d'un grand caractère, est d'après F. Primatice. Superbe épreuve avec marge.

BOOM (A. H. V.), peintre et graveur à l'eau-forte hollandais; florissait dans le milieu du XVIIe siècle.

396. Le Hameau (B. 1) Morceau rare. Belle épreuve.

397. La Pièce d'eau (B. 2). Morceau rare. Belle épreuve.

BOONEN (F...), graveur en manière noire hollandais; florissait vers le milieu du XVIIe siècle.

398. François Valentyn, prédicateur à Amboine (Indes-Orientales). Très-belle épreuve.

BORCHT (HENRI VAN DER), le jeune, peintre et graveur à l'eau-forte; né à Frankenthal en 1610; mort à Anvers, dans un âge fort avancé.

399. Les saintes Femmes visitant le corps mort de Jésus-Christ, d'après Raphaël. Très-belle épreuve.

BORESOM (Abraham Van), peintre et graveur à l'eau-forte; travaillait dans les Pays-Bas, au milieu du XVIIe siècle.

400. Le Bœuf au licol (B. 1). — Les deux Vaches (B. 2). Belles épreuves d'un état *non décrit*, avec l'adresse de *G. Valk*, le n° 4 au premier morceau et le n° 3 au second.

BORREKENS (Mathieu), graveur au burin; travaillait à Anvers, dans la première moitié du XVIIe siècle.

401. Le Sacrifice de la messe, d'après Abr. Diepenbeeck. Très-belle épreuve avec l'adresse de Mart. Van den Enden.

402. Martyre de saint Sébastien, d'après Pierre Van Lint. Rare et très-belle épreuve avant la lettre; elle manque de conservation.

BOSSE (Abraham), dessinateur et graveur à l'eau-forte; né à Tours, vers 1605; mort en 1678.

403. *Les Forces de la France soubz le regne du Tres crestien et tres victorieux Monarque Louis le Juste* (Louis XIII et Gaston, duc d'Orléans). Très-belle épreuve avec marge.

404. Assemblée de dames et de cavaliers dans une salle de bal. Très-belle épreuve, mais laissant un peu à désirer pour la conservation; le papier est très-roux.

BOTH (André), peintre et graveur à l'eau-forte; né à Utrecht en 1609; mort en 1650.

405. L'Hermite (B. 1). Rare et très-belle épreuve d'un état *non décrit*, avant divers travaux, notamment des contre-tailles au-dessus du livre et au-dessous de la discipline.

406. L'Anachorète (B. 2). Morceau rare. Très-belle épreuve; l'angle gauche supérieur est restauré.

Morceau attribué au même :

407. Jésus-Christ avec deux de ses disciples à Emaüs. Petit morceau en hauteur. Rare. Très-belle épreuve.

BOTH (Jean), peintre et graveur à l'eau-forte; né à Utrecht en 1610; mort dans la même ville en 1650.

408. La Femme montée sur le mulet (B. 1). Très-rare

et belle épreuve d'un état *non décrit*, avant le nom de *Matham*, et les teintes de pointe sèche sur les figures qu'on voit dans le fond; épreuve dite *au mulet blanc*. Elle est tachée d'huile, sur la partie supérieure du grand arbre.

409. Le même Paysage (B. 1). Rare et très-belle épreuve de la planche terminée; mais avant que l'adresse de Matham, qu'on y voit, n'ait été effacée et remplacée par celle de P. Mariette, qui a été enlevée dans le dernier état. Elle est tachée d'huile.

410. Le Chariot attelé de bœufs (B. 2). Rare et très-belle épreuve, avant que l'adresse de Matham n'ait été effacée et remplacée par celle de P. Mariette, qui a été enlevée dans le dernier état.

411. Le Grand arbre (B. 3). Rare et très-belle épreuve, avant que l'adresse de Matham n'ait été effacée et remplacée par celle de P. Mariette, qui a été enlevée dans le dernier état.

412. Les deux Mulets (B. 4). Rare et très-belle épreuve, avant que l'adresse de Matham n'ait été effacée et remplacée par celle de P. Mariette, qui a été enlevée dans le dernier état.

413. Le Pont de pierre (B. 5). Rare et très-belle épreuve, avant le nom du maître; elle a une petite tache d'huile, au-dessus du bateau.

414. Le Muletier (B. 4). Rare et très-belle épreuve, avant le nom du maître.

415. Les cinq Sens de l'homme. Suite de cinq estampes gravées d'après André Both (B. 11 à 15). Très-belles épreuves du premier état, avant l'adresse de F. de Wit sur le premier morceau, et la répétition des numéros dans la marge du bas.

BOUCHER (François), peintre et graveur à l'eau-forte; né à Paris en 1704; mort dans la même ville en 1770.

416. *La petite Reposée* (P. de B. 13). Très-belle épreuve.

417. Recueil de diverses figures chinoises. Suite de douze estampes, savoir : 1) *Titre*, où l'on voit une jeune Chinoise debout jouant de la flûte (P. de B. 30). — 2) *Magicien Chinois*; morceau gravé par Perronneau (P. de B. 31). — 3) *Musicien Chinois* (P. de B. 32). — 4) *Demoiselle Chinoise* (P. de B. 33). — 5) *Païsanne Chinoise* (P. de B. 34). — 6) *Médecin Chinois* (P. de B. 35). — 7) *Botaniste Chinois* (P. de B. 36). — 8) *Musicien Chinois* (P. de B. 37). — 9) *Dame Chinoise* (P. de B. 38). — 10) *Bastelleuse Chinoise* (P. de B. 39). — 11) *Soldat Chinois* (P. de B. 40). — 12) *Soldat Chinois* (P. de B. 41). Très-belles épreuves; elles ont de grandes marges.

418. *La Troupe italienne*, d'après Ant. Watteau (P. de B. 151). Fort jolie pièce. Très-belle épreuve.

BOUCHER ou **BOUCHIER** (Jules-Armand-Guillaume), amateur, dessinateur et graveur à l'eau-forte ; né à Aix, en Provence, vers le milieu du siècle dernier.

419. Buste de Vieillard, les yeux levés vers le ciel, d'après *le Fety*. Très-belle épreuve.

BOUCHIER (Jacques ou Jean), peintre et graveur à l'eau-forte; né à Bourges, vers 1580; l'année de sa mort n'est pas connue.

420. La Vierge et l'Enfant-Jésus (R.-D. 2). Très-belle épreuve. Rare.

BOULOGNE (Louis de), le père, peintre et graveur à l'eau-forte ; né à Paris en 1609 ; mort dans la même ville en 1674.

421. La Flagellation de saint André, d'après Paul Véronèse (R.-D. 9). Très-belle épreuve du premier état; mais manquant de conservation.

422. La Charité romaine (R. — D. 13). Très-belle épreuve.

BOURDON (Sébastien), peintre et graveur à l'eau-forte; né à Montpellier en 1616 ; mort à Paris en 1671.

423. Les œuvres de miséricorde. Suite de sept pièces numérotées en chiffres romains (R.-D. 2 à 8). Très-belles épreuves du premier état, avec l'adresse de l'auteur; elles ont des marges. Plus, une dédicace im-

primée en caractères typographiques, *à monseigneur, monseigneur Colbert, chevalier marquis de Seignelay et autres lieux. . . . . . . serviteur Bourdon.*

Cette dédicace, surmontée d'une vignette aux armes de Colbert, a été gravée d'après un dessin du maître; elle est extrêmement rare.

424. La Vierge à l'écuelle (R. - D. 12). Très-belle épreuve du premier état, avant que la planche n'ait été coupée en ovale.

BOUT (Pierre), peintre et graveur à l'eau-forte; né dans les Pays-Bas, vers 1660; l'année de sa mort n'est pas connue.

425. Les Marchands de poissons (B. 1). Belle épreuve, mais laissant un peu à désirer pour la conservation.

426. Les Patineurs (B. 2). Superbe épreuve, mais laissant un peu à désirer pour la conservation.

427. Le même sujet (B. 2). Épreuve moins belle que la précédente, mais mieux conservée.

428. Le Traîneau (B. 3). Superbe épreuve; elle a une déchirure, vers la gauche.

429. Les Chasseurs (B. 4). Belle épreuve.

430. La Jetée (B. 5). Morceau très-rare. Fort belle épreuve du premier état, avant que le trait carré n'ait été repris et régularisé; il y a des lacunes, notamment vers le bas de la droite.

BOUYS (André), peintre et graveur en manière noire; né à Hyères, vers 1663; mort en 1740.

431. D. D. Laurent Fliscus, nonce extraordinaire et archevêque d'Avignon. Beau portrait. Très-belle épreuve.

BOYDELL (Josué), peintre et graveur à l'eau-forte et en manière noire; né à Londres, vers 1750; l'année de sa mort n'est pas connue.

432. *A Fruit Pièce* (Des fruits), d'après M.-Ange Campidoglio. Joli morceau en largeur. Superbe épreuve; elle a de très-grandes marges.

BOYVIN (René), dessinateur et graveur au burin et à l'eau-forte; né à Angers, vers 1530; mort à Rome en 1598.

433. Judith, d'après *maître Rous* (R.-D. 1). Superbe épreuve.

434. L'Ignorance vaincue, d'après Rosso, dit *Maître Rous* (R.-D. 16). Belle épreuve.

435. Le même sujet. Copie en contre partie; au bas de la composition, huit vers latins gravés deux par deux. Très-belle épreuve avec marge.

BRAMER (Léonard), peintre et graveur à l'eau-forte; né à Delft en 1596; l'année de sa mort n'est pas connue.

436. Un musicien, vêtu d'un manteau, pince de la guitare dans une chambre, où il y a plusieurs instruments de musique; à droite, on remarque une femme assise, vue de dos. Morceau rare. Très-belle épreuve, mais manquant de conservation.

BRANT (R....), peintre et graveur à l'eau-forte allemand, sur lequel on n'a pas de données.

437. La Sainte Famille. Pièce en hauteur. Rare et très-belle épreuve du premier état, avant la lettre et les travaux au burin.

BRASSER (Léandre), peintre et graveur à l'eau-forte; travaillait en Hollande, au milieu du XVIIIe siècle.

438. Paysage en largeur : à gauche, on voit les vestiges d'une colonne, et à droite, deux arbres. Très-belle épreuve; elle a de grandes marges.

439. La cour d'un boucher. Morceau gravé en fac-simile, d'après F. Saenredam. Belle épreuve.

440. Trois buveurs et fumeurs assis auprès d'une table. Morceau en hauteur, gravé en fac-simile, d'après H. Sorgh. Très-belle épreuve.

BRAUWER ou **BROUWER** (Adrien), peintre et graveur à l'eau-forte; né à Harlem en 1608; mort à Anvers en 1640.

441. Paysan bourrant sa pipe; il est placé devant une table sur laquelle sont posés une cruche, une pipe et

un pot à feu. Très-belle épreuve ; elle est rognée au trait carré à gauche.

Le même sujet. Copie en contre-partie.

442. Autre paysan vu à mi-corps et de face; il est coiffé d'une toque qui lui cache en partie l'œil droit. Très-belle épreuve.

Le même sujet. Copie en contre-partie ; elle est gravée sur une planche plus large que l'original.

443. Paysan chantant; il tient de la main gauche un papier. Très-belle épreuve.

Le même sujet. Copie dans le sens de l'original ; mais de forme ronde, sur une planche carrée au bas de laquelle on lit, à gauche : *A Brouwer fecit.* Très-belle épreuve.

444. Paysan vu à mi-corps, dirigé à droite; il est coiffé d'un large chapeau, et tient de ses deux mains une cruche. Très-belle épreuve du premier état, avant divers travaux, notamment la prolongation des tailles circulaires jusqu'à la partie éclairée de la cruche. Rare.

Le même sujet. Très-belle épreuve de la planche terminée.

445. Paysan faisant la lecture d'un papier, qu'il tient à la main, en présence d'un villageois. Morceau de forme ronde. Rare et très-belle épreuve du premier état ; elle a une déchirure dans la partie supérieure, et est coupée contre la bordure.

Le même sujet. Très-belle épreuve du deuxième état, avec les travaux au burin exécutés dans toutes les parties par Corn.Waumans, et l'adresse de Mart. Van den Enden; elle a de la marge.

446. Sur le devant d'un cabaret on voit un paysan endormi, et dans le fond quatre hommes attablés ; dans le bas, à droite, on lit : *A Brouwe* tracés à la pointe. Ce morceau, attribué à ce maître, nous paraît être plutôt de Willem Basse. Très-belle épreuve, mais manquant de conservation.

447. Une femme assise sur une chaise, peigne un homme assis sur un banc; près d'elle, est une vieille. Ce morceau ovale en largeur, est aussi attribué à ce maître. Belle épreuve à grandes marges.

BRAY (JACQUES DE), peintre et graveur à l'eau-forte; né en Hollande, vers 1600; l'année de sa mort n'est pas connue.

448. Saint Jean-Baptiste. Pièce rare. Superbe épreuve; elle est rognée au trait carré.

BRAY (DIRK ou THÉODORE DE), peintre et graveur à l'eau-forte et en bois; travaillait à Harlem, vers le milieu du XVIIe siècle.

449. Vieillard lisant dans un grand livre; il a la main gauche appuyée sur un feuillet, au bas duquel on voit le monogramme du maître. Petit morceau très-rare. Belle épreuve avec marge.

450. Jésus-Christ sur la croix, au bas de laquelle on voit le nom de l'inventeur Jacques de Bray et le monogramme du graveur, ménagés en blanc sur fond noir. Morceau cité par Brulliot, 1re partie, n° 856. Belle épreuve.

BREBIETTE (PIERRE), peintre et graveur à l'eau-forte; né à Mantes-sur-Seine, vers la fin du XVIe siècle; florissait dans la première partie du siècle suivant.

451. L'Adoration des bergers; au-dessous d'une arcade, on voit un bœuf couché. Morceau en hauteur, d'après Jacques Palme, le jeune. Très-belle épreuve, mais laissant à désirer pour la conservation.

BREENBERG (BARTHOLOMÉ), peintre et graveur à l'eau-forte; né à Utrecht, vers le commencement du XVIIe siècle; mort en 1660.

452. Maison délabrée, au-delà de laquelle on remarque une grande tour carrée (B. 4). Belle épreuve.

Le même sujet. Copie en contre-partie de l'estampe originale; la charrue est placée à gauche. Belle épreuve.

453. Les Ruines, avec l'arc d'une voûte (B. 10). Très-belle épreuve; elle a quelques petites taches d'huile.

454. Les restes du Château ruiné (B. 18). Très-belle épreuve.

455. Feuille de têtes d'hommes et de femmes, mêlées de têtes d'animaux chimériques; 1re planche, d'après de Gheyn (B. 20). Pièce très-rare. Superbe épreuve; elle a de grandes marges.

456. Autre feuille dans le même genre; 2e planche, d'après le même (B. 27). Pièce très-rare. Superbe épreuve, avec de grandes marges.

457. Autre épreuve de la même planche (B. 27). Elle est tout aussi belle que la précédente; mais elle a moins de marge.

458. Autre feuille dans le même genre, avec mascarons; 3e planche, d'après le même (B. 28). Pièce très-rare. Superbe épreuve, avec de grandes marges.

BREUGHEL (Pierre), dit *le Vieux*, peintre et graveur à l'eau-forte et au burin; né à Breughel en 1510; mort à Bruxelles en 1570.

459. Riche paysage, où est représenté la chûte d'Icare. Rare et superbe épreuve du premier état, avant que l'adresse de : *Houfs* (Houfnaghels) n'ait été effacée et remplacée par celle de *H. Hondius*.

460. Kermesse flamande; à droite, des paysans se battent. Morceau rare, daté de 1559. Très-belle épreuve, avec l'adresse de Bartholomé de Momper; elle a une tache d'huile, dans la partie supérieure, à gauche.

461. Sujet grotesque et emblématique. On voit sur le devant, trois figures assises: de ce nombre, un peintre; au second plan, deux arbres debout dans des nacelles, dont l'extrémité de l'un d'eux offre une espèce d'œuf brisé, dans lequel on aperçoit une société à table. Sur un terrain élevé, à droite, plusieurs spectateurs. Pièce curieuse. Très-belle épreuve.

462. La Maîtresse d'école. Pièce rare, datée de 1559. Très-belle épreuve, avec l'adresse de Bartholomé de Momper; les deux angles de la marge inférieure sont restaurés.

463. *La Grande feste de nostre village.* Cette riche composition en largeur, représentant un grand nombre de figures qui se divertissent, est attribuée par les uns à Pierre Breughel qui en est l'inventeur, et par les autres à Jérôme Cock. Très-rare et superbe épreuve, avant le titre et quelques inscriptions indicatives; elle porte, au milieu du bas, cette adresse : *Au palais à Paris Paul*[es] *de la Houue excud.* 1601. A cette épreuve les mots : Au palais à Paris ont été en partie grattés.

464. Le même sujet. Belle épreuve avec le titre et les indications; l'adresse : *P. Bertrand ex.* a été substituée à celle de *Paul*[es] *de la Houue.*

465. La Tour de Babel ; dans le bas, à droite, on lit, en deux lignes : *Brvegel. fe. MCCCCCLXIII. Alt.* 43 *lat* 58 *unc.* Ce morceau en largeur, qu'on attribue à ce maître, nous paraît être gravé d'après un de ses tableaux, par A. Prenner.

BRIL (Paul), peintre et graveur à l'eau-forte; né à Anvers en 1556; mort à Rome en 1626.

466. Les deux Voyageurs : un homme précédé d'un cavalier et suivi de deux chiens, s'achemine vers le fond, où l'on voit une ville. Rare et très-belle épreuve du premier état, avant toute adresse.

Le même sujet. Épreuve tirée avec l'adresse de *Vincenzo Cenci,* dans la marge inférieure; l'année 1590 et le mot *Romæ* ont été enlevés.

BRIZIO (François), peintre et graveur à l'eau-forte et au burin; né à Bologne en 1575; mort dans la même ville en 1623.

467. La sainte Vierge assise au bord d'une fontaine près de l'Enfant-Jésus, à qui saint Joseph donne des fruits de palmier, d'après le Corrège (B. 4). Très-belle épreuve du premier état, avant que le nom du graveur n'ait été effacé et c[a]; la jambe droite de l'Enfant-Jésus est teintée à l'encre de Chine.

BRÆDELET (J...), graveur à l'eau-forte et en manière noire; né à Utrecht, vers le milieu du XVIIe siècle.

468. Herman van Halen, docteur en théologie, d'après G. Hoet. Superbe épreuve.

469. Le même personnage. Portrait de proportion plus grande que le précédent, sans nom de peintre. Superbe épreuve.

470. Femme assise et faisant sa prière, d'après D. Wet. Très-belle épreuve.

BRONCHORST ou **BRONKHORST** (JEAN-G. . . .), peintre et graveur à l'eau-forte ; né à Utrecht en 1603; mort en 1680.

471. Nymphe dormant dans une grotte, d'après C. van Poelenburgh (B. 5). Morceau rare, des plus remarquables de ce graveur. Superbe épreuve.

472. Jean de Laet, géographe et philologue flamand (B. 9). Pièce rare. Très-belle épreuve.

473. Quatre pièces appartenant à une suite de neuf estampes, savoir :

1) Vue de chapiteaux, bases de monuments et autres débris antiques (B. 12). Superbe épreuve.

2) Ruines des trophées de Marius (B. 13). Très-belle épreuve.

3) Partie des murs de l'ancienne Rome (B. 14). Très-belle épreuve.

9) Vue de ruines s'étendant presque sur toute la largeur de l'estampe (B. 20). Très-belle épreuve; elle laisse un peu à désirer pour la conservation.

Cet article pourra être divisé.

474. Vue de Ruines avec pont d'une seule arche, sur lequel un homme fait marcher un âne chargé (B. 22). Très-belle épreuve avec marge.

475. L'Adoration des Rois, d'après C. Poelenburgh (Weigel, 25). Pièce rare.

476. Portrait de Mathias de Merwede (van Clootwyck), poète hollandais et ami des Beaux-arts (Weigel, 32). Belle épreuve.

477. Buste de vieille femme, tournée à gauche, la tête couverte d'une coiffe surmontée d'un bonnet bordé de

fourrure. Morceau très-fin d'exécution, attribué à ce maître. Rare. Très-belle épreuve.

BROOCKSHAW (Richard), dessinateur et graveur en manière noire; né en Angleterre, vers 1736; l'année de sa mort n'est pas connue.

478. Portrait de jeune garçon, d'après Reynolds; il est vu à mi-corps, la main gauche sur la poitrine. Très-belle épreuve.

BROSTERHUYS (Jean), peintre et graveur à l'eau-forte; florissait en Hollande, au milieu du XVIIe siècle.

479. Vue d'un pays couvert d'arbres; on remarque vers le milieu, une barrière dans une haie. Morceau très-rare. Superbe épreuve avec marge.

480. Autre paysage; on y voit, du côté gauche, près d'un groupe de trois arbres, un chemin conduisant vers le fond. Ce morceau, qui est aussi très-rare, fait pendant au précédent. Superbe épreuve avec marge.

481. Vue d'un bois et de rochers; sur le ciel, à gauche, le n° 2. Pièce très-rare. Superbe épreuve.

482. La Ferme près d'une mare; à droite, un groupe de beaux arbres; sur le ciel, au haut de la gauche, le n° 5. Morceau très-rare. Superbe épreuve. A cette épreuve le n° 5 a été gratté.

483. Vue d'un vaste pays : on y voit, à gauche, un chemin conduisant vers le fond; à la droite du second plan, un berger garde ses moutons, en avant d'un village dont on aperçoit le clocher de l'église. Morceau très-rare. Superbe épreuve.

BROWNE (John), dessinateur et graveur à l'eau-forte et au burin; né à Oxford en 1719; mort vers 1790.

484. Céphale et Procris, d'après Claude Gellée, dit *le Lorrain*. Très-rare et superbe épreuve d'eau-forte pure; elle a une tache rousse, sur le nom du graveur.

485. Le même sujet. Superbe épreuve de la planche terminée, mais avant la lettre; les armes sans la devise, et les noms d'auteur et d'éditeur sont tracés à la pointe. Elle a de grandes marges.

BRUNN (D. . . .), graveur au burin; florissait dans la première moitié du XVIIe siècle.

486. Marche de Bacchus enfant, assis sur un tigre, se dirigeant vers la droite; il est environné de Faunes et d'Amours, etc.; d'après A. Van Dyck. Rare et très-belle épreuve du premier état, avant toute adresse.

BRUYN (ABRAHAM DE), peintre et graveur au burin; né à Anvers, vers 1538; mort à Cologne, dans un âge avancé.

487. La Chasse au sanglier. L'animal est représenté au milieu d'une forêt, ayant renversé un homme; on remarque des chasseurs à cheval, à droite et à gauche, et vers ce dernier côté, une tablette, avec le monogramme du maître, attachée à une branche d'arbre. Très-belle épreuve.

BRUYN (NICOLAS DE), peintre et graveur au burin; né à Anvers en 1570; mort vers 1635.

488. Élisée faisant déchirer des enfants par des ours, d'après Gilles Coninxloo. Grand morceau en largeur. Rare et très-belle épreuve du premier état, avant l'adresse *d'Ass. Van Londerseel*, dans la marge à droite, qui a été remplacée depuis par celle de *Robb. Baudouss.*

BRY (JEAN-THÉODORE DE), dessinateur et graveur au burin; né à Liége en 1561; mort à Francfort-sur-Mein en 1623.

489. Le triomphe de Bacchus, d'après Jules Romain. Très-belle épreuve.

490. Diane changeant Actéon en cerf, d'après Joseph Heintz. Très-belle épreuve.

491. L'âge d'or, d'après Abraham Bloemaert. Très-belle épreuve.

492. La Fontaine de Jouvence, d'après H. S. Beham. Très-belle épreuve avec marge.

493. Réunion de Dames et de Nobles vénitiens, d'après Paul Véronèse. Très-belle épreuve.

494. La Fête de Village, d'après H. S. Beham. Chef-d'œuvre du graveur. Très-belle épreuve avec marge.

BUREN (PHILIPPE VAN), baron de Vaumarcus, amateur, dessinateur et graveur à l'eau-forte; né dans le siècle dernier.

495. Paysage en largeur; dans la marge du bas, on lit : *Premier Essai dédié à Mr. Fr. Bosset par son ami Ph. de Buren 22 juin* 1778. Pièce rare.

BUSINCK (LOUIS), peintre et graveur sur bois et en camaïeu; né en Allemagne, vers la première moitié du XVIIe siècle.

496. Moïse assis, tenant les tables de la loi, d'après Georges Lalleman. Très-belle épreuve.

BUYSSEN (A. . . VAN), graveur en manière noire hollandais; florissait au commencement du siècle dernier.

497. David van Hoogstraaten, poète hollandais, d'après J. Wandelaar. Très-belle épreuve.

BUYTENWECH (GUILLAUME), peintre et graveur à l'eau-forte; né à Rotterdam, vers 1600; l'année de sa mort n'est pas connue.

498. Bethsabée au bain. Morceau rare. Belle épreuve.

499. La Vanité. Très-belle épreuve. Rare.

500. Un Soldat et une Femme debout; entre eux, on voit un chien. Très-belle épreuve. Rare.

BYE (MARC DE), peintre et graveur à l'eau-forte; né à La Haye, dans la première moitié du XVIIe siècle.

501. Suite de huit estampes représentant des bœufs et des vaches (B. 9 à 16). Rares et superbes épreuves avant toute adresse, et avant le nom du maître. Cabinet Wolterbeck.

502. Le Chien métis (B. 77). Morceau rare. Très-belle épreuve, avant que l'adresse de N. Visscher n'ait été effacée et remplacée par celle de F. de Wit; elle a de la marge. Cabinet Wolterbeck.

503. Le Muletier (B. 78). Très-belle épreuve. Cabinet Wolterbeck.

504. Une Vache qui se lèche (B. 95). Rare et superbe épreuve du premier état, avant le n° 5.

505. Une Vache couchée, vue de dos (B. 96). Rare et superbe épreuve du premier état, avant le n° 3.

506. Un Bœuf vu de profil et dirigé à droite, où l'on voit une souche (B. 97). Rare et superbe épreuve du premier état, avant le n° 6.

507. Un Bœuf debout, vu de profil et dirigé vers la droite (B. 98). Rare et superbe épreuve du premier état, avant le n° 2.

508. Une Vache debout, vue de profil et dirigée vers la droite (B. 32 g). Rare et superbe épreuve du premier état, avant le n° 7.

La même (B. 32 g). Belle épreuve du deuxième état, avec le n° 7 sur le ciel, à gauche.

509. Un Cochon qui dort, couché au milieu de l'estampe (B. 32 h). Rare et superbe épreuve du premier état, avant le n° 8.

Le même (B. 32 h). Belle épreuve du deuxième état, avec le n° 8 sur une planche, à gauche.

CABEL (Adrien Vander), peintre et graveur à l'eau-forte ; né à Ryswyck, près de la Haye, en 1631 ; mort à Lyon en 1695.

510. La fuite en Égypte (B. 6). Très-belle épreuve du premier état, avant le n° 6 dans la marge du bas, à droite ; elle manque un peu de conservation.

511. Saint François stigmatisé (B. 7). Belle épreuve.

512. La cime de la montagne entourée de nues (B. 9). Très-belle épreuve du premier état, avant la lettre *B*, au milieu de la marge du bas.

513. La fille avec son chien (B. 17). Belle épreuve du premier état, avant la lettre *d*, sur une pierre à la droite du bas.

514. La femme empressée (B. 20.) Très-belle épreuve du premier état, avant la lettre *a* suivie de 4me, vers la droite du haut du ciel ; le coin droit inférieur est restauré.

515. Le château (B. 22). Très-belle épreuve du premier état, avant la lettre *c*.

516. Le mendiant (B. 28). Très-belle épreuve du premier état, avant le chiffre romain III, au milieu de la marge du bas.

517. Les deux amants (B. 34). Superbe épreuve du premier état, avant le chiffre romain III, au bas du terrain vers la droite.

518. Apollon tuant Coronis (B. 36). Très-belle épreuve du premier état, avant le chiffre romain V, au milieu de la marge du bas ; l'angle droit supérieur est raccommodé.

519. Le joueur de flûte (B. 54). Belle épreuve du premier état, avant le chiffre II et le changement d'inscription.

520. La petite marine (B. 55). Très-belle épreuve.

521. La belle bergère (Weigel, 67). Pièce rare. Très-belle épreuve.

CALLOT (Jacques), peintre et graveur à l'eau-forte et au burin ; né à Nancy en 1593 ; mort dans la même ville en 1635.

522. Portrait de Jacques Callot, par Abraham Bosse ; il est représenté en buste, vu de trois quarts, dirigé à droite et regardant en face. Ce buste est sur un piédouche, entouré d'une bordure ovale, au-dessus du tombeau de l'artiste en forme de rétable. Très-belle épreuve avec l'adresse d'*Israël.*

523. *Le passage de la Mer rouge.* (Meaume, 1.) Rare et superbe épreuve du premier état, avant que la partie supérieure du flot, au dessus de Moïse, n'ait été effacée ; elle a de la marge. Cabinet Graaf.

524. *Le massacre des Innocents* (1re planche, M. 5). Très-jolie pièce. Rare et belle épreuve du premier état, avant la lettre.

525. *Le massacre des Innocents* (2e planche, M. 6). Jolie pièce. Rare et très-belle épreuve du premier état, avant la lettre.

526. Le même sujet (M. 6). Très-belle épreuve du

deuxième état, avec le nom du maître; elle a de la marge.

527. *Le portement de Croix* (M. 9). Très-petite pièce ovale en travers; elle est très-rare, ayant été gravée sur argent pour un dessus de reliquaire. Belle épreuve.

528. *La passion de Notre-Seigneur* (M. 19 à 30). Suite de douze estampes, dite *la petite passion*, à cause de la dimension des pièces qui la composent. Très-belles épreuves du premier état, avant les noms de l'auteur et de l'éditeur et les mots *cum Priuilegio Regis* au bas du premier morceau, et avant les numéros. Rares de cette beauté.

529. *Le Nouveau Testament* (M. 37 à 47). Suite de onze pièces, y compris le titre gravé par Abraham Bosse. Très-belles épreuves, avant le numéro et le discours au bas de chaque morceau. Elles ont des marges, et sont d'un tirage bien égal.

530. *Les quatre Banquets. Suite de quatre estampes* (M. 48 à 51). Belles épreuves avant les numéros, et ces mots : *J. Siluestre ex. cum priuil. Regis* sur le troisième morceau (la Cène). Elles ont de grandes marges.

531. *La sainte Famille à table* (M. 65). Morceau connu sous le nom de *le Bénédicité*. Superbe épreuve du premier état, avant l'adresse de *Israël Syluestre* et le privilége au milieu du bas de la planche; elle a de la marge. Très-rare de cette beauté.

532. L'annonciation (M. 71). Pièce rare ; on n'y voit pas le Père Éternel. Très-belle épreuve.

533. *La Vie de la Sainte-Vierge* (M. 76 à 89). Suite de quatorze estampes, y compris le Frontispice. Superbes épreuves du premier état, avant les numéros de 1 à 13; le morceau servant de titre, ne porte pas de numéro. Elles ont des marges, et elles sont d'un tirage parfaitement égal. Rares de cette beauté et de cette condition.

534. Différents sujets (M. 90 à 99). Suite de neuf estampes non chiffrées, savoir : 1) Le titre portant l'inscription : *Gloriosissimæ Virginis Dei paræ elogium;* deux épreuves du second état, avec l'adresse d'*Israël* et le privilége. — 2) *Judith.* Premier état, avant la lettre; deuxième état, avec la lettre. — 3) *L'adoration des Mages.* Premier état, avant la lettre; deuxième état, avec la lettre. — 4) *Les hommages du petit saint Jean.* Premier état, avant la lettre; deuxième état, avec la lettre. — 5) *Jésus-Christ en croix entre les deux larrons.* Deuxième état, avec la lettre; mais avant que la planche n'ait été terminée par *Valdor.* — 6) *La Résurrection.* Premier état, avant la lettre; deuxième état, avec la lettre. — 7) *L'Assomption* Premier état, avant la lettre; deuxième état, avec la lettre. — 8) *La conversion de saint Paul.* Premier état, avant la lettre; deuxième état, avec la lettre. — 9) *Saint Livier.* Premier état, avant le nom de Callot, l'adresse d'Israël et le privilége; deuxième état, avec le nom du graveur, l'adresse de l'éditeur et le privilége. En tout 17 pièces. Belles épreuves.

535. *L'apôtre saint Pierre* (M. 101). Très-rare et fort belle épreuve du premier état, avant le nom du maître; elle porte, au verso, la signature de *Claude-Augustin Mariette.*

536. *Le Sauveur, la Sainte-Vierge, les douze Apôtres et saint Paul, l'apôtre des nations, en pied* (M. 104 à 119). Suite de seize estampes, y compris le titre, chiffrées de 1 à 13 sur les treize dernières. Superbes épreuves avant les numéros. Rares de cette beauté; elles sont d'un tirage parfaitement égal.

537. *Le Martyre de saint Sébastien* (M. 137). Très-belle épreuve du premier état, avant l'adresse d'*Israël Silvestre* et le privilége en avant du nom du maître.

538. La tentation de saint Antoine (M. 139). Très-belle épreuve du troisième état, avec la totalité des rosettes et les fautes corrigées; mais avant l'accident ou trait

de burin coupant à peu près perpendiculairement le nuage, entre l'aile et le bras droit du démon vomissant. Très rare de cette beauté.

NOTA. Cette estampe est regardée, à juste titre, comme un des chefs-d'œuvre du maître.

539. *Les Pénitents et Pénitentes* (M. 147 à 152). Suite de six estampes, y compris le titre gravé par Abraham Bosse, et non chiffrées. Très-belles épreuves; elles ont des marges.

La même suite, sans titre. Copies en contre-partie et de la même grandeur des estampes originales. Belles épreuves. En tout 11 estampes.

540. *Les Martyrs du Japon* (M. 155). Morceau en hauteur. Très-belle épreuve du premier état, avant l'adresse d'*I. Siluestre* et le privilége, sur le terrain à gauche, près du nom de graveur.

541. *Titre*. Très-jolie pièce, sans nom de Callot, connue sous le nom de la *Belle-Jardinière* (M. 432). Très-belle épreuve.

542. Louis XIII, roi de France (M. 507). Très-belle épreuve.

543. *Les Petites misères de la guerre* (M. 557 à 563). Suite de sept pièces, y compris le titre gravé par Abraham Bosse, après la mort de Callot. Très-belles épreuves, d'un tirage bien égal.

544. Les grandes misères de la guerre (M. 564 à 581). Suite de dix-huit pièces des plus belles du maître. Superbes épreuves du second état, avec les numéros et les vers; mais avant que l'adresse de Sylvestre n'ait été effacée et remplacée par le nom du graveur.

545. *Les exercices militaires* (M. 582 à 594). Suite de treize pièces, y compris le titre, représentant des soldats en diverses attitudes. Très-belles épreuves du premier état, avant les numéros 1 à 12 à la droite du bas; le titre n'est jamais chiffré. Elles ont de grandes

marges. Très-rares à rencontrer de cette beauté et de cette condition, étant parfaitement égales de tirage.

546. *Deux combats ou rencontres de cavalerie* (M. 595 et 596). Deux pièces qu'on joint le plus souvent aux exercices militaires, savoir : *La rencontre à l'épée et la rencontre au pistolet*. Superbes épreuves du premier état, avant le numéro 13 au premier morceau, et le numéro 14 au second; elles ont de grandes marges. Rares à rencontrer de cette beauté.

547. *Parterre ou jardin de Nancy* (M. 622). Superbe épreuve du premier état, avant l'adresse d'*Israël Siluestre*, vers le milieu du bas de la marge inférieure.

548. *Le jeu de boules, le bal champêtre, la petite foire ou la foire de Gondreville* (M. 623). Très-rare et superbe épreuve du premier état, avant le nom du maître, sur le terrain à gauche, au-dessus du trait carré; elle a de la marge.

549. La grande foire de Florence; première planche (M. 624). Copie en contre-partie, par Salomon Savry. Belle épreuve avec de grandes marges.

550. La grande foire de Florence; deuxième planche (M. 625). Belle épreuve du premier état, avant le nom d'Israël Silvestre (éditeur).

551. Les supplices (M. 665). Très-belle épreuve du second état, avec la faute corrigée au mot *meschant*, qui était écrit *meschans*, dans le premier état; mais avant l'adresse d'*Israël Siluestre*.

552. Le même sujet (M. 665). Belle épreuve du quatrième état, bien qu'il soit annoncé par M. Meaume comme étant le cinquième; attendu que le troisième décrit par cet iconographe, n'est que le produit de l'affaiblissement de la planche par le fait seul du tirage.

553. *Le Brelan* (M. 666)) Belle épreuve du second état, avec l'inscription autour de l'ovale.

554. *La dévideuse et la fileuse* (M. 671). Très-belle

épreuve du premier état, avant l'adresse d'*I. Silvestre* et le privilége à la suite du nom du graveur ; elle a de la marge.

555. *La petite vue de Paris.* (M. 712). Pièce appelée aussi les *Galériens* ou le *Marché d'esclaves.* Très-belle épreuve du deuxième état, avec les fonds ; mais avant que l'adresse d'*Israël* n'ait été effacée et remplacée par celle de *Fagnani.* Elle a de la marge.

Le même sujet. Copie dans le même sens de l'original, par J. Hattu.

556. Vue du Pont-Neuf, de la Tour et de l'ancienne porte de Nesle (M. 714). Épreuve du deuxième état, avec le nom de Callot ; mais avant que la marge du bas de la planche n'ait été coupée.

557. Fantaisies (M. 868 à 881). Suite de quatorze pièces, y compris le titre ; chacune des treize pièces de cette suite contient trois figures ; le n° 881 manque. Très-belles épreuves du premier état, avant les numéros ; elles ont des marges.

CAMASSEI (André), peintre et graveur à l'eau-forte ; né à Bevagne en 1602 ; mort à Rome en 1648.

558. La Sainte-Vierge (B. 2). Morceau en hauteur, sans marque. Très-belle épreuve.

CAMPAGNOLA (Jules), peintre et graveur au maillet, genre d'exécution dont il passe pour être l'inventeur ; né à Padoue, vers 1481 ; l'année de sa mort n'est pas connue.

559. Cerf couché au pied d'un arbre, auquel il est retenu par une chaîne, le corps tourné à droite ; au haut de la gauche, en trois lignes, on lit : *Julius Campagnola. F.* Ce beau morceau en hauteur, de la plus grande rareté, n'a été décrit par aucun iconographe. Superbe épreuve.

CAMPHUYSEN (G. . .), peintre et graveur à l'eau-forte ; né en Hollande, dans le XVIIe siècle.

560. Vache, vue debout et de profil, le corps tourné à droite ; au bas de ce côté, une pierre ; sur le ciel, vers la gauche, on lit le nom du maître écrit ainsi : *G. Cam-*

phuysen. Morceau de la dernière rareté. Très-belle épreuve.

CANALE (Jean-Antoine), peintre et graveur à l'eau-forte; né à Venise en 1697; mort en 1768.

561. Mausolée au bord de la mer; dans le lointain, Venise. Petit morceau en hauteur. Très-belle épreuve.

562. Vue de ruines; à gauche, un gros arbre. Pièce en hauteur. Très-belle épreuve.

563. Vue d'un pont d'une seule arche, sur lequel passe un chariot attelé de quatre bœufs. Très-belle épreuve.

Vieille femme, un bâton à la main, s'arrêtant devant une chapelle surmontée d'une croix; à droite, deux hommes dans un bateau. Morceau en largeur. Très-belle épreuve.

CANTARINI (Simon), dit *Le Pésarèse*, peintre et graveur à l'eau-forte; né à Oropezza, près de Pesaro, en 1612; mort à Vérone en 1648.

564. Repos en Égypte (B. 4). Très-belle épreuve.

565. La sainte Famille (B. 10). Belle épreuve du premier état, avant la lettre.

Le même sujet (B. 10). Belle épreuve du deuxième état, *non décrit*, avec le nom du *Guide;* mais avant l'adresse de *J. Robillart*.

566. La Vierge avec l'Enfant-Jésus (B. 18). Belle épreuve.

567. Le grand saint Antoine de Padoue (B. 25). Très-belle épreuve du premier état, avant la lettre.

568. Le Quos ego (B. 29). Belle épreuve du troisième état.

569. L'enlèvement d'Europe (B. 30). Rare épreuve du premier état, avant la lettre; elle a une déchirure, au bas de la droite.

570. Mercure et Argus (B. 31). Superbe épreuve du premier état, avant l'adresse : *Gio : Jacomo Rossi for-*

mis Romæ alla Pace, vers la droite du terrain, près du trait carré inférieur.

571. La Fortune (B. 34). Très-belle épreuve du premier état, avant la lettre.

CAPITELLI (Bernardin), peintre et graveur à l'eau-forte italien ; florissait dans la première moitié du XVIIe siècle.

572. Stellion insultant la déesse Cérès, d'après Ad. Elsheimer (B. 25). Très-belle épreuve.

CAROLUS (Don Carlos, roi des Deux-Siciles et ensuite roi d'Espagne), amateur, a gravé pour son amusement.

573. Tomaso Anielli d'Amalfi, représenté en pied, tenant une ligne à la main, dirigeant ses pas vers la gauche. Pièce très-rare et curieuse. Fort belle épreuve.

CARPI (Hugues de), de Modène, peintre et graveur en bois; florissait dans la première moitié du XVIe siècle.

574. Saint Pierre et saint Jean, d'après le Parmesan (B. IV sect. 26). Belle épreuve.

CARPIONI (Jules), peintre et graveur à l'eau-forte ; né à Venise en 1611 ; mort à Vérone en 1674.

575. L'hommage du petit saint Jean (B. 7). Très-belle épreuve du second état, avec l'adresse de Mathieu Cadorin.

CARRACHE (Louis), peintre et graveur ; né à Bologne en 1555 ; mort dans la même ville en 1619.

576. La Vierge et saint Joseph (B. 4). Belle épreuve.

CARRACHE (Augustin), cousin germain du précédent, peintre et graveur au burin ; né à Bologne en 1557 ; mort à Parme en 1602.

577. Saint François en extase, d'après F. Vanni (B. 67). Très-belle épreuve.

578. Saint François recevant les stigmates (B. 68). Superbe épreuve du premier état, avant l'adresse de Ph. Thomassin, qui a été remplacée depuis par celle de Jean-Jacq. Rossi en 1649.

579. Saint Jérôme, d'après le Tintoret (B. 76). Ce morceau est l'un des plus beaux du maître. Superbe épreuve du premier état, avant les mots : *Cum priuilegio* pla-

cés au-dessous du titre. Très-rare de cette beauté; elle a une tache d'encre sur le ciel, près du bord supérieur, au-dessus du bras gauche de la Vierge. Cabinet Debois

580. Sainte Lucie (B. 79). Superbe épreuve; elle porte, au verso, la signature de *P. Mariette* et la date de 1650.

581. Le corps mort de Jésus-Christ, d'après Paul Véronèse (B. 102). Très-belle épreuve du premier état, avant que l'adresse de *Oratio Bertelli for.* n'ait été effacée et remplacée par celle-ci : *Giacomo Franco Forma.*

582. Pan dompté par l'Amour (B. 116). Très-belle épreuve.

583. Le même sujet. Copie à l'eau-forte, en contre-partie; vers le bas de la gauche : *S. Savry*, et au milieu : *A. Carrats in.* Très-belle épreuve.

584. Autre copie du même sujet; elle est aussi en contre-partie, mais de plus grande dimension. Morceau exécuté à l'eau-forte. Très-belle épreuve.

585. L'Éternité paraissant dans l'Olympe, au milieu de plusieurs Nymphes (B. 121). Très-belle épreuve du premier état, avant l'adresse de *Filippo Suchielli*, au milieu d'en bas.

586. Persée descendant de l'Olympe pour combattre le dragon (B. 122). Belle épreuve du premier état, avant l'adresse de *Filippo Suchielli*, à la droite d'en bas.

587. Andromède, attachée à un rocher qu'on voit à droite, est exposée à un monstre marin (B. 126). Belle épreuve.

588. Titien Vecelli (B. 154). Très-rare et superbe épreuve du premier état, avant l'inscription : TITIANI VECELLI PICTORIS CELEBERRIMI AC FAMOSISSIMI VERA EFFIGIES. Elle a de la marge.

589. Les armes du cardinal Peretti (B. 176). Superbe

épreuve du tout premier état, *non décrit*, avec ces mots : *meta olimpo ope tra*, qui ont été remplacés par ceux-ci : *Meta olimpus fer opem*, qu'on lit dans le premier état de Bartsch. Extrêmement rare.

CARRACHE (ANNIBAL), frère du précédent, peintre et graveur à l'eau-forte ; né à Bologne en 1560 ; mort à Rome en 1609.

590. Le couronnement d'épines (B. 3). Superbe épreuve du deuxième état, avec le nom du maître; mais avant l'adresse de Nico: Van Aelst, qui a été effacée dans le dernier état. Elle porte, au verso, la signature de *P. Mariette* et la date de 1699.

591. La Vierge à l'écuelle (B. 9). Très-belle épreuve du deuxième état, avec le nom du maître; mais avant cette adresse : *Nico : Van Aelst for.*

592. La sainte Famille (B. 11). Superbe épreuve du premier état, avant la retouche; elle laisse un peu à désirer pour la conservation, étant écorchée au verso.

593. Saint François d'Assise (B. 15). Très-belle épreuve.

594. La Magdeleine pénitente (B. 16). Belle épreuve du premier état, avant les lettres *P. S. F.*, c'est-à-dire: *Petri Stefanoni Formis*.

Le même sujet (B. 16). Belle épreuve du deuxième état, avec les initiales de l'éditeur.

595. Jupiter et Antiope (B. 17). Belle épreuve.

596. Saint Jean-Baptiste : il est assis à la gauche, le corps tourné à droite; devant lui, on voit son mouton debout. Ce morceau, en travers, est attribué à ce maître par Brulliot, 1re partie n° 98. Très-belle épreuve.

CARS (LAURENT), graveur à l'eau-forte et au burin; né à Lyon en 1702; mort à Paris en 1771.

597. Fête Vénitienne, d'après Ant. Watteau. Très-rare et superbe épreuve avant la lettre.

598. *Escorte d'Équipages*, d'après Ant. Watteau. Très-belle épreuve.

598 *bis.* *Mlle Camargo*, d'après N. Lancret. Belle épreuve.

599. Sébastien Bourdon, d'après H. Rigaud. Très-belle épreuve avec marge.

CASEMBROT (Abraham), peintre et graveur à l'eau-forte; florissait en Italie, dans la deuxième moitié du XVIIe siècle.

600. Galère italienne sur la plage. Belle épreuve; mais mal conservée.

CASTIGLIONE (Jean-Benoît), dit *Le Benedette*, peintre et graveur à l'eau-forte; né à Gênes en 1616; mort à Mantoue en 1670.

601. Tobie faisant ensevelir les morts (B. 5). Belle épreuve avec marge.

CASTIGLIONE (Salvator), frère du précédent, peintre et graveur à l'eau-forte.

602. La Résurrection de Lazare. Seule pièce gravée par ce maître (B. 1). Belle épreuve avec marge.

Le même sujet. Copie dans le sens de l'original; elle porte également le nom du maître et la date.

CATHELIN (Louis-Jean ou Louis-Jacques), graveur à l'eau-forte et au burin; né à Paris en 1739; mort en 1804.

603. Joseph Vernet, d'après L. M. Vanloo. Belle épreuve avec de très-grandes marges.

CAUKERKEN (Corneille Van), dessinateur et graveur au burin; né à Anvers, vers 1625; l'année de sa mort n'est pas connue.

604. Jésus-Christ mort, soutenu par la Vierge et Saint Jean; derrière eux, Sainte Magdeleine les mains jointes; d'après A. Van Dyck. Très-belle épreuve. Cabinet Lousbergs.

CH. . . . (. . . .) qui pourrait bien être Louis Chatillon.

605. Moïse devant le buisson ardent. Morceau en hauteur, d'après Sébastien Bourdon. Belle épreuve avant la lettre.

Le même sujet. Belle épreuve avec ces mots, au bas de la gauche : *Bourdon Pincit.*, et entre les pieds du mouton : *Ch. fecit. L. Baudemont exc.*

CHAUVEAU (François), peintre et graveur à l'eau-forte et au burin ; né à Paris en 1620; mort dans la même ville en 1676.

606. Repos en Égypte; saint Joseph assis, montre une fleur à l'Enfant-Jésus. Très-belle épreuve avec l'adresse de *Guerineau* et le privilége.

CHEREAU (François), dessinateur et graveur à l'eau-forte et au burin; né à Blois en 1680 ; mort à Paris en 1729.

607. Nicolas de Largillière, d'après son portrait peint par lui-même. Superbe épreuve avec de très-grandes marges.

CHÉRON (Élisabeth-Sophie), peintre et graveur à l'eau-forte et au burin; née à Paris en 1648 ; morte en 1711.

608. Portrait de l'Artiste (R.-D. 1). Très-rare et fort belle épreuve du premier état, avant la lettre.

Le même portrait (R.-D. 1). Très-belle épreuve du deuxième état, avant le changement d'inscription; on y lit dans la marge du bas, quatre vers latins.

CHEVILLET (Juste), dessinateur et graveur à l'eau-forte et au burin ; né à Francfort-sur-l'Oder en 1729; l'année de sa mort n'est pas connue.

609. Les Quatre Éléments, représentés par des enfants. Morceaux en hauteur, d'après François Boucher. Rares et très-belles épreuves avant la lettre; elles ont des marges.

CHIARI (Fabricius), peintre et graveur à l'eau-forte; né à Rome, vers 1600; mort en 1659.

610. Mars et Vénus, d'après Nic. Poussin. Épreuve du deuxième état, avec l'adresse de Jean Jacques Rossi ; elle a de la marge.

611. Vénus et Mercure; morceau connu sous le nom de *Vénus et Adonis*, d'après Nic. Poussin. Très-belle épreuve du premier état, avant l'adresse de Jean Jacques Rossi.

612. Le même sujet. Belle épreuve du deuxième état, avec l'adresse ci-dessus mentionnée.

CHIBOUST (B. . .), peintre et graveur français; florissait de 1678 à 1699.

613. Paysage pittoresque : on voit sur le devant, un peu à droite, deux gros arbres; dans le fond, au milieu, un pont. Rare et superbe épreuve *avant la lettre*; elle a de grandes marges.

CLAAS (ALAERT), peintre et graveur au burin; né en Hollande, vers 1498; mort en 1564.

614. Loth avec ses filles (B. 5). Très-belle épreuve avec marge.

615. Montant d'ornements (B. 52). Ce morceau en hauteur, représente un homme en cuirasse et coiffé d'un casque. Belle épreuve.

616. La Vierge avec l'Enfant-Jésus, représentés dans une forme ronde soutenue par deux syrènes chimériques; dans le haut, deux animaux fantastiques. Jolie pièce en hauteur, *non décrite*. Rare. Fort belle épreuve.

617. Le Baptême de Jésus-Christ : saint Jean est représenté aux bords du Jourdain baptisant le Messie en présence de deux Anges, qu'on remarque à gauche; dans le ciel, du même côté, le Père Éternel et le Saint Esprit. Le monogramme du graveur se trouve sur un rocher vers la droite. Morceau en hauteur, *non décrit*. Rare. Très-belle épreuve.

618. Vénus représentée assise dans une conque, voguant vers la gauche; dans le ciel, à droite, on remarque l'Amour décochant une flèche. Ce morceau, *non décrit* dans l'Œuvre de ce maître, est une copie dans le même sens de l'estampe de Dirk van Star (B. 11). Rare. Très-belle épreuve.

619. La Géométrie : elle est représentée par une femme assise, le corps vu presque de face, et la tête tournée à droite, tenant d'une main une équerre. Sur le ciel, à gauche : *Géométrie*, et à droite : 1596; le monogramme du maître est gravé à mi-hauteur de ce côté. Morceau *non décrit*. Rare. Superbe épreuve.

620. Montant d'ornements : au bas, on remarque deux Syrènes chimériques se tournant le dos ; de leurs ailes s'élèvent des rinceaux d'arabesques, sur lesquels sont placés deux Génies, l'un tournant vers la droite, l'autre vers la gauche. Jolie pièce en hauteur, *non décrite*. Rare. Très-belle épreuve.

621. Arabesque : à droite et à gauche on remarque deux Génies assis sur des dauphins, et au milieu un vase. Petit morceau en largeur, *non décrit*. Rare. Belle épreuve.

CLAESSENS (Lambert-Antoine), graveur à l'eau-forte et au burin ; né à Anvers en 1764 ; mort à Rueil, près de Paris, en 1834.

622. Bourgeoisie armée d'Amsterdam, 1642, d'après Rembrandt. Très-belle épreuve avec la lettre grise, dite *avant la lettre ;* elle a de la marge, et une déchirure dans la partie supérieure.

CLOUET ou **CLOUWET** (Pierre), graveur au burin; né à Anvers en 1606; mort dans la même ville en 1677.

623. La sainte Vierge représentée assise, tenant sur ses genoux l'Enfant-Jésus auquel elle présente le sein; derrière elle, à droite, on voit saint Joseph feuilletant un livre. Très-belle épreuve du premier état, avant que la planche n'ait été coupée du bas, et avant que le sein et la chevelure de la Vierge n'aient été recouverts. Elle a été déchirée à mi-hauteur de la droite, jusque dans la partie claire de la draperie de la Vierge; on y a collé, pour la raccommoder, une bande de papier au verso, sur toute la largeur de l'estampe.

COCHIN (Nicolas), dessinateur et graveur à l'eau-forte; né à Troyes en Champagne en 1619; mort à Paris en 1686.

624. La conversion de saint Paul. Très-belle épreuve du premier état, avec l'adresse de Le Blond.

625. Les Noces de Cana, d'après Paul Véronèse. Superbe épreuve du premier état, avant l'adresse; elle a de la marge.

626. Les Douze mois de l'année ; suite de douze estampes. Très-belles épreuves; elles sont parfaitement égales.

COCHIN (Charles-Nicolas), le père, graveur à l'eau-forte et au burin; né à Paris en 1690; mort en 1754.

627. *L'Amour au Théâtre François*, d'après Ant. Watteau. Très-belle épreuve.

628. *L'Amour au Théâtre Italien*, d'après le même peintre. Très-belle épreuve.

COCK (Jérôme), peintre et graveur à l'eau-forte; né à Anvers en 1500; mort en 1570.

629. Saint Jérôme à genoux, à la gauche d'un paysage couvert de ruines, d'après Martin *Hemskercken*. Très-belle épreuve.

630. Paysage dans lequel est représentée Daphné métamorphosée en laurier. Très-belle épreuve.

COITTRÉ ou **CONTRÉ** (Jean), amateur et graveur à l'eau-forte, sur lequel nous n'avons pas de données.

631. Petit paysage en largeur; on y voit, à droite, un pêcheur conversant avec un homme debout. Pièce rare. Très-belle épreuve.

COLANDON (D...) peintre et graveur à l'eau-forte ; né à Cannes, dans la première moitié du XVIIe siècle.

632. La nourrice (R. — D. 1). Très-belle épreuve du deuxième état, avec l'adresse de N. Robert; les deux angles gauches sont restaurés.

COLLAERT (Jean), dessinateur et graveur au burin ; né à Anvers, vers 1540 ; l'année de sa mort n'est pas connue.

633. Saint Jean-Baptiste dans le désert, d'après H. Goltzius (B. 8 des pièces gravées, d'après Goltzius). Superbe épreuve. Rare de cette beauté.

COLLIGNON (François), dessinateur et graveur à l'eau-forte ; né à Nancy, vers 1621 ; l'année de sa mort n'est pas connue.

634. Le siége de Grave, et le combat d'Engel, d'après Michel An. Cerquozzi. Très belles épreuves ; elles ont de grandes marges.

635. Quatre paysages en travers, d'après Étienne della Bella (Jombert, 90 de l'œuvre de la Belle). Suite complète. Belles épreuves.

COLLIN (RICHARD), dessinateur et graveur à l'eau-forte et au burin ; né à Luxembourg en 1626 ; l'année de sa mort n'est pas connue.

636. Barthélemy Murillo, d'après son portrait peint par lui-même. Très-belle épreuve.

637. François-Jean-Désiré, prince de Nassau, d'après du Chastel. Très-belle épreuve avec de grandes marges ; elle porte, au verso, la signature de *P. Mariette* et la date de 1689.

638. Godefroy Henschenius. Superbe épreuve.

CORIOLANO (BARTHOLOMÉ), graveur en bois ; né en Italie ; florissait dans la première moitié du XVIIe siècle.

639. Sybille, d'après Le Guide (B. sect. V, n° 3). Très-belle épreuve.

CORNEILLE (MICHEL-ANGE), peintre et graveur à l'eau-forte ; né à Paris en 1642 ; mort dans dans la même ville en 1708.

640. La conception de la sainte Vierge (R. — D. 8). Très-rare et superbe épreuve du premier état, avant les inscriptions.

641. Sainte Famille (R. — D. 13). Très-rare et fort belle épreuve du premier état, avant que la planche n'ait été terminée au burin ; les lettres *F. B.* (*François Bourlier*) ne s'y voient pas.

COROL (A....), graveur au burin ; né dans la dernière moitié du XVIIe siècle.

642. François Devosge, fondateur et professeur de l'école de dessin, peinture et sculpture de Dijon, etc., d'après Devosge fils. Très-belle épreuve à grandes marges.

COSTANTINO (JEAN-BAPTISTE), graveur au burin, italien ; florissait dans le XVIIe siècle.

643. Le triomphe de Silène, d'après le Guide. Pièce octogone. Très-belle épreuve ; elle a de la marge.

COURTOIS (JACQUES) dit le *Bourguignon*, peintre et graveur à l'eau-forte; né à Saint-Hippolyte en 1621; mort à Rome en 1676.

644. Quatre estampes pour la guerre de Belgique, de *Strada*, savoir : Prise de la ville d'Oudenaerde, en 1587 (R. — D. 13). — Combat de Steenberg, en 1583 (R. — D. 14). — Prise de la ville de l'Écluse, en 1588 (R. — D. 15). — Prise de Berck (Berca) sur le Rhin, en 1509 (R. — D. 16). Pièces rares. Superbes épreuves ; elles ont des marges.

COURTOIS (JEAN-BAPTISTE), peintre et graveur à l'eau-forte ; il était frère de Jacques et de Guillaume Courtois.

645. Le peintre dans son atelier. Ce morceau représente un moine de l'ordre de saint François, qui pourrait bien être l'artiste lui même, attendu qu'il était membre d'un ordre religieux. Extrêmement rare. Très-belle épreuve de la seule planche qu'ait gravée ce maître.

COUVEY ou COUVAY (JEAN), dessinateur et graveur au burin ; né à Arles, dans la première moitié du XVIIe siècle.

646. Portrait de Louis XIV, enfant, d'après Juste d'Egmont en 1643. Morceau rare. Très-belle épreuve.

COYPEL (ANTOINE), peintre et graveur à l'eau-forte ; né à Paris en 1661 ; mort dans la même ville en 1722.

647. Le portrait de Démocrite (R. — D. 12). Superbe épreuve du premier état, avant la planche terminée et avant la lettre ; la marge du cuivre est plus grande que dans les états suivants : elle mesure huit millimètres en haut et de chaque côté, et quarante-cinq millimètres en bas. Très-rare. Elle a de la marge.

648. Le même portrait (R. — D. 12). Très-belle épreuve du troisième état.

COYPEL (CHARLES), fils du précédent, peintre et graveur à l'eau-forte ; né à Paris en 1694 ; mort dans la même ville en 1752 ou 1753.

649. Portrait de J. A. de Maroulle (R. — D. 22). Rare et très-belle épreuve du premier état, avant la lettre.

650. Le même portrait (R. — D. 22). Belle épreuve du quatrième état, avec l'inscription sur l'ovale et les vers.

CRANACH (Lucas), le père, peintre et graveur au burin et en bois; né à Kranach, en Franconie, vers 1470; mort à Weimar en 1553.

651. Sainte Anne prenant l'Enfant-Jésus d'entre les bras de la Vierge (B. 68 des bois). Très-belle épreuve.

Sybille, épouse de Jean Frédéric Ier, duc et électeur de Saxe (B. 137). Belle épreuve.

CREPY (Louis), le fils, graveur à l'eau-forte et au burin; né à Paris, dans la première moitié du siècle dernier.

652. Antoine Watteau, vu en buste et de trois quarts, tourné à gauche; d'après son portrait peint par lui-même. Belle épreuve du premier état, avant l'adresse d'Odieuvre.

653. *Le Conteur de Fleurete*, d'après Ant. Watteau. Très-belle épreuve.

DADO (Beatricius), dit le *maître au Dé*, graveur au burin; né probablement à Venise, vers 1512.

654. Le Sacrifice à Priape (B. 27). Très-belle épreuve.

655. Apollon et Marsyas, d'après Raphaël (B. 31). Très-belle épreuve du premier état, avant la retouche et l'adresse de Philippe Thomassin.

656. La Victoire de Scipion sur Syphax (B. 73). Superbe épreuve du premier état, avant l'inscription, au milieu du bas : *Sumptum ex fragmentis antiquitatum Romæ*. Cabinet Van den Zande.

657. Le Phénix, d'après Raphaël (B. 76). Belle épreuve.

658. Les deux Gladiateurs (B. 77). Très-belle épreuve.

DALEN (Corneille Van) dit *le Jeune*, dessinateur et graveur à l'eau-forte et au burin; né à Harlem en 1640; l'année de sa mort n'est pas connue.

659. Georges Barbarelli, dit le Giorgion, d'après le Titien. Superbe épreuve; elle est rognée tout autour à cinq millimètres en dehors du travail. Cabinet Lousbergs.

Nota. Cette épreuve, par sa beauté, nous paraît appartenir au tirage avant la lettre.

660. Portait d'une Négresse, d'après G. Flinck. Très-belle épreuve; elle a de la marge.

661. L'Amiral Tromp, d'après Jean Lievens. Très-belle épreuve. Cabinet Graaf.

662. L'Amiral hollandais Tromp, d'après Sim. de Vlieger; au-dessous, différents sujets de batailles sur mer, d'après Guill. Van de Velde. Morceau très-rare. Fort belle épreuve, avec une planche auxiliaire tirée en même temps que le portrait, sur laquelle on lit : *Adspice victoris vultus et prœlia Tromps,.... Briela cui patriam, Duna trophœa dedit.*, et au-dessus une légende en huit colonnes. Elle a de la marge.

DANCKERTS (Corneille), dessinateur et graveur à l'eau-forte et au burin; né à Amsterdam en 1601; l'année de sa mort n'est pas connue.

663. Le Buveur, d'après D. Waerden. Pièce rare. Belle épreuve.

DANCKERTS (Danker), dessinateur et graveur à l'eau-forte et au burin; né à Anvers, dans le commencement du XVIIe siècle.

664. Suite de six paysages en largeur, ornés de figures et d'animaux, d'après Berghem. Très-belles épreuves du premier état, avant que l'adresse du graveur n'ait été effacée et remplacée par celle de *Clement de Jonge.*

DANCKERTS (Henri), dessinateur et graveur au burin; né selon les uns en Flandre, selon les autres en Hollande, dans le XVIIe siècle.

665. La loi des Amants. Beau morceau en largeur composé de quatre figures, d'après Titien; dans la marge, le titre : *Quis Legem...... est sibi.* Superbe épreuve.

DASSONVILLE, DA SONVILLE ou **DASSONNEVILLE** (Jacques), dessinateur et graveur à l'eau-forte; né dans la première moitié du XVIIe siècle au Port-Saint-Ouen, près Rouen, selon les uns; à Anvers, selon les autres.

666. Le Flûteur (R.-D. 1). — Le Pot de bière disputé (R.-D. 2); deux épreuves. — Le jeune Homme masqué, armé de verges (R.-D. 3); deux épreuves avec différences : la première, avec le mur blanc; la deuxième, avec le mur couvert de tailles diagonales du côté gauche, et horizontales derrière les figures. —

La Vieille et les deux Enfants (R.-D. 4). — L'Épouilleuse, de 1653 (R.-D. 5). — L'Épouilleuse, 2e composition (R.-D. 6). En tout 8 estampes.

667. La Chanteuse interrompue (R.-D. 7). — Les Musiciens champêtres (R.-D. 8). — L'Homme à la ratière (R.-D. 11). — Le Concert au chat (R.-D. 12). — L'Homme buvant à même une cruche (R.-D. 13). — Le Fumeur assis (R.-D. 14). Belles épreuves; celles des nos 8 et 14 ont de grandes marges. En tout 6 estampes.

668. Les trois Gueux au cabaret (R.-D. 16). — La Famille auprès du feu (R.-D. 18). — La Pipe offerte (R.-D. 21). — La Santé portée (R.-D. 23). Belles épreuves; celle du dernier morceau a de la marge. En tout 4 estampes.

669. La Fricasseuse (R.-D. 24). — Vieillard lisant la Gazette (R.-D. 25). — La Mère nourrice à l'estaminet (R.-D. 26). — L'Épouilleuse, 3e composition (R.-D. 27). — La Grand'mère nourrice (R.-D. 28). Copie en contre-partie; sur le manteau de la cheminée, on lit : *I. Dassonuill in. fe.* — Les Nez bouchés (R.-D. 32). Belles épreuves. En tout 6 estampes.

Morceaux non décrits :

670. Villageois assis sur une butte, à côté d'une femme le verre à la main; ils sont tournés vers la gauche; derrière eux, un homme debout. Petite pièce en hauteur; sur le ciel, à gauche : *I. Dassonneuille f.*

Fumeur assis sur un banc, tenant de la main droite une pipe et de l'autre une cruche; derrière lui, à gauche, un homme cherche à embrasser une femme, et du côté opposé, un paysan accoudé sur un mur. Pièce en hauteur, sans nom ni marque.

Scène d'intérieur : un homme jouant de la flûte en présence de plusieurs personnes. Composition de onze figures; dans la marge du bas, à gauche : *I. Dassonuille f.*

Femme prenant un verre de la main d'un homme qu'on voit assis à gauche, un pot sur son genou droit; plusieurs autres figures complètent cette composition. Au-dessus de l'homme assis, on lit : *dassonneuille f.*

Buveur assis, vu de face; derrière lui, un fumeur près de deux hommes et de deux femmes. Dans la marge du bas, à gauche : *Jacques dassonneuille. in. f.*

Fumeur assis sur un banc, à gauche, le corps dirigé à droite; il allume sa pipe. Derrière lui, on voit deux hommes dont l'un fait la lecture. Morceau en hauteur, sans nom ni marque.

Sujet faisant pendant au précédent. Il représente un homme endormi, son chapeau sur ses genoux; à gauche, trois figures, l'une d'elles porte un pot. Sans nom ni marque.

En tout 7 estampes qui pourront être divisées.

DAULLÉ (Jean), graveur à l'eau-forte et au burin; né à Abbeville en 1703; mort à Paris en 1763.

671. Les quatre Éléments, représentés par des Amours, d'après F. Boucher. Suite de quatre pièces en hauteur. Très-belles épreuves.

672. La Lanterne magique, d'après J.-B.-M. Pierre. Superbe épreuve; elle a de grandes marges.

673. Henri-Benoît, second fils de Jacques Stuart, debout et couvert d'une cuirasse; d'après H. Rigaud. Très-belle épreuve; elle a de grandes marges.

674. P.-L. Moreau de Maupertuis, d'après Rob. Tournières. Superbe épreuve avant toutes lettres ; les inscriptions sont écrites à la plume pour servir probablement de modèle au graveur en lettres. Elle a de la marge. Rare à rencontrer de cette beauté.

DECKER (Paul), le jeune, peintre et graveur en manière noire ; né à Nuremberg en 1700 ; l'année de sa mort n'est pas connue.

675. *Conradus Magnus* (*Alias Gros*); portrait dans un médaillon, entouré de différents attributs. Très-belle épreuve.

DEHAS (J. F.), dessinateur et graveur à l'eau-forte, sur lequel nous n'avons pas de données.

676. Paysage en hauteur; sur le premier plan, est un homme assis, vu de dos. Pière rare. Superbe épreuve.

DEKKER (CONRARD), peintre et graveur à l'eau-forte et au burin; né en Hollande dans le XVIIe siècle.

677. Le Fou ; allégorie. Pièce très-rare. Belle épreuve.

DELFF, DELFT ou **DELPHIUS** (GUILLAUME), peintre et graveur au burin; né à Delft en 1580; mort dans la même ville en 1638.

678. Christian, duc de Brunswick, d'après Michel-Jean Mirevelt. Superbe épreuve.

679. Florent, comte de Culenborch, d'après Michel-Jean Mirevelt. Superbe épreuve.

680. Jean Hochedœus a Vinea, prédicateur français à Amsterdam, d'après A. J. Vinck. Rare. Très-belle épreuve.

681. Guillaume, comte de Nassau, d'après Michel-Jean Mirevelt. Très-rare et superbe épreuve avant toutes lettres; elle a de grandes marges.

682. Guillaume Louis, comte de Nassau, d'après Michel-Jean Mirevelt. Superbe épreuve. Cabinet Lousbergs.

683. Philippe Guillaume, prince d'Orange, comte de Nassau, d'après Michel-Jean Mirevelt. Superbe épreuve.

684. Le Baron Alexis Oxenstiern, d'après Michel-Jean Mirevelt. Superbe épreuve.

685. Jean de Ries, natif d'Anvers 1553, d'après M.-J. Mirevelt. Très-belle épreuve ; elle a de grandes marges.

686. Jacques Roland, né à Delft en 1562, mort à Leyde en 1632. Très-belle épreuve.

DE MARNE (JEAN-LOUIS), peintre et graveur à l'eau-forte; né à Bruxelles en 1744; mort à Paris en 1829.

687. Paysage, où l'on voit, vers la gauche, une femme conduisant des animaux au bord d'une rivière. Belle épreuve.

Autre paysage, au milieu duquel on remarque un berger assis gardant des moutons. Belle épreuve avant que les marges du cuivre n'aient été nettoyées.

688. Mouton couché, vu presque de profil, dirigé à gauche; derrière lui, des broussailles. Largeur : 137 millimètres; hauteur : 97 millimètres. Pièce rare. Très-belle épreuve.

DENOTER (Pierre-François), le père, peintre et graveur à l'eau-forte; né à Walhen, près de Malines, en 1778; mort à Gand en 1842.

689. L'Œuvre de ce maître, composé de 15 pièces. On lit sur le premier morceau : *Recueil de gravures à l'eau-forte, dont plusieurs d'après Hobbema, par P. F. de Noter. Gand* 1831. Très-belles épreuves avec marges.

DENOTER (Auguste-Herman-Marie), le fils, peintre et graveur à l'eau-forte; né à Gand en 1806; mort dans la même ville en 1838.

690. Divers sujets, tels que têtes d'études, animaux dans des paysages. Belles épreuves avec marges. En tout 20 estampes.

DENTE (Marco) dit *Marc de Ravenne*, graveur au burin; né à Ravenne, vers 1496; mort à Rome en 1550.

691. Trajan combattant les Daces, d'après un bas-relief antique (B. vol. XIV, 206). Très-belle épreuve; mais laissant un peu à désirer pour la conservation.

692. L'Amour s'enfuyant par mer, d'après Raphaël (B. 219). Belle épreuve.

693. Vénus et l'Amour porté sur des dauphins, d'après Raphaël (B. 324). Rare et très-belle épreuve du premier état, avant la retouche et l'adresse d'*Ant. Salamanca.*

DESNOYERS (Louis-Augustin-Boucher), dessinateur et graveur au burin; né à Paris en 1779; mort à Saint-Germain-en-Laye en 1857.

694. La Vierge à la chaise, d'après Raphaël. Fort belle épreuve avec de très-grandes marges.

DESPLACES (Louis), dessinateur et graveur à l'eau-forte et au burin ; né à Paris en 1682; mort dans la même ville en 1739.

695. Ulysse voulant tuer Astyanax dans les bras de sa mère Andromaque, d'après J. Jouvenet. Très-rare et superbe épreuve avant la lettre.

696. Le Repas de campagne, d'après Ant. Watteau. Rare et belle épreuve d'eau-forte pure.

DESROCHERS (Étienne), dessinateur et graveur à l'eau-forte et au burin ; né à Lyon, vers 1693 ; mort à Paris en 1741.

697. Charles-François Poerson, peintre ordinaire du roi, d'après N. de Largillière. Très-belle épreuve.

DEUTSCH (Nicolas Manuel), peintre et graveur en bois; né à Berne en 1484 ; mort dans la même ville en 1530.

698. Femme, vue de face; près d'elle, un tronc d'arbre coupé. Rare. Belle épreuve.

DEYSTER (Louis de), peintre et graveur à l'eau-forte; né à Bruges, vers 1656; mort dans la même ville en 1711.

699. Agar s'enfuyant (B. 1). Superbe épreuve. Cabinet de Fries.

700. Agar engagé par l'Ange à retourner chez sa maîtresse (B. 2). Belle épreuve. Cabinet de Fries.

701. L'Ange consolant Agar (B. 3). Superbe épreuve. Cabinet de Fries.

702. La Magdeleine et les deux Anges (B. 4). Cette pièce, attribuée à ce maître par Bartsch, nous paraît être de l'école italienne. Très-belle épreuve. Cabinet de Fries.

703. Marie Magdeleine (B. 5). Très-belle épreuve. Cabinet de Fries.

704. Les deux Amours (B. 6). Très-belle épreuve. Cabinet de Fries.

705. Les deux petits Payens (B. 7). Très-belle épreuve; elle est rognée contre le trait carré. Cabinet de Fries.

Morceaux non décrits par Bartsch :

706. Le Meurtre d'Abel par Caïn. Pièce citée par Wei-

gel, n° 10. Superbe épreuve; elle a de grandes marges. Cabinet de Renesse.

707. Le Déluge. Pièce capitale. Superbe épreuve du premier état, avant l'inscription : *Et facta est pluvia super terram quadraginta diebus et quadraginta noctibus » Genesis Cap. VII vers. XII.* Estampe très-rare; elle manque de conservation.

708. Le Sacrifice de Noé, après sa sortie de l'arche. Pièce citée par Weigel, n° 9. Superbe épreuve; elle a de grandes marges. Cabinet de Renesse.

709. Aaron faisant fondre les vases pour en faire le Veau d'or. Pièce citée par Weigel, n° 11. Épreuve d'eau-forte pure, retouchée par le maître : le vase renversé et le plat sont dessinés à la plume. Extrêmement rare.

710. Le même sujet. Superbe épreuve de la planche terminée; elle a de grandes marges. Cabinet de Renesse.

711. Sainte Magdeleine au pied de la Croix; à gauche, au second plan, on remarque trois hommes assis sur un rocher; et, à droite, dans le fond, la ville de Jérusalem. *Pièce non décrite.* Très-rare. Belle épreuve.

712. La Magdeleine pénitente: elle est assise, tournée vers la gauche; dans le ciel, à droite, deux Anges. *Pièce non décrite.* Très-rare. Belle épreuve.

713. Jeune homme fuyant à l'approche d'un monstre marin. Pièce décrite par Weigel, n° 14. Très-belle épreuve. Fort rare.

DIETRICK ou **DIETRICY** (Chr.-Guill.-Ernest), peintre et graveur à l'eau-forte et en manière noire; né à Weimar en 1712; mort à Dresde en 1774.

714. Descente de Croix. Très-belle épreuve du premier état, avant les travaux ajoutés au coin inférieur gauche, et avant le n° 81, qui a été effacé dans le dernier état. Elle a de grandes marges.

715. Le Charlatan entouré de gens de la campagne. Composition de vingt-cinq figures, dans le goût

d'Adrien Van Ostade. Morceau cintré du haut. Très-belle épreuve, avec le n° 79, qui a été effacé dans le dernier état.

716. Paysage en hauteur dans le genre de Salvator Rosa. Au milieu du premier plan, deux hommes assis, l'un à terre, l'autre sur une roche. Très-belle épreuve du premier état, avant que la branche de l'arbre qui pend devant le rocher n'ait été supprimée. Elle a de la marge.

Divers maîtres.

717. Sujets d'ornements, principalement pour l'orfévrerie, par C. Allard, P. Bourdon, J. Bourguet, J. Collau, G. Hondius, G. Thuis et autres graveurs. — En tout 15 estampes.

Divers maîtres français, graveurs à l'eau-forte et au burin.

718. Les quatre Saisons, d'après Ant. Watteau, savoir ; *Le Printemps*, par Brillon; *L'Été*, par Moirau (sic); *L'Automne*, par J. Audran; *L'Hiver*, par N. de Larmesin (sic). Très-belles épreuves avec marges.

719. Quatre grands Panneaux en hauteur, d'après Ant. Watteau, publiés par Gersaint et par Surugue, savoir : — 1) *Feste bacchique*, par J. Moyreau. — 2) *La Balanceuse*, par Le Bas. — 3) *Partie de chasse*, par J. Scotin. — 4). *Le May*, par P. Aveline. Très-belles épreuves avec marges.

DOES (Jacques Van der), le père, peintre et graveur à l'eau-forte ; né à Amsterdam en 1623 ; mort à La Haye en 1673.

720. Un Groupe de cinq moutons. Morceau extrêmement rare. Très-belle épreuve.

DORIGNY (Nicolas), dessinateur et graveur à l'eau-forte et au burin ; né à Paris en 1657; mort dans la même ville en 1746.

721. La Transfiguration, d'après Raphaël. Superbe épreuve du premier état, avant le titre : *La Transfiguration;* l'année est 1705 au lieu de 1709. Elle a de grandes marges. Très-rare, surtout de cette beauté et de cette condition.

DOSSIER (Michel), graveur au burin ; né à Paris en 1684 ; l'année de sa mort n'est pas connue.

722. Daval, secrétaire de M. le duc du Maine. Rare et très-belle épreuve avant toutes lettres.

DREVET (Pierre), le père, graveur au burin ; né à Lyon en 1664 ; mort à Paris en 1739.

723. Jean-Paul Bignon, abbé de Saint-Quentin, d'après H. Rigaud. Très-belle épreuve tirée avant les changements, et avant que la date de l'âge du personnage n'ait été effacée. Elle a de la marge.

724. Philippe de Courcillon, marquis de Dangeau, d'après H. Rigaud. Très-rare et fort belle épreuve avant la lettre, et avant les armes.

725. Marianne-Marie Cœdesne, femme de Desjardins, d'après H. Rigaud. Très-belle épreuve.

726. Jean Forest, peintre de paysages, d'après N. de Largillière. Très-rare et superbe épreuve avant la lettre.

727. Pierre Gillet, d'après H. Rigaud. Rare et superbe épreuve avant l'adresse.

728. François Girardon, sculpteur, d'après J. Vivien. Superbe épreuve ; elle a de grandes marges.

729. Marie de Laubespine, femme de Nicolas Lambert, président à la Chambre des comptes, d'après N. de Largillière. Superbe épreuve; elle a de très-grandes marges.

730. Louis-le-Grand, représenté debout en manteau royal, d'après le tableau d'Hyacinthe Rigaud, qui est au Musée du Louvre. Très-rare et superbe épreuve du premier état, avant les changements faits à la perruque et l'augmentation du mollet droit, et avant grand nombre d'autres travaux que l'artiste a ajoutés pour donner à la planche plus d'harmonie.

731. Louis, dauphin de France, d'après H. Rigaud. Très-belle épreuve.

732. Louis-Auguste, prince de Dombes, d'après F. de Troy. Très-belle épreuve.

733. Marie, souveraine de Neufchâtel et duchesse de Nemours, d'après H. Rigaud. Superbe épreuve; elle a de la marge.

734. Adrien-Maurice de Noailles, pair de France, maréchal des camps et armées du roi, d'après F. de Troy. Superbe épreuve avec marge.

735. Antoine Portail, d'après R. Tournières. Superbe épreuve; elle a de très-grandes marges.

736. Marie Serre, mère de Hyacinthe Rigaud, d'après le portrait peint par son fils. Très-belle épreuve avec de grandes marges.

DREVET (Pierre-Imbert), fils du précédent, graveur au burin; né à Paris en 1697; mort dans la même ville en 1739.

737. *Samuel Bernard, chevalier de l'ordre de Saint-Michel, comte de Coubert*, d'après Hyacinthe Rigaud. Superbe épreuve du premier état, avant les mots *Conseiller d'Etat;* elle a de grandes marges. Très-rare de cette beauté.

738. Le même portrait. Très-belle épreuve du deuxième état, avec la qualité de *Conseiller d'Etat.*

739. Guillaume, cardinal Dubois, archevêque de Cambray, d'après H. Rigaud. Très-rare et fort belle épreuve avant les armes et la lettre.

A cette épreuve, les armes et la lettre sont exécutées à la plume.

740. Le même portrait. Très-belle épreuve avec les armes et la lettre.

741. Claude Le Blanc, ministre et secrétaire d'État de la guerre, d'après Le Prieur. Très-belle épreuve avec de grandes marges.

742. Adrienne Le Couvreur, dans le rôle de Cornélie, d'après Ch. Coypel. Rare et très-belle épreuve, avant le dernier *e* au mot *modèle.*

743. Le même portrait. Très-belle épreuve, avec la faute corrigée au mot modèle. Elle a de grandes marges.

744. Louise-Adélaïde d'Orléans, abbesse de Chelles, d'après Gobert. Rare. Superbe épreuve; elle a de grandes marges.

745. *Monsieur de Rancé abbé et réformateur de la trappe.* Belle épreuve avec marge.

746. Armand Gaston prince de Rohan, cardinal, d'après H. Rigaud. Superbe épreuve du premier état, avant la dédicace et avant le collier de l'Ordre du Saint-Esprit. Elle a de grandes marges.

DUBOIS (B...), peintre et graveur à l'eau-forte français; né vers 1620; l'année de sa mort n'est pas connue.

747. La Bergère debout (R.-D. 2). Très-belle épreuve; elle manque de conservation.

748. L'Ouragan (R.-D. 3). Belle épreuve.

749. Alexandre et Diogène (R.-D. 5). Très-belle épreuve.

750. Tobie et l'Ange (R.-D. 6). Rare. Très-belle épreuve. Cabinet Borduge.

DUC (J...), peintre et graveur à l'eau-forte; né en Hollande, dans le XVIIe siècle.

751. Un Mage, à genoux et tourné à gauche, en acte d'adoration; à côté de lui, près d'un vase, son turban. Ce morceau, en hauteur, fait partie d'une suite de quatre estampes, dont l'une d'elles porte au bas de la planche ces mots : *J. Duc fe et exc.* Très-belle épreuve; elle est lavée d'encre de Chine, dans les parties ombrées.

DUCHANGE (GASPARD), graveur à l'eau-forte et au burin; né à Paris en 1662 ou 1666; mort en 1757.

752. Jupiter et Junon, d'après A. Coypel. Très-belle épreuve avec de grandes marges.

753. Diane, accompagnée de ses nymphes, se disposant à entrer au bain, d'après A. Coypel. Fort belle épreuve; elle a de très-grandes marges.

754. Antoine Coypel avec son fils encore enfant, d'après son portrait peint par lui-même. Très-belle épreuve.

755. Le même portrait. Épreuve d'un autre effet que la précédente; elle a de la marge.

DUCQ (Jean Le), peintre et graveur à l'eau-forte; né à La Haye en 1636; l'année de sa mort n'est pas connue.

756. Le Chien au repos (B. 2). Très-belle épreuve; mais manquant de conservation: l'extrémité du coin gauche inférieur est restaurée.

757. Les Chiens qui se mordent (B. 7). Très-belle épreuve; elle est restaurée au bord droit.

DUFLOS (Claude-Augustin), graveur au burin; né en 1701; mort à Paris en 1784.

758. *Claude Duflos graveur Né à Coucy le Chateau en l'Année* 1665. *Mort à Paris le* 19 *septembre* 1727. Très-belle épreuve avec de grandes marges.

DU JARDIN (Karel), peintre et graveur à l'eau-forte; né à Amsterdam en 1635; mort à Venise en 1678.

759. L'Œuvre de ce maître (B. 1 à 51). Cinquante-trois pièces, y compris deux doubles, savoir : le nº 1, avec l'adresse de G. Valk et P. Schenk, et le nº 18, avec le chiffre 13. Les épreuves des nºs 23, 24, 25, 26, 29, 30, 31, 32, 33 et 34 sont tirées avant que les planches n'aient été coupées de 27 millimètres dans la partie supérieure.

760. Les deux Chevaux (B. 4). Rare et superbe épreuve du premier état, avant le numéro.

761. Les Chiens (B. 5). Très-rare et fort belle épreuve du tout premier état, *non décrit*, avant le nº et avant que la morsure de l'étau, près de la calebasse, n'ait été effacée; le trait carré n'est pas raccordé à la pointe sèche. Elle est tachée d'huile en plusieurs endroits.

762. Les deux Anes (B. 6). Rare et très-belle épreuve du premier état, avant le nº; le coin gauche inférieur est restauré.

763. La Chèvre et les deux Moutons (B. 7). — Les trois Cochons couchés devant l'étable (B. 8). Très-belles

épreuves, qui nous paraissent appartenir au premier état, quoiqu'elles soient rognées près du trait carré.

764. Le Bourg à la montagne (B. 9). Rare et très-belle épreuve du premier état, avant le n°; mais mal conservée : il y a, sur le ciel, plusieurs taches d'huile.

765. Les deux Hommes et la pierre dans l'eau (B. 10). Rare et fort belle épreuve du premier état, avant le n°; sur le ciel, à gauche, il y a une petite tache d'huile. Elle a de la marge.

766. Le Berger derrière l'arbre (B. 23). Rare et superbe épreuve du premier état, avant le n°; l'extrémité du coin gauche supérieur est restaurée.

767. Les deux Chevaux près de la charrue (B. 25). Rare et très-belle épreuve du premier état, avant le n°; mais manquant de conservation : elle a plusieurs taches d'huile.

768. Le Mulet aux clochettes (B. 29). Rare et très-belle épreuve du premier état, avant le n°; elle a une restauration à la gauche du bas.

769. Le Troupeau de moutons et chèvres (B. 33). Rare et très-belle épreuve du premier état, avant le n°; mais manquant de conservation : elle est tachée d'huile en plusieurs endroits.

770. Les Vache, le Taureau et le Veau (B. 34). Rare et très-belle épreuve du premier état, avant le n°; elle laisse un peu à désirer pour la conservation.

771. Les deux Moutons (B. 40). Rare et très-belle épreuve du premier état, avant le n°.

772. Portrait de de Vos, poète hollandais. Morceau très-rare (B. 52). Fort belle épreuve; elle a de la marge.

DUPIN (C...), graveur à l'eau-forte et au burin, sur lequel nous n'avons pas de données.

773. Armide, prête à poignarder Renaud, est désarmée par l'Amour, d'après A. Coypel. Rare et superbe

épreuve avant la lettre; la marge du bas du cuivre est couverte d'essais de pointe. Elle a de grandes marges.

DUPIN (Pierre), graveur à l'eau-forte et au burin; né en 1718; l'année de sa mort n'est pas connue.

774. *La danse champestre*, d'après Ant. Watteau. Très-belle épreuve à toutes marges.

DUPUIS (Charles), graveur à l'eau-forte et au burin; né à Paris en 1675; mort en 1742.

775. Marie-Françoise Perdrigeon, épouse d'Étienne P. Boucher : elle est représentée en pied, dans le costume de Vestale; d'après J. Raoux. Rare et fort belle épreuve avant la lettre.

DURER (Albert), peintre et graveur au burin et à l'eau-forte; né à Nuremberg en 1471; mort en 1528.

776. La Vierge allaitant l'Enfant-Jésus (B. 34). Superbe épreuve; elle a une tache rousse près de la tête de l'Enfant-Jésus.

777. La Vierge assise, embrassant l'Enfant-Jésus (B. 35). Très-belle épreuve.

778. La Vierge donnant le sein à l'Enfant-Jésus (B. 36). Belle épreuve; elle est raccommodée au haut de la droite.

779. La Vierge couronnée par un Ange (B. 37). Très-belle épreuve avec marge.

780. La Vierge avec l'Enfant-Jésus emmailloté (B. 38). Superbe épreuve.

781. Le même sujet (B. 38). Copie dans le sens de l'original; elle porte au bas de la gauche la tablette avec la marque d'Albert Durer, surmontée de l'année 1520. On la reconnaît par l'auréole qui entoure la tête de l'Enfant-Jésus, qui se détache en vigueur sur le fond; tandis que dans l'original cette auréole est exprimée légèrement. Très-belle épreuve.

782. La Vierge couronnée par deux Anges (B. 39).

783. La Vierge assise au pied d'une muraille (B. 40). Très-belle épreuve.

784. La Vierge à la poire (B. 41). Superbe épreuve; elle porte, au verso, la signature de *P. Mariette* et la date de 1660.

785. La Vierge au singe (B. 42). Superbe épreuve; mais laissant à désirer pour la conservation.

786. Saint Philippe (B. 46). Très-belle épreuve; elle porte, au verso, la signature de *P. Mariette* et la date de 1658.

787. Saint Barthélemy (B. 47). Très-belle épreuve; elle porte, au verso, la signature de *P. Mariette* et la date de 1666.

788. Saint Thomas (B. 48). Très-belle épreuve; elle porte, au verso, la signature de *P. Mariette* et la date de 1665.

789. Saint Simon (B. 49). Très-belle épreuve; elle porte, au verso, la signature de *P. Mariette* et la date de 1653.

790. Saint Paul (B. 50). Très-belle épreuve; elle porte, au verso, la signature de *P. Mariette* et la date de 1667.

791. Saint Christophe, à la tête retournée (B. 51). Très-belle épreuve.

792. Saint Christophe (B. 52). Très-belle épreuve.

793. Saint Georges à cheval (B. 54). Très-belle épreuve. Cabinet Brisart.

794. Saint Sébastien attaché à un arbre (B. 55). Très-belle épreuve. Cabinet Brisart.

795. Saint Sébastien attaché à une colonne (B. 56). Très-belle épreuve du deuxième état, avec la bouche du personnage mieux dessinée que dans l'état précédent.

796. Saint Jérôme dans sa cellule (B. 60). Très-belle épreuve ; mais laissant à désirer pour la conservation.

797. Les trois Génies (B. 66). Belle épreuve.

798. La Sorcière (B. 67). Superbe épreuve; elle est doublée de papier, et restaurée sur une des aîles du génie qui baisse la tête. Cabinet Brisart.

799. L'enlèvement d'Amymone(B. 71). Superbe épreuve. Cabinets Robert-Dumesnil et Brisart.

800. L'effet de la Jalousie (B. 73). Superbe épreuve ; l'extrémité du coin gauche inférieur est restauré. Cabinet Brisart.

801. La Mélancolie (B. 74). Très-belle épreuve.

802. L'Oisiveté (B. 76). Superbe épreuve ; mais laissant un peu à désirer pour la conservation. Cabinet Damery.

803. La grande Fortune (B. 77). Très-belle épreuve. Cabinet Brisart.

804. La Dame à cheval (B. 82). Superbe épreuve. Cabinets Debois et Brisart.

805. L'Hôtesse et le Cuisinier (B. 84). Belle épreuve.

806. L'Enseigne (B. 87). Très-belle épreuve. Cabinet Brisart.

807. L'Assemblée des gens de guerre (B. 88). Très-belle épreuve ; elle a quelques restaurations, dans les parties blanches de l'estampe.

808. Le Violent (B. 92). Superbe épreuve. Cabinets Poggi et Brisart.

809. Le Pourceau monstrueux (B. 95). Très - belle épreuve.

810. Le petit Cheval (B. 96). Très-belle épreuve ; l'angle gauche inférieur est restauré. Cabinet Brisart.

811. Le grand Cheval (B. 97). Belle épreuve; elle est rognée sur le bord du cuivre, à droite et à gauche.

812. Le Canon (B. 99). Belle épreuve.

813. Les Armoiries à la tête de mort (B. 101).

814. Albert de Mayence, vu de profil (B. 103). Très-belle épreuve. Cabinet Wolterbeck.

Pièces gravées en bois :

815. Jésus-Christ célébrant la Cène avec ses Apôtres (B. 53). Très-belle épreuve.

816. Le Grand Prêtre n'admettant pas Joachim à l'autel de Dieu (B. 77) Belle épreuve.

Un Ange apparaissant à Joachim (B. 78). Belle épreuve.

817. La Sainte-Famille (B. 97). Très-belle épreuve.

818. La Vierge assise, donnant le sein à l'Enfant-Jésus (B. 99). Très-belle épreuve.

819. La Vierge assise, ayant l'Enfant-Jésus sur le bras gauche, et tenant une pomme de la main droite (B. 101). Très-belle épreuve.

820. Saint Christophe traversant l'eau (B. 105). Très-belle épreuve; mais manquant un peu de conservation.

821. Saint Élie et un autre Saint, recevant un pain qu'un corbeau leur apporte (B. 107). Très-belle épreuve avec marge.

822. Saint Jérôme dans une grotte, écrivant dans un livre (B. 113). Belle épreuve.

Le même Saint (B. 113). Belle épreuve.

823. Un homme à cheval, allant au galop vers la gauche (B. 131). Très-belle épreuve.

824. Sainte Barbe, vue de profil et tournée vers la gauche (B. 24 de l'Appendice). Epreuve du premier état, avant le chiffre de Durer.

825. Pièce allégorique représentant la Tyrannie combattant contre la Sagesse, la Justice et la Religion (B. 33 de l'Appendice). Belle épreuve.

826. Les Armoiries d'Albert Durer; pièce gravée par Michel Le Blon. Très-belle épreuve.

DUSART ou **DU SART** (Corneille), peintre et graveur à l'eau-forte et en manière noire; né à Harlem en 1665; mort dans la même ville en 1704.

827. Les Crieurs (B. 1). Belle épreuve du deuxième état (premier de Bartsch), avec le nom du maître et l'année 1685; mais avant que la planche n'ait été coupée en ovale.

828. Le Couple ivre (B. 7). Très-belle épreuve avec marge.

829. Le Violon assis (B. 15). Très-belle épreuve.

830. La fête du village (B. 16). Très-belle épreuve.

Pièces gravées en matière noire :

831. La loterie de Grottenbrock (B. 40). Très-belle épreuve.

832. Soldat, au retour des Indes, dansant avec sa maîtresse; dans le fond, à gauche, un vaisseau en mer (Weigel, 42). Rare et superbe épreuve du premier état, avant la lettre.

833. La Jeunesse, 2e âge (Weigel, 44). Belle épreuve du troisième état, avec les deux vers français; elle a de la marge.

Paysan assis près d'une femme attablée le verre à la main (W. 47). Très-belle épreuve du deuxième état, avec le nom du maître et l'année 1685.

DUVIVIER (Ignace), peintre et graveur à l'eau-forte; né à Marseille, dans le XVIIIe siècle; mort en 1806.

834. Deux paysages de forme ovale, en travers : dans l'un, on voit deux femmes debout près d'un homme

assis; dans l'autre, un groupe de figures à l'entrée d'une grotte. Pièces sans nom ni marque. Très-belles épreuves.

DYCK (Antoine Van), peintre et graveur à l'eau-forte; né à Anvers en 1599; mort à Londres en 1641.

835. Le Christ au roseau. Très-belle épreuve du deuxième état * : elle est terminée et poussée à un grand effet; mais avant que le mot inuenit n'ait été complété (il est écrit *inuen*), et qu'on n'ait ajouté à sa suite ces autres mots : *et fecit aqua forti ;* elle est aussi avant l'adresse de A. Bon Enfant.

836. Le même sujet. Belle épreuve du quatrième état, avec le mot *inuenit* en toutes lettres et *et fecit aqua forti* écrits à sa suite ; l'adresse de A. Bon Enfant a été enlevée, mais on y voit encore cet autre mot : *Regis*, qui a été supprimé dans le cinquième état. Elle laisse un peu à désirer pour la conservation.

837. Le même sujet. Belle épreuve du sixième état ; elle est tirée après que les mots *Cum Priulegio* ont été effacés, mais avant l'adresse de J. Ph. Le Bas.

838. Le même sujet. Épreuve du septième état, avec cette adresse : *A Paris chez J. Ph. Le Bas* 1er *Graveur du Cabinet du Roy rue de la Harpe.*

839. Pierre Breughel, dit *le Drôle*, peintre de scènes villageoises. Belle épreuve du premier état, à l'eau-forte pure. Extrêmement rare. Cabinet J. Barnard.

840. Antoine Cornelissen, d'Anvers, curieux de tableaux. Très-rare et superbe épreuve, avec le nom du graveur Lucas Vorsterman, qui a terminé la planche ; mais avant la qualité du personnage.

841. Didier Erasme, de Rotterdam, illustre savant. Très-belle épreuve du premier état, à l'eau-forte pure. Extrêmement rare. Elle est restaurée au bord gauche, en trois endroits.

* Le premier état, qui est de la dernière rareté, sinon unique, est à l'eau-forte seulement et ne porte pas d'inscription.

842. Philippe, baron Le Roy, seigneur de Ravels. Très-belle contre-épreuve tirée sur une épreuve du troisième état de la planche terminée; mais avant que les angles à l'ovale n'aient été couverts de tailles horizontales. De la plus grande rareté. Elle a de la marge.

843. Le même portrait. Superbe épreuve du quatrième état, avant la chaîne au cou du personnage et les armes au milieu du bas; mais avec les angles à l'ovale couverts de tailles horizontales; elle est aussi avant la lettre. Extrêmement rare.

844. Le même portrait. Très-belle épreuve, avec les armes et le titre. Rare.

845. Josse de Momper, d'Anvers, peintre de paysages. Superbe épreuve du premier état, avant toutes lettres. Extrêmement rare. Cabinet J. Barnard.

846. Le même portrait. Très-belle épreuve du cinquième état, avec le nom du graveur et le titre en deux lignes; les initiales de Gillis Hendricx ont été enlevées. Elle est à toutes marges.

847. Le même portrait. Vigoureuse épreuve tirée aussi du cinquième état. Elle a de grandes marges.

848. Le même personnage, gravé une seconde fois. Fort belle épreuve du deuxième état; la planche terminée par Lucas Vosterman; elle est avant le nom de ce graveur. Très-rare.

849. Le même portrait. Fort belle épreuve du troisième état, avec le nom de L. Vosterman. Très-rare.

850. Adam Van Oort ou Noort, d'Anvers, peintre d'histoire. Très-belle épreuve du deuxième état, avant la lettre; mais avec le mur dans le fond, gravé au burin. Extrêmement rare.

851. Jean Snellinx, de Malines, peintre d'histoire; seconde planche. Superbe épreuve du deuxième état, qui est le premier de la planche terminée par P. de Jode; elle ne porte pas de nom de graveur. Très-rare.

851 *bis*. Le même portrait. Très-belle épreuve du cinquième état; avec les trois lignes de titre; les lettres *G. H.* sont effacées.

852. Juste Suttermans, peintre de portraits et d'histoire. Superbe épreuve du deuxième état, avec le nom du personnage ainsi écrit : *Citermans;* elle est avant les lettres *G. H.* Extrêmement rare, surtout de cette condition, ayant toutes ses marges.

853. Paul De Vos, d'Anvers, peintre de batailles et de chasses. Contre-épreuve tirée sur une épreuve du premier état, qui a servi à Jean Meyssens pour terminer la planche, attendu qu'à cette contre-épreuve le corps et les mains sont dessinés à la pierre noire. De la dernière rareté. Elle manque de conservation.

854. Le même portrait. Superbe épreuve du deuxième état; la planche terminée par Jean Meyssens, avec le titre et l'adresse de ce dernier graveur; mais avant les contre-tailles qui couvrent l'épaule droite du personnage. Très-rare. Elle est rognée au bord du cuivre.

855. Le Titien et sa maîtresse; sujet de demi-figures, d'après le Titien. Superbe épreuve du troisième état; la planche est terminée, et elle porte l'inscription dans la marge du bas; mais elle est avant le nom du peintre, le privilége et l'adresse de Bon Enfant. Très-rare. Elle est rognée au trait carré en haut et de chaque côté.

856. Le même sujet. Très-belle épreuve du quatrième état, avec le nom du peintre, le privilége et l'adresse de Bon Enfant. Rare. Elle porte, au verso, la signature de *P. Mariette* et la date de 1679.

857. Le même sujet. Copie de plus petite dimension et en contre-partie, par A. Pauli. Joli morceau. Très-belle épreuve.

858. La sainte Vierge représentée assise, tenant sur ses genoux l'Enfant-Jésus auquel elle présente le sein; derrière elle, à droite, on voit saint Joseph feuilletant un livre. Morceau attribué à ce maître. Épreuve avec marge.

Portraits gravés d'après Ant. Van Dyck, par différents graveurs.

BAILLIU (Pierre).

859. Antoine de Bourbon, légitimé de France, comte de Moret. Très-belle épreuve du premier état, avant que l'adresse de J. Meyssens n'ait été effacée. Elle a de grandes marges.

860. Lucie Percye. Superbe épreuve du premier état, avant que l'adresse de J. Meyssens n'ait été effacée. Elle a de grandes marges.

BLOOTELING, BLOTELING ou **BLOTELINGH** (Abraham).

861. Marquis de Mirabelle. Très-belle et rare épreuve, avant les mots *et excud.*, à la suite de *sculp*. Elle manque un peu de conservation.

BOLSWERT (Schelter a).

862. Jean-Baptiste Barbé, graveur au burin. Très-belle épreuve du premier état, avant le nom du graveur. Très-rare.

863. Le même portrait. Belle épreuve du deuxième état, avec l'adresse de Mart. Van den Enden, et le nom de S. a Bolswert au-dessous de celui de Van Dyck. Très-rare. Elle a de très-grandes marges.

864. Abraham Brouwer, peintre de genre. Très-belle épreuve du premier état, avant le nom du graveur, et avec le nom du personnage écrit *Brauwer*. Extrêmement rare.

865. Juste Lipse, écrivain célèbre, historiographe du roi d'Espagne. Superbe épreuve du deuxième état, avec l'adresse de Mart. Van den Enden et le nom du graveur. Très-rare.

866. Marguerite de Lorraine, femme de Gaston de France, duc d'Orléans. Très-belle épreuve du deuxième état, avec l'adresse de Mart. Van den Enden et le nom du graveur. Elle manque un peu de conservation.

867. Martin Pepyn, peintre d'histoire. Très-belle épreuve du quatrième état, après que les initiales de Gillis Hendricx ont été effacées. Elle a de très-grandes marges,

868. Lady Mary Ruthven, femme d'Antoine Van Dyck, remariée plus tard avec sir Richard Pryse. Très-belle épreuve du premier état, avant la troisième ligne du titre, et avant que le mot *Anglia* n'ait été effacé et remplacé par *Scotia*. Extrêmement rare. Elle a de la marge.

NOTA. *Cet état est antérieur au premier état décrit par H. Weber.*

869. Le même portrait. Belle épreuve du quatrième état (troisième décrit par H. Weber), avec la troisième ligne d'inscription; les lettres *G. H.* ont été enlevées.

870. Sébastien Vrancx, peintre de batailles et capitaine d'une compagnie de bourgeois. Superbe épreuve du premier état, avant le nom du graveur. Très-rare.

871. Le même portrait. Très-belle épreuve du deuxième état, avec l'adresse de Mart. Van den Enden et le nom du graveur.

CLOUET ou CLOUWET (PIERRE).

872. Jean-Christophe van der Lamen, peintre d'histoire et de conversations, d'Anvers. Très-belle épreuve du premier état, avant qu'elle n'ait été retouchée; elle a de grandes marges.

873. Henri Riche, comte de Hollande, baron de Kensington. Très-belle épreuve du deuxième état, avec l'adresse de Gillis Hendricx, qui a été effacée dans le dernier état. Elle a de grandes marges.

874. Théodore Rogiers, ciseleur en argent, d'Anvers. Superbe épreuve du premier état, avant l'adresse de Jacob de Man. Rare. Elle a de grandes marges.

875. Charles Scribanius, de Bruxelles, de la compagnie de Jésus. Très-belle épreuve; elle a de grandes marges.

876. Anna Wake. Superbe épreuve du premier état, avant les nom et prénom du personnage. Très-rare.

877. Le même portrait. Superbe épreuve du deuxième état, avec les nom et prénom du personnage; elle a de grandes marges.

DELFF, DELFT ou **DELPHIUS** (Guillaume).

878. Michel Mirevelt, peintre de portraits. Superbe épreuve du premier état, *non décrit par H. Weber*, avant toutes lettres; les noms du personnage et des auteurs sont écrits à la plume dans la marge.

FAITHORNE (Guillaume).

879. Charles Ier, roi d'Angleterre; portrait en buste dans une bordure ovale. Belle épreuve; elle a de grandes marges.

880. *Mary, princess of Orange* (Marie, princesse d'Orange); portrait en buste dans une bordure ovale. Superbe épreuve. Extrêmement rare. Elle a de grandes marges.

881. Le prince Rupert, comte Palatin du Rhin, représenté en cuirasse; portrait en buste dans une bordure ovale. Belle épreuve; elle a de grandes marges.

882. Marie *Ruten*, femme de Van Dyck; copiée d'après l'estampe de *Bolswert*. Très-belle épreuve. Rare.

FERDINAND (Louis).

883. Portrait anonyme d'une dame, la tête de trois quarts, tournée vers la droite. Très-belle épreuve.

883 *bis*. Autre très-belle épreuve du même portrait.

GALLE (Corneille), dit *le Vieux*.

884. Artus Wolfart, peintre d'histoire. Superbe épreuve du premier état, avant le nom du graveur (Schelte a Bolswert). Très-rare.

885. Le même portrait. Très-belle épreuve du deuxième état, avec l'adresse de Mart. Van den Enden et avec le nom du graveur (S. a Bolswert). Très-rare.

886. Le même portrait. Très-belle épreuve avec la qualité du personnage, et le nom de Corn. Galle substitué à celui de S. a Bolswert; mais avant les initiales

de Gillis Hendricx, qui ont été effacées dans le dernier état. Fort rare. Elle a de très-grandes marges.

NOTA. Cette épreuve est d'un état intermédiaire entre le troisième et le quatrième états décrits par H. Weber.

GALLE (CORNEILLE), dit *le Jeune*.

887. Ferdinand III, empereur. Très-belle épreuve du premier état, avant que l'adresse de J. Meyssens n'ait été effacée.

888. Henriette de Lorraine, princesse de Phalsbourg. Très-belle épreuve du premier état, avant que l'adresse de J. Meyssens n'ait été effacée.

889. Frédéric de Marselaer, bourgmestre de la ville de Bruxelles. Superbe épreuve avec de grandes marges.

890. Jean Meyssens ou Meissens, de Bruxelles, peintre, graveur à l'eau-forte et au burin, et éditeur d'estampes à Anvers. Très-belle épreuve du deuxième état, avec le nom du personnage écrit *Meissens*.

891. Godefroy-Henri, comte de Pappenheim, maréchal des armées de l'Empereur. Superbe épreuve du premier état, avant que l'adresse de J. Meyssens n'ait été effacée ; elle a de grandes marges.

892. Engelbert Taie, chevalier, député des états de Brabant. Très-belle épreuve du premier état, avant que l'adresse de J. Meyssens n'ait été effacée.

HOLLAR (WENCESLAS).

893. Charles II, roi d'Angleterre. Très-belle épreuve du premier état, avant que l'adresse de J. Meyssens n'ait été effacée ; elle a de grandes marges.

894. Charles-Louis, comte Palatin du Rhin, électeur de Bavière. Belle épreuve avec l'adresse de *H. Van der Borcht;* elle a de la marge. Très-rare.

895. Thomas Howard, comte d'Arondel, grand maréchal d'Angleterre, représenté en cuirasse. Très-belle épreuve du premier état, avant que l'adresse de J. Meyssens n'ait été effacée. Elle est rognée au trait carré, en haut et de chaque côté.

896. Thomas Wentworth, comte de Strafford, gouverneur d'Irlande. Très-belle épreuve du premier état, avant le mot *Londini*, après l'année 1640. Extrêmement rare. Elle a de la marge.

HONDIUS (Guillaume).

897. François Franck, le jeune, peintre d'histoire. Très-belle épreuve du premier état, avant le nom du graveur au-dessous de celui du peintre. Très-rare.

898. Le même portrait. Très-belle épreuve du deuxième état, avec le nom du graveur P. de Jode, qui a été remplacé dans les états suivants, par celui de Guillaume Hondius. Très-rare.

899. Le même portrait. Belle épreuve du quatrième état décrit, avec la qualité du personnage, et le nom du graveur Guillaume Hondius substitué à celui de P. de Jode; les initiales *G. H.* sont effacées. Elle a de très-grandes marges.

900. Guillaume Hondius, de la Haye, graveur au burin. Très-belle épreuve du deuxième état, avec le nom du graveur; mais avant la qualité du personnage. Très-rare.

901. Le même portrait. Superbe épreuve avec la qualité du personnage; mais avant les initiales de Gillis Hendricx, au milieu du bas de la marge inférieure. Elle a de très-grandes marges. Fort rare.

Nota. Cette épreuve est d'un état intermédiaire entre le deuxième et le troisième états décrits par H. Weber.

JODE (Pierre de), dit *le Vieux*.

902. Henri Liberti, de Groningue, organiste de l'église cathédrale d'Anvers. Superbe épreuve avec de grandes marges.

903. Jean de Montfort, maître-général des monnaies du roi d'Espagne. Très-belle épreuve du premier état, avant que l'adresse de J. Meyssens n'ait été effacée.

904. Quintin Simons, de Bruxelles, peintre d'histoire. Très-belle épreuve du premier état, avec une seule ligne de titre. Extrêmement rare.

905. Le même portrait. Très-belle épreuve du deuxième état, avec la seconde ligne de titre. Elle a de grandes marges.

JODE (Pierre de), dit *le Jeune*, fils du précédent.

906. Jeanne de Blois. Très-belle épreuve ; elle a de grandes marges.

907. Adam de Coster, peintre d'effets de nuit. Superbe épreuve du premier état, avant le nom du graveur, et avec la main droite indiquée seulement au trait. Extrêmement rare.

908. Paul Halmalius, sénateur d'Anvers. Très-belle épreuve du premier état, avant le nom du graveur. Très-rare.

909. Le même portrait. Très-belle épreuve du deuxième état, avec l'adresse de Mart. Van den Enden et le nom du graveur. Très-rare.

910. André Colyns de Nole, statuaire d'Anvers. Très-belle épreuve du deuxième état, avec le nom du graveur. Très-rare.

910 *bis*. Corneille Poelenburg, peintre d'histoire et de paysages. Épreuve du deuxième état, avec l'adresse de Mart. Van den Enden, et le nom de Paul du Pont, qui a été remplacé dans les états suivants, par celui de P. de Jode, qui en est le graveur. Très-rare. Elle manque de conservation.

911. Erycius Puteanus, historiographe des Pays-Bas. Très-belle épreuve du deuxième état, avec l'adresse de Mart. Van den Enden et le nom du graveur. Très-rare.

912. Geneviève d'Urphe, veuve de Charles-Alexandre, duc de Croy. Superbe épreuve du premier état, avec l'adresse de Mart. Van den Enden et le mot *Havre* écrit *Havere*. Extrêmement rare. Elle a de grandes marges.

913. Albert, comte de Wallenstein, duc de Friedland. Très-belle épreuve du premier état, avec l'adresse de Mart. Van den Enden. Extrêmement rare.

JODE (Arnold ou Arnould de), fils du précédent.

914. Catherine Howard, duchesse de Lennox. Superbe épreuve. Très-rare de cette beauté.

LAUWERS ou **LAWERS** (Nicolas).

915. Frère Lelio Blancatcio, commandeur de Malte, maréchal de camp-général dans l'armée d'Espagne. Très-belle épreuve du premier état, avec l'adresse de Mart. Van den Enden. Très-rare.

LISEBETIUS ou **VAN LEYSBETTEN** (Pierre).

916. Jacques Hamilton, comte d'Aran. Superbe épreuve du premier état, avant que l'adresse de J. Meyssens n'ait été effacée. Rare.

LOMMELIN (Adrien).

917. Marie, comtesse d'Aremberg, princesse de Barbançon ; elle est représentée assise dans un fauteuil. Très-belle épreuve.

918. Alexandre de la Faille, sénateur d'Anvers. Fort belle épreuve avant toutes lettres. Très-rare. Elle a de grandes marges.

919. Jean-Charles de la Faille, d'Anvers, jésuite et mathématicien. Superbe épreuve du premier état, avec une seule ligne de titre. Elle a de la marge. Rare.

920. Ferdinand, Archiduc d'Autriche, Infant d'Espagne, gouverneur des Pays-Bas. Très-belle épreuve ; elle a de grandes marges.

921. Jacob Leroi, dit *le Vieux*, Seigneur d'Herbaix, président de la chambre de Brabant, tenant de la main droite un mémorial ou placet. Très-belle épreuve.

922. Frédéric de Marselaer, bourgmestre de la ville de Bruxelles. Très-belle épreuve du premier état, avant les contre-tailles sur le papier que le personnage tient à la main; elle a de la marge. Rare.

923. Le même portrait. Très-belle épreuve du deuxième état, avec les contre-tailles sur le papier; elle a de la marge.

MAITRE ANONYME, graveur au burin.

924. Thomas Willeborts Bosschaerts, peintre d'histoire et directeur de l'académie à Anvers. Superbe épreuve.

MAITRE ANONYME, graveur à l'eau-forte.

925. Antoine Van Opstal, de Bruxelles, peintre de portraits. Fort belle épreuve avant toutes lettres. Extrêmement rare.

926. Le même portrait. Superbe épreuve du premier état décrit par H. Weber, avec une ligne de titre et le nom du peintre; mais avant l'adresse. Très-rare.

926 *bis*. Autre superbe épreuve du même état; elle a de très-grandes marges.

MATHAM (Théodore).

927. Michel le Blon, agent de Suède en Angleterre. Belle épreuve; elle a de grandes marges.

MEYSSENS (Jean).

928. Charles Ier, roi d'Angleterre. Très-belle épreuve d'eau-forte pure; dans la marge du bas on lit : CAROLUS DEI GRATIA MAGNÆ BRITANNIÆ FRANCIÆ ET HIBERN. REX *Antonius Van Dyck pinxit.* Cette inscription est gravée en même temps et de la même pointe que le portrait. Extrêmement rare.

929. Le même portrait. Superbe épreuve de la planche poussée à un grand effet; dans la marge du bas, l'inscription est gravée au burin, ainsi que les noms d'Antoine Van Dyck et de Jean Meyssens. Elle a de très-grandes marges.

930. Henriette-Marie de France, reine d'Angleterre. Très-belle épreuve d'eau-forte; dans la marge, le titre : HENRICA MARIA DEI GRATIA MAGNÆ BRITANIÆ FRANCIÆ HIBERN. REGINA. *Joan Meyssens fecit et excud. Anton. Van Dyck pinxit.* Cette inscription est gravée au burin, comme dans l'état suivant. Très-rare.

931. Le même portrait. Superbe épreuve de la planche terminée; elle a de très-grandes marges.

932. François Vander Ee, bourgmestre de Bruxelles. Superbe épreuve du premier état, avant que le nom de J. Meyssens n'ait été effacé; elle a de la marge. Rare.

933. Marie Ruten, femme de Van Dyck. Très-belle épreuve à l'eau-forte de la planche non terminée, avec les noms et qualités du personnage et l'indication du peintre; mais avant l'adresse *Fran. Vanden Wyngaerde.* Elle a de grandes marges. Très-rare.

NOTA. Des curieux attribuent ce portrait à Jean Meyssens, d'autres à François Vanden Wyngaerde.

934. Le même portrait. Superbe épreuve de la planche terminée; elle est poussée à un grand effet. Dans la marge du bas, à droite, on lit: *Fran. Vanden Wyngaerde ex.* Elle a de grandes marges. Très-rare de cette beauté.

NATALIS (MICHEL).

935. Ernestine, princesse de Ligne, comtesse de Nassau. Très-belle épreuve, avant que l'adresse de J. Meyssens n'ait été effacée; elle a de la marge.

NEEFS (JACQUES).

936. Marie-Marguerite de Barlemont, comtesse d'Egmont. Belle épreuve du premier état, avant que l'adresse de J. Meyssens n'ait été effacée.

PAINE ou **PAYNE** (JEAN).

937. Ferdinand d'Autriche, Infant d'Espagne, cardinal, gouverneur des Pays-Bas; représenté en habit de guerre. Très-belle épreuve avant toutes lettres. Extrêmement rare. Elle est à toutes marges.

938. Le même portrait. Belle épreuve avec la lettre.

939. Charles-Louis, prince-électeur; seulement la tête sur un fond blanc. — Percy, duc de Northumberland; la tête seulement sur un fond de nuages. Très-belles épreuves; elles sont imprimées sur la même feuille de papier, avec de grandes marges.

940. Les deux mêmes portraits. Belles contre-épreuves.

PONTIUS ou **DUPONT** (PAUL).

941. Marie, comtesse d'Aremberg, princesse de Barbançon. Très-belle épreuve du premier état, avant que l'adresse de J. Meyssens n'ait été effacée.

942. Jacques de Breuck, architecte à Mons, en Hainaut. Superbe épreuve du premier état, avant le nom du graveur. Très-rare.

943. Le même portrait. Très-belle épreuve du deuxième état, avec l'adresse de Mart. Van den Enden et le nom du graveur. Très-rare.

944. Don Charles Colonne ou Coloma, général espagnol dans les Pays-Bas. Superbe épreuve du premier état, avec l'abréviation du mot « Majestatis » écrit ainsi : *Mat.* Extrêmement rare.

945. Le même portrait. Belle épreuve du deuxième état, avec le mot *Ma*^{tis} (abréviation de Majestatis). Très-rare.

946. Gaspard Gevartius, jurisconsulte, secrétaire de la ville d'Anvers. Très-belle épreuve du deuxième état, avec l'adresse de Mart. Van den Enden et le nom du graveur. Très-rare.

947. Don Diego Philippe de Gusman, marquis de Léganes. Très-belle épreuve du premier état, avec l'adresse de Mart. Van den Enden. Très-rare.

948. Constantin Hugens, seigneur de Suylecom, conseiller et secrétaire du prince d'Orange. Très-belle épreuve du premier état, avec l'adresse de Mart. Van den Enden. Très-rare.

949. Marie de Médicis, reine de France. Très-belle épreuve du deuxième état, avec l'adresse de Mart. Van den Enden, et le nom du graveur rectifié : il est écrit Pontius au lieu de *Ponsius* qu'on lit dans le premier état. Très-rare.

950. Aubert Mirœus, doyen de l'église cathédrale d'Anvers. Très-belle épreuve du premier état, avec l'adresse de Mart. Van den Enden. Très-rare.

951. Isaac Myteus, peintre d'histoire. Très-belle épreuve

du deuxième état, avec l'adresse de Mart. Van den Enden et le nom du graveur. Extrêmement rare.

952. Jean, comte de Nassau, chevalier de la toison d'or. Superbe épreuve du premier état, avant que le nom de Pontius n'ait été corrigé : il est écrit ici *Ponsius*. Extrêmement rare.

953. Palamedes, Palamedesz Stevens, de Londres, peintre de batailles. Très-belle épreuve du deuxième état, avec l'adresse de Mart. Van den Enden et le nom du graveur. Très-rare.

954. Jean van Ravesteyn, peintre de portraits. Très-belle épreuve du premier état, avec l'adresse de Mart. Van den Enden ; les nom et prénom du personnage sont écrits : *Caspar Ravestyn*. Très-rare.

955. Nicolas Rockox, ancien conseiller de la ville d'Anvers. Superbe épreuve du premier état, avec la verrue sur la joue droite du personnage, et le mot *fecit* non suivi de *et excu*. Extrêmement rare.

956. Le même portrait. Très-belle épreuve du deuxième état, avec la verrue, et avec les mots *et excu.* à la suite de *fecit*. Extrêmement rare.

957. Le même portrait. Très-belle épreuve du troisième état, *non décrit* par H. Weber ; elle est tirée après que la verrue a été effacée, mais ayant encore les mots *et excu.* à la suite de *fecit*. Extrêmement rare.

958. Le même portrait. Belle épreuve du quatrième état (troisième de H. Weber) : les mots *fecit et excu.* ont été effacés et remplacés par celui-ci : *sculpsit* ; sur la console de support, à droite, on lit : *H. de Neyt excudit*. Très-rare.

959. Le même portrait. Belle épreuve du cinquième état (quatrième de H. Weber), avec l'année 1639 à la suite du mot *sculpsit*. Très-rare.

960. Le même portrait. Belle épreuve du septième état (sixième de H. Weber) ; on lit au-dessus de Paul Pontius sculpsit : *Pet. Paul. Rubenius ;* et au-dessus de la tablette où sont placés les trois distiques : *Obiit XII Dec. M.DC.XL.*

961. Le même portrait. Belle épreuve du neuvième état (huitième de H. Weber), avec les mots *Ant. Van Dyck pinxit*, substitués à *Pet. Paul. Rubenius*, et le changement à l'inscription de la bordure; le 3 qui se trouve à la fin de *Quiesq.* est placé en bas au lieu d'être en haut comme dans les états précédents.

962. Pierre-Paul Rubens, peintre d'histoire. Superbe épreuve du deuxième état, avec l'adresse de Mart. Van den Enden et le nom du graveur. Extrêmement rare.

963. François-Thomas de Savoie, prince de Carignan. Très-belle épreuve du premier état, avec l'adresse de Mart. Van den Enden. Très-rare.

964. César-Alexandre Scaglia, abbé de Stafarde. Superbe épreuve du premier état, avec l'adresse de Mart. Van den Enden, et seulement deux lignes de titre. Extrêmement rare.

965. Le même portrait. Très-belle du troisième état, avec l'adresse de Mart. Van den Enden et le changement dans l'inscription ; elle porte le mot *Mouens* à la place de celui de *Regens* qu'on lisait à la fin du second vers, dans l'état précédent (le deuxième). Très-rare.

966. Gérard Seghers, peintre d'histoire. Superbe épreuve du premier état, avant le nom du graveur. Très-rare.

967. Théodore Van Loon, peintre d'histoire. Très-belle épreuve du premier état, avant le nom du graveur. Extrêmement rare.

968. Le même portrait. Belle épreuve du deuxième état, avec le nom du graveur, au bas de la gauche. Très-rare. Elle a de la marge.

969. Simon de Vos, peintre d'histoire. Superbe épreuve du premier état, avant le nom du graveur. Extrêmement rare.

QUEBOORE ou QUEBORNE (Crispin van).

970. Marie, fille de Charles Ier, épouse de Philippe de Nassau, fils du prince d'Orange. Belle épreuve avec de grandes marges.

SNAYERS ou **SNYERS** (Henri).

971. Robert, comte Palatin du Rhin, chevalier de l'ordre de la Jarretière et grand écuyer du roi d'Angleterre. Très-belle épreuve du premier état, avant que l'adresse de J. Meyssens n'ait été effacée; elle a de grandes marges.

STOCK (André).

972. Pierre Snayers, peintre d'histoire. Très-belle épreuve du deuxième état, avec le nom du graveur; l'adresse de Mart. Van den Enden est enlevée.

973. Le même portrait. Épreuve du même état que la précédente; mais plus belle et avec de très-grandes marges.

VOERST (Robert van der).

974. Chrétien, évêque postulé de Halberstadt, duc de Brunswick et de Lunebourg. Superbe épreuve du premier état, avant toutes lettres. Très-rare.

975. Le même portrait. Très-belle épreuve du deuxième état, avec la lettre; elle a de grandes marges.

976. Ernest, prince et comte de Mansfeld. Très-belle épreuve; elle a de grandes marges.

VORSTERMAN (Lucas), dit *le Vieux*.

977. Jacques de Cachiopin, curieux de tableaux à Anvers. Très-belle épreuve du deuxième état, avec l'adresse de Mart. Van den Enden et le nom du graveur. Très-rare. Elle manque de conservation.

978. Charles Ier, roi d'Angleterre. Très-rare. Épreuve avec marge.

979. Wenceslas Coeberger, peintre, architecte et directeur des monts-de-piété à Bruxelles. Très-belle épreuve du premier état, avant le nom du graveur. Très-rare.

980. Antoine Van Dyck, peintre d'histoire et de portraits. Très-belle épreuve du premier état, avant le nom du graveur. Extrêmement rare. Elle laisse à désirer pour la conservation.

981. Le même portrait. Belle épreuve du quatrième état; les lettres *GH* ont été enlevées.

982. Hubert Van den Enden. Superbe épreuve du premier état, avant le nom du graveur. Extrêmement rare.

983. Le même portrait. Très-belle épreuve du deuxième état, avec l'adresse de Mart. Van den Enden et le nom du graveur. Très-rare.

984. Le même portrait. Superbe épreuve avec la qualité du personnage; mais avant les initiales de Gillis Hendricx. Fort rare. Elle a de grandes marges.

NOTA. Cette épreuve est d'un état intermédiaire entre le troisième et le quatrième états décrits par H. Weber.

985. Théodore Galle, graveur au burin. Très-belle épreuve du premier état, avant le nom du graveur. Très-rare. Elle a de la marge.

986. Gaston de France, duc d'Orléans. Très-belle épreuve du deuxième état, avec l'adresse de Mart. Van den Enden, et avec trois guillemets placés devant, au milieu et après le mot *frater*. Très-rare.

987. Horace Lomi, dit Gentileschi, peintre d'histoire. Très-belle épreuve du deuxième état, avec l'adresse de Van den Enden et le nom du graveur. Très-rare.

988. Isabelle-Claire-Eugénie, Infante d'Espagne, souveraine des Pays-Bas, en habit de l'ordre de Saint-François. Très-belle épreuve du premier état, avant les lettres G. H. Extrêmement rare.

989. Pierre de Jode, dit le Vieux, graveur au burin. Très-belle épreuve du deuxième état, avec l'adresse de Mart. Van den Enden et le nom du graveur. Très-rare.

990. Philippe Leroi, seigneur de Ravels, curieux de tableaux, caressant un chien. Superbe épreuve du premier état, avant les changements faits depuis à la planche par Paul Pontius. Extrêmement rare.

991. Le même portrait. Superbe épreuve du deuxième état, avec les changements; mais avant la lettre. Elle a de grandes marges. Extrêmement rare.

Nota. Ce portrait avait été originairement gravé par Lucas Vorsterman, *le Vieux;* et Paul Pontius fut chargé de refaire la tête et les mains du personnage.

992. Jean Livens, peintre d'histoire et graveur à l'eau-forte. Superbe épreuve du premier état, avant le nom du graveur. Extrêmement rare. Elle a de la marge.

993. Le même portrait. Très-belle épreuve du deuxième état, avec le nom du graveur. Très-rare.

994. Charles de Mallery, graveur au burin. Très-belle épreuve du deuxième état, avec l'adresse de Mart. Van den Enden et le nom du graveur. Très-rare.

995. Jean van Mildert, sculpteur. Fort belle épreuve du premier état, avant le nom du graveur. Très-rare.

996. Le même portrait. Très-belle épreuve du deuxième état, avec l'adresse de Mart. Van den Enden et le nom du graveur. Très-rare. Elle a de la marge.

997. Nicolas Fabrice de Pereisc, conseiller au parlement d'Aix. Superbe épreuve du premier état, avant le nom du graveur. Extrêmement rare.

998. Le même portrait. Fort belle épreuve du deuxième état, avec l'adresse de Mart. Van den Enden et le nom du graveur. Très-rare.

999. Nicolas Rockox, ancien conseiller de la ville d'Anvers, représenté assis dans son cabinet. Fort belle épreuve du premier état, avant la lettre dans la marge du bas, les noms de Platon et de Sénèque sur la tranche des deux volumes et les médailles sur la table; on lit au haut du fond de la droite, en trois lignes : *A. Van Dyck pinxit. L. Vorsterman sculp. et excud. cum privilegiis*. Très-rare.

1000. Le même portrait. Très-belle épreuve du deuxième état, *non décrit;* elle est en tout semblable à l'épreuve précédente, à l'exception du trait carré qui, finement exprimé à gauche dans le premier état, est renforcé au burin dans celui-ci. Fort rare.

1001. Le même portrait. Belle épreuve du cinquième état, *non décrit par H. Weber*, avec la marge du bas exhaussée aux dépens du portrait, qui se trouve par ce fait raccourci jusqu'aux genoux; on y voit les médailles sur la table, et les armes à l'endroit où se trouvait l'inscription rapportée dans les états précédents; dans la marge, les noms et qualités du personnage, quatorze vers latins, la dédicace à Nicolas Rockox, et les noms des artistes; mais l'année 1625, qu'on lisait dans le quatrième état (troisième et dernier décrit par H. Weber) a été enlevée.

1002. Corneille Sachtleven, peintre de sujets familiers. Très-belle épreuve du premier état, avant le nom du graveur. Extrêmement rare. Elle laisse à désirer pour la conservation.

1003. Le même portait. Belle épreuve du deuxième état, avec l'adresse de Mart. Van den Enden et le nom du graveur. Très-rare.

1004. Ambroise Spinola, duc de San Severino, général des armées d'Espagne dans les Pays-Bas. Très-belle épreuve du premier état, avec l'adresse de Mart. Van den Enden. Très-rare.

1005. Pierre Stevens, aumônier du sénat d'Anvers et amateur de tableaux. Superbe épreuve du premier état, avant le nom du graveur. Extrêmement rare.

1006. Le même portrait. Belle épreuve du deuxième état, avec l'adresse de Mart. Van den Enden et le nom du graveur. Très-rare.

1007. Lucas Van Uden, peintre de paysages. Très-belle épreuve du deuxième état, avec l'adresse de Mart. Van den Enden et le nom du graveur. Très-rare.

1008. Corneille de Vos, peintre de portraits. Très-belle épreuve du premier état, avant le nom du graveur. Très-rare. Elle laisse à désirer pour la conservation.

1009. Le même portrait. Très-belle épreuve du deuxième état, avec l'adresse de Van den Enden et le nom du graveur. Très-rare.

1010. Wolfang Guillaume, comte Palatin du Rhin. Superbe épreuve du premier état, avant les lettres G. H. Très-rare.

VORSTERMAN (Lucas), dit *le Jeune*.

1011. Gérard Seghers, peintre d'histoire. Superbe épreuve du deuxième état, avec la lettre; mais avant le nom du peintre et l'adresse de Mart. Van den Enden. Très-rare. Cabinet Lousbergs.

1012. Le même portrait. Superbe épreuve du troisième état, avec le nom de Van Dyck et l'adresse de Mart. Van den Enden. Très-rare. Elle a de la marge.

1013. Lucas Vorsterman, de Gueldres, graveur au burin. Superbe épreuve; elle a de grandes marges.

WAUMANS (Conrad):

1014. Marie-Claire de Croy, duchesse d'Havré. Belle épreuve du premier état, avant que l'adresse de J. Meyssens n'ait été effacée. Très-rare.

1015. Frédéric-Henri, prince d'Orange, comte de Nassau, marquis de Vère et de Flessingue. Superbe épreuve du premier état, avant que l'adresse de J. Meyssens n'ait été effacée.

1016. Amélie de Solms, princesse d'Orange, épouse de Frédéric-Henri, prince d'Orange. Très-belle épreuve du premier état, avant que l'adresse de J. Meyssens n'ait été effacée. Elle a de la marge.

1017. Don Antoine de Zuniga el Davila, marquis de Mirabelle. Superbe épreuve du premier état, avant que l'adresse de J. Meyssens n'ait été effacée. Elle a de grandes marges.

DYCK (Daniel Van den), peintre et graveur à l'eau-forte; né en France, selon Boschini, et, selon d'autres, en Flandre; florissait dans la première moitié du XVIIe siècle.

1018. La Déification d'Énée (R.-D. 4). Très-belle épreuve.

EARLOM (Richard), graveur à l'eau-forte et en manière noire ; né dans le comté de Somerset en 1728 ; mort à Londres, vers 1794.

1019. Abisag choisie pour réchauffer David, d'après Adrien van der Werff. Superbe épreuve avant la lettre et la devise; seulement les noms du peintre et du graveur et l'adresse de l'éditeur tracés à la pointe. Rare de cette beauté.

1020. *Lady and Child*, d'après Salsa Ferata (*sic*). C'est la Vierge et l'Enfant-Jésus d'après J. B. Salvi, dit *Sasso-Ferrato*. Très-belle épreuve avec marge.

1021. L'Académie de Londres, d'après Zoffani. Superbe épreuve de la planche non terminée; elle est avant grand nombre de modifications dans l'effet, et la marge du bas du cuivre, qui ordinairement est blanche, est entièrement couverte des teintes produites par le berceau. Extrêmement rare, sinon unique.

1022. Le même sujet. Très-belle épreuve de la planche achevée : elle est amenée à l'effet désiré. La marge du bas porte seulement les noms du peintre, du graveur et de l'éditeur tracés à la pointe. Rare.

1023. Les quatre Marchés, savoir : le Marché aux fruits; le Marché aux légumes; le Marché aux Poissons; le Marché au gibier. Riches compositions en largeur, d'après Franz Snyders et Long John. Superbes épreuves avant la lettre; seulement les noms d'auteurs et la publication avec dates tracés à la pointe. Elles ont de grandes marges; celle du premier morceau est taché d'eau à la droite du bas.

1024. Les Fleurs et les Fruits, d'après J. Van Huysum. Deux très-belles pièces en hauteur des plus estimées du graveur. Superbes épreuves avant la lettre, et avant la devise aux armes; les noms d'auteurs et d'éditeur sont tracés à la pointe. Très-rares.

ÉCHARD ou **ESCHARD** (Charles), peintre et graveur à l'eau-forte et à l'aqua-tinta ; né à Caen ; florissait dans le siècle dernier.

1025. Portrait d'homme, qu'on croit être celui de l'auteur; il est vu presque de face, un chapeau sur la tête et les deux mains posées sur une table. Très-belle épreuve.

1026. Deux Paysages en largeur, numérotés 2 et 6, et la vue d'un intérieur d'auberge, en hauteur, n° 3. Trois morceaux faisant partie d'une suite de six estampes. Belles épreuves; celle du n° 3 est à toutes marges.

EDELINCK (Gérard), dessinateur et graveur au burin; né à Anvers en 1640; mort à Paris en 1707.

1027. Sainte Famille, d'après Raphaël (R.-D. 4). Rare et superbe épreuve tirée avant l'écusson d'armes de M. l'abbé Colbert, au milieu du bas de la composition; elle a de la marge.

1028. La Vierge et l'Enfant-Jésus, d'après Jacq. Stella (R.-D. 6). Superbe épreuve du premier état, avant l'écusson d'armes. Rare de cette beauté

1029. Le Christ aux Anges. d'après Charles Le Brun (R.-D. 17). Très-rare et fort belle épreuve du premier état, avant la lettre *c* au mot Edelinck.

1030. Le même sujet (R.-D. 17). Très-belle épreuve du deuxième état, avec la faute corrigée; mais avant l'adresse de Pierre Drevet.

1031. L'Ostensoir (R.-D. 18). Belle épreuve.

1032. Ange planant sur un torrent, d'après Phil. de Champagne (R.-D. 20). Deux belles épreuves : la première, avant que les lacunes du trait carré, finement exprimé, n'aient été reprises à la pointe sèche, à droite; la deuxième avec la reprise des lacunes.

1033. Sainte Magdeleine, d'après Ch. Le Brun (R.-D. 32. Rare et fort belle épreuve d'un état intermédiaire entre le deuxième et le troisième états décrits : elle est tirée avec les quatre vers latins; mais avant la bordure autour de la composition.

1034. Combat de quatre cavaliers, d'après Léonard de Vinci (R.-D. 44). Rare contre-épreuve tirée sur une épreuve du premier état, avant toutes lettres; elle laisse à désirer pour la conservation.

1035. Antoine Arnauld, illustre par son érudition, d'après *Champagne* (R.-D. 140). Très-belle épreuve du premier état, avant l'adresse de la veuve de Fr. Chereau. Cabinet Lousbergs.

1036. Charles, petit-fils de France, duc de Berry (R.-D. 147). Très-belle épreuve.

1037. Pierre-Vincent Bertin, trésorier des parties casuelles, d'après *N. Largillere*. Copie dans le même sens et de même grandeur que l'original, décrit sous le n° 149. Superbe épreuve de la planche non terminée : la tête et la perruque du personnage ne sont qu'au simple trait. Très-rare.

1038. Philippe de Champagne, peintre du roi et recteur de l'Académie royale de peinture (R.-D. 164). Très-belle épreuve du premier état, avant le trait échappé presque perpendiculairement sur le ciel et les feuilles, à gauche de la composition, à peu près à mi-hauteur, entre le tronc du petit arbre et le dos du personnage. Elle a de la marge.

NOTA. Cette estampe est regardée, à juste titre, comme étant l'un des chefs-d'œuvre du maître.

1039. Nathanaël Dilgerus, ministre de Dantzick (R. — D. 185). Morceau rare et recherché. Superbe épreuve ; elle a de très-grandes marges.

1040. Le même portrait. Copie de même grandeur et en contre-partie, gravée par François Rivera, en 1788. Superbe épreuve ; elle a de la marge. Rare.

1041. Rémi Du Laury, prévôt de l'église de Saint-Pierre de Lille (R.-D. 188). Superbe épreuve.

1042. Gédéon Berbier du Metz, président à la chambre des comptes de Paris, d'après H. Rigaud (R.-D. 190). Rare et superbe épreuve du premier état, avant toutes lettres; elle a de très-grandes marges.

1043. Le même portrait (R.-D. 190). Très-belle épreuve du troisième état; elle a de grandes marges.

1044. Evariste Gherardi, comédien italien, connu sous le nom d'Arlequin (R.-D. 214). Très-belle épreuve du deuxième état, avec la qualité du graveur; mais avant les mots : *Frontispice du Tome Ier*, au milieu de la marge du haut.

1045. Charles Gobinet, principal du collége du Plessis, à Paris (R.-D. 215). Très-belle épreuve.

1046. Dominique, comte de Kaunitz, d'après Fr. de Cock (R.-D. n° 228). Très-rare et fort belle épreuve du premier état, *non décrit*, avant l'année 1697. Elle a de grandes marges.

1047. Jean-Jacques Keller, commissaire ordinaire des fontes de l'artillerie de France, d'après *N. de Largilliere* (R.-D. 229). Superbe épreuve, *non décrite*, avant toutes lettres et avant les fonds, qu'on voit à travers la fenêtre; cette partie de l'estampe est entièrement blanche. Extrêmement rare, sinon unique. Cabinet Prévost.

1048. Le même portrait (R — D. 229). Très-rare et belle épreuve du premier état décrit, avant les noms du peintre et du graveur; la planche est terminée. Cabinet Robert-Dumesnil.

1049. Magdeleine de Lamoignon, d'après de Seve (R.-D. 234). Belle épreuve du premier état, avant la retouche.

1050. Charles Le Brun, premier peintre du roi et graveur à l'eau-forte (R.-D. 238). Très-belle épreuve avec marge.

1051. Frédéric Léonard, premier imprimeur du roi et du clergé, d'après H. Rigaud (R.-D. 242). Très-belle épreuve du deuxième état (le premier est rarissime).

1052. Michel Le Tellier, chancelier de France (R.-D. 244). Très-belle épreuve du troisième et avant-dernier état; elle a de grandes marges.

1053. Louis XIV, roi de France (R.-D. 255). Très-belle épreuve du premier état, avant les changements.

1054. Louis XIV, roi de France (R.-D. 258). Grande composition en deux feuilles, connue sous le titre du *Triomphe de l'Église* ou l'*Extirpation du Calvinisme*. Superbe épreuve du premier état; elle a de grandes marges. Extrêmement rare de cette beauté et de cette conservation. Cabinet Robert-Dumesnil.

1055. Jean Rouillé, comte de Meslay (R.-D. 273). Très-belle épreuve avec de grandes marges.

1056. Pierre de Montarsis, amateur des beaux-arts, d'après A. Coypel (R.-D. 277). Superbe épreuve du premier état, avant que les angles du cuivre, à l'exception de celui du bas de la droite, n'aient été arrondis; il n'y a pas de virgule après le mot *depictam*, ainsi que l'annonce R.-D. dans la description de ce portrait. Elle a de grandes marges. Rare de cette beauté.

1057. Charles Mouton, musicien de Louis XIV (R.-D. 281). Très-belle épreuve du troisième état, avant que l'adresse de J. Audran n'ait été effacée et remplacée par celle de Buldet.

1058. Nicolas Parfaict, abbé de Bouzonville, chanoine de l'Église de Paris (R.-D. 288). Superbe épreuve avec de grandes marges; elle porte, au verso, cette autographe du graveur : *donné par moy a G. de Nieport Edelinck.*

1059. Le même portrait. Épreuve pareille à la précédente. Cabinet Robert-Dumesnil.

1060. Raimond Poisson, comédien (R.-D. 299). Très-belle épreuve du troisième et avant-dernier état.

1061. Claude de Sainte-Marthe (R.-D. 308). Belle épreuve du troisième état, avant que la planche n'ait été réduite de 10 millimètres sur la hauteur et de 18 millimètres sur la largeur.

1062. Jacques Savary (R.-D. 314). Très-belle épreuve du deuxième état, avant que la marge du bas n'ait été réduite à trois millimètres de hauteur; elle a de la marge.

1063. Paul Tallemant, de l'Académie française (R.-D. 324). Très-belle épreuve du premier état, avant le changement dans l'inscription.

1064. François Tortebat, peintre et graveur français (R.-D. 328). Très-belle épreuve.

EDELINCK (JEAN), dessinateur et graveur au burin; né à Anvers en 1630; l'année de sa mort n'est pas connue.

1065. La vénérable mère Marie de l'Incarnation. Très-belle épreuve, avant le nom du graveur.

EIMART (GEORGES-CHRÉTIEN) le jeune, peintre et graveur à l'eau-forte; florissait dans le XVIIe siècle.

1066. Portrait de Georges Pfründ, d'après Nic. Von Held. Superbe épreuve; elle a de grandes marges. Rare.

ELANDT (C...), peintre et graveur à l'eau-forte; florissait à La Haye, vers le milieu du XVIIe siècle.

1067. Différentes vues de Clèves et de ses environs. Suite de six pièces. Très-belles épreuves; quatre de ces pièces ne portent pas d'indication de lieux, dans les cartouches.

ERMELS (JEAN-FRANÇOIS), peintre et graveur à l'eau-forte; né près de Cologne en 1621; mort à Nuremberg en 1693.

1068. Différentes vues de ruines. Six pièces en hauteur. Belles épreuves avec le numéro, au bas de la droite de chaque morceau; plus, deux épreuves avant le numéro. En tout, 8 estampes.

ERTINGER (FRANÇOIS), dessinateur et graveur à l'eau-forte; né à Wyl, en Souabe, selon les uns en 1616, selon les autres en 1640; mort à Paris en 1700.

1069. Joseph Werner montrant un tableau, où il a représenté le génie de la peinture; d'après lui-même. Très-belle épreuve avec marge..

EVANS (Mlle), née en Hollande, dans la seconde moitié du siècle dernier; a gravé à l'eau-forte et au pointillé.

1070. Portrait de Jean-Pierre Blanchard, aéronaute, d'après Bolomeÿ. Morceau rare. Très-belle épreuve tirée en encre rouge-brun; elle est à toutes marges.

EVERDINGEN (ALBERT VAN), peintre et graveur à l'eau-forte et en manière noire; né à Alkmaer en 1621; mort dans la même ville en 1675.

1071. Le Paysage de forme ronde (B. 4). Très-belle épreuve du deuxième état.

1072. La chapelle (B. 10). Belle épreuve.

1073. Les trois huttes au sommet du rocher (B. 41). Belle épreuve.

1074. Les deux hommes sur la terrasse élevée (B. 46). Très-belle épreuve.

1075. La Nacelle dans les joncs (B. 61). — La Roue sous le toit mobile (B. 77). Deux belles épreuves imprimées sur la même feuille de papier; elles ont de grandes marges.

1076. La Chaumière affaissée (B. 76). Très-belle épreuve.

1077. La branche d'arbre (B. 79). Belle épreuve.

1078. Les deux chariots (B. 85). Très-belle épreuve avec de grandes marges.

Le Berger (B. 87). Très-belle épreuve avec de grandes marges.

1079. Une des fontaines d'eaux minérales (B. 95). Très-belle épreuve.

1080. Le Blaireau s'empressant d'avertir le Renard du dessein du Lion (B. 43 de la suite des estampes du Reynier le Renard). Très-rare et fort belle épreuve à l'eau-forte pure.

1081. Le même sujet (B. 43). Très-belle épreuve de la planche terminée, avec le trait carré; elle a de très-grandes marges.

FABER (JEAN), *le jeune*, dessinateur et graveur en manière noire; né en Hollande, vers 1684; mort à Londres en 1756.

1082. Michel Rysbrack, sculpteur, d'après J. Vanderbank. Très-belle épreuve.

FABER (FRÉDÉRIC-THÉODORE), peintre et graveur à l'eau-forte; né à Bruxelles en 1782; mort dans la même ville en 1844.

1083. Diverses compositions représentant des figures, des animaux et des paysages. En tout, 49 estampes, y y compris une double avec différences. Belles épreuves avec marges.

FACINI (PIERRE), peintre et graveur à l'eau-forte; né à Bologne en 1562; mort en 1602.

1084. Saint François d'Assise (B. I). Belle épreuve.

FALCK (JÉRÉMIE), graveur à l'eau-forte et au burin; né à Dantzick en 1629; mort dans la même ville, vers 1709.

1085. La Sainte Vierge avec l'Enfant-Jésus et Sainte Anne, d'après And. Vannuchi. Superbe épreuve avant la lettre; elle a de grandes marges, et porte, au verso, la signature de *P. Mariette* et la date de 1668. Cabinets Libert de Beaumont et Lousbergs.

1086. La vision de saint Pierre. Morceau en hauteur, d'après Lys. Superbe épreuve du premier état, avant la lettre; elle a de très-grandes marges.

1087. Sujet allégorique représentant un roi tombant à la renverse, poussé par un ange, qu'on voit à gauche; entre eux, une lionne chimérique. Morceau en hauteur sans nom de peintre; mais portant celui du graveur et l'année 1645. Rare et superbe épreuve de la planche non terminée; la marge du bas, destinée à recevoir une inscription, est blanche.

1088. La vieille courtisane à la toilette, d'après J. Lys. Superbe épreuve, avant la lettre. Elle a de grandes marges, et porte, au verso, la signature de *P. Mariette* et la date de 1698. Cabinets Libert de Beaumont et Lousbergs.

1089. Arfwed Witenberg, comte de Neuburg, d'après David Beck. Superbe épreuve; elle a de grandes marges.

FASSIN (Le chevalier DE), peintre et graveur à l'eau-forte; né à Bruxelles, dans le siècle dernier.

1090. Joli paysage en largeur : on remarque, vers la droite, au bord de la rivière, un arbre montant jusqu'au trait carré supérieur, et du côté opposé un homme assis, vu de dos. Morceau rare. Très-belle épreuve.

FAVANNES (JACQUES DE), graveur à l'eau-forte et au burin; né en 1716; mort en 1770.

1091. *L'amour paisible*, d'après A. Watteau. Très-belle épreuve.

FEDDES (PIERRE), peintre et graveur à l'eau-forte; né à Harlingen en 1588; mort en 1634.

1092. Jésus-Christ allant à Émaüs avec deux de ses disciples. Pièce rare. Très-belle épreuve.

1093. Études de têtes, figures et anatomies. Suite de huit pièces, y compris le sujet qui sert de titre à un cahier d'études, dont ces morceaux font partie. Rares. Très-belles épreuves.

1094. Portrait de Martin Hamconius. Pièce rare. Très-belle épreuve.

FERDINAND (LOUIS), peintre et graveur à l'eau-forte; né à Paris en 1640; l'année de sa mort n'est pas connue.

1095. Portrait de Nicolas Poussin, d'après V. E. Très-belle épreuve.

FESSARD (ÉTIENNE), graveur à l'eau-forte et au burin; né à Paris en 1714; mort dans la même ville en 1774.

1096. Le Clerc de Juigné, archevêque de Paris, d'après F. Nogaret. Rare et belle épreuve avant la lettre; elle a de la marge.

FICQUET (ÉTIENNE), graveur au burin; né à Paris en 1730 ou 1731; mort dans la même ville en 1794.

1097. Charles XII, roi de Suède. Très-belle épreuve du premier état, avant que l'adresse d'Odieuvre n'ait été effacée.

1098. Charles Eisen, peintre et dessinateur du roi. Très-belle épreuve.

1099. De La Mothe Fénelon, d'après Vivien. Très-belle épreuve.

1100. Jean de La Fontaine, d'après Hyacinthe Rigaud. Portrait gravé pour une édition des *Contes*. Très-belle épreuve avec de grandes marges.

1101. Sept portraits de Peintres, savoir : Adrien Brouwer. — Louis de Deyster. — Gérard Hoet ; premier état, avant le nom du graveur. — Melchior Hondekoeter ; premier état, avant le nom du graveur. — Guillaume Kalf. — Philippe Roos. — Mathieu Wulfraat. Belles épreuves avec marges et très-grandes marges ; celles qui ne sont pas du premier état, sont avant l'impression au verso.

FILLOEUL (Pierre), graveur à l'eau-forte et au burin ; florissait à Paris, vers le milieu du siècle dernier.

1102. Suite de quatre pièces numérotées de 1 à 4, savoir : Le Colin-Maillard ; Le Concert amoureux ; La Conversation intéressante ; La Danse. Gracieuses compositions en hauteur, d'après *Paterre* (J. B. Pater). Superbes épreuves ; elles ont de grandes marges.

J. F. FIORETIN OREFI. F. M.D.XLII.

1103. Les noces de Vertumne et de Pomone, d'après un dessin attribué à Baccio Bandinelli (B. tome xv, p. 502). Très-belle épreuve. Rare de cette beauté.

FISHER (Édouard), graveur en manière noire ; né en Angleterre, vers 1730 ; l'année de sa mort n'est pas connue.

1104. Portrait de jeune femme, vue à mi-corps, la tête de trois-quarts, tournée vers la droite, d'après J. Reynolds. Belle épreuve avec marge.

FLAMEN (Albert), peintre et graveur à l'eau-forte ; né à Bruges, vers 1620 ; florissait à Paris de 1648 à 1664.

1105. Suite de douze estampes représentant divers oiseaux (B. 81 à 92. R.-D. 402 à 413). 1) Titre : *Livre d'oiseaux dédié à messire Gilles Fovqvet, etc.* — 2) Le Vanneau. — 3) La Sarcelle. — 4) La Perdrix rouge. — 5) Le Pivoine. — 6) La Bécasse. — 7) La Bécassine. — 8) Le Râle. — 9) Le Chardonneret. — 10) Le Martin-Pêcheur. — 11) Le Geai. — 12) La Chouette. Très-belles épreuves du premier état, avant l'adresse de *Drevet* sur le premier morceau.

1106. Paysage avec pêcheur à la ligne (R.-D. 486). Pièce très-rare. Fort belle épreuve.

FLIPART (JEAN-JACQUES), graveur à l'eau-forte et au burin; né à Paris en 1723; mort dans la même ville en 1782.

1107. Jacques Dumont, dit *le Romain*, peintre, d'après de Latour. Très-belle épreuve avant toutes lettres, et avant divers travaux, notamment la quatrième taille sur le ciel. Fort rare.

1108. Le même personnage. Très-belle épreuve avec la contre-taille mentionnée ci-dessus; mais avant toutes lettres. Rare.

FLORIS (FRANÇOIS), peintre et graveur à l'eau-forte; né à Anvers en 1520; mort en 1570.

1109. La Victoire représentée debout, entourée de prisonniers enchaînés et de trophées. Ce morceau, rare, est le seul que l'on connaisse du maître. Très-belle épreuve; mais manquant de conservation.

FOCUS (GEROGES), amateur, dessinateur et graveur à l'eau-forte; né à Châteaudun, vers 1641; mort à Paris en 1708.

1110. Diverses vues d'Italie; suite de six estampes, savoir :

Première vue (R.–D. 2). Très-belle épreuve du premier état, avant le n° 1.

Deuxième vue (R.–D. 3). Belle épreuve du quatriè- état, avec le n° 2.

Troisième vue (R.-D. 4). Très-belle épreuve du premier état, avant le n° 3.

La même vue (R.-D. 4). Belle épreuve du deuxième état, avec le n° 3.

Quatrième vue (R.-D. 5). Très-belle épreuve du premier état, avant le n° 4; elle a une tache d'huile vers le milieu de la composition.

Cinquième vue (R.–D. 6). Très-belle épreuve du premier état, avant le n° 5.

La même vue (R.–D. 6). Belle épreuve du deuxième état, avec le n° 5.

Sixième vue (R.–D. 7). Très-belle épreuve du

deuxième état; elle est tirée de la planche terminée, avec le nom du graveur et celui de l'éditeur (G. Audran); mais avant le n° 6.

La même vue (R.-D. 7). Épreuve du troisième état, avec le n° 6.

En tout, 9 estampes.

FOLKEMA (Jacob), graveur à l'eau-forte et au burin; né à Dokkum en 1692; mort à Amsterdam en 1767.

1111. Le médecin aux urines, d'après Gaspard Netscher. Superbe épreuve avant la lettre; elle a de la marge.

1112. Portrait d'un inconnu très-richement vêtu, d'après Léonard de Vinci. Très-belle épreuve à toutes marges.

FONTANA (Jean-Baptiste), peintre et graveur à l'eau-forte et au burin; né à Vérone en 1524; l'année de sa mort n'est pas connue.

1113. Paysage en largeur, dans lequel on voit Jésus-Christ allant à Emaüs avec ses disciples. (B. 7). Belle épreuve.

FORSTER (François), graveur au burin; né à Locle, en Suisse, en 1790; résidant à Paris.

1114. *L'Amour délivre une Nymphe*, d'après un tableau de l'Ecole vénitienne. Très-belle épreuve avant la lettre; seulement *Wicar del*, à gauche, Forster fecit 1814, à droite, dans la marge inférieure, près du trait carré. Elle est tirée sur du papier de Chine non fixé.

FOUCEEL (. . . .), peintre et graveur à l'eau-forte; florissait dans la première moitié du XVIIe siècle.

1115. Paysage boisé, où l'on voit un cavalier, accompagné d'un piéton et d'un chien. Morceau très-rare. Fort belle épreuve.

1116. Morceau faisant pendant au précédent: on remarque trois personnages, sur le devant d'une terrasse, s'entretenant ensemble; dans le fond une avenue. Pièce fort rare. Très-belle épreuve.

FRAGONARD (Jean-Honoré), peintre et graveur à l'eau-forte; né dans le comté de Nice en 1733 ; mort à Paris en 1806.

1117. L'Armoire (P. de B 2) Rare et très-belle épreuve du deuxième état, avant l'adresse : *A Paris chez Naudet M. d'estampes port au bled*, dans la marge, à droite, près du trait carré. Elle a de la marge.

FRANCK (Jean-Ulric), peintre et graveur à l'eau-forte; né à Kaufbeuern en 1603 ; mort à Augsbourg en 1680.

1118. Intérieur d'appartement avec grand nombre de figures; les unes à table, les autres faisant de la musique. Jolie pièce en largeur. Très-rare. Superbe épreuve.

FRANÇOIS (Pierre), peintre et graveur à l'eau-forte; né à Malines en 1606 ; mort dans la même ville en 1654.

1119. L'Enfant-Jésus et le petit saint Jean, assis à terre; à gauche on voit un arbre, et au bas de ce même côté la signature du maître, précédée du n° 14. Morceau extrêmement rare. Très-belle épreuve.

FRANÇOIS (Jean-Charles), dessinateur et graveur au burin; né à Nancy en 1717 ; mort à Paris en 1769.

1120. Vieille femme, vue à mi-corps et de profil; elle est tournée à gauche ; d'après Pierre Testa. Très-belle épreuve.

FREY (Jean de), dessinateur et graveur à l'eau-forte ; né à Amsterdam en 1770 ; mort à Paris en 1834.

1121. Portrait de G. A. Brederode, d'après D. Ballu. Très-belle épreuve sur papier de Chine, avant la lettre, et avant les essais de pointe au bas de la gauche.

Le même portrait. Très-belle épreuve avec les essais de pointe, mais avant la lettre.

Le même portrait. Très-belle épreuve du même état que la précédente; elle est tirée sur papier gris-roux, avec retouche au crayon blanc par le graveur.

Le même portrait. Belle contre-épreuve tirée sur une épreuve du même état que les deux précédentes.

Le même portrait. Belle contre-épreuve, sur papier de Chine, tirée sur une épreuve du même état.

Le même portrait. Belle épreuve avec la lettre.

En tout, 6 estampes.

1122. Philosophe dans son cabinet, d'après G. Brekelenkamp. Rare et très-belle épreuve d'eau-forte pure; elle a de grandes marges.

1123. Le même sujet. Très-belle épreuve de la planche terminée, mais avant la lettre; elle a de grandes marges.

1124. Anachorète assis près d'un tronc d'arbre, à l'entrée d'une grotte, d'après le même. Très-belle épreuve avant divers travaux, et avant que les marges du cuivre n'aient été nettoyées.

1125. Le même sujet. Superbe épreuve de la planche terminée, et avec les marges du cuivre nettoyées; mais avant la lettre. Elle a de très-grandes marges.

1126. Le même sujet. Très-belle épreuve avec la lettre; elle a de grandes marges.

1127. Portrait de Corneille Van Dalen, d'après son dessin. Très-belle épreuve sur papier de Chine, avant la lettre; elle a de grandes marges.

1128. Le même portrait. Belle contre-épreuve tirée sur une épreuve avant la lettre.

Le même portrait. Belle épreuve avec la lettre; elle a de grandes marges.

1129. Portrait du pape Pie VII, d'après Louis David. Très-belle épreuve; elle a de grandes marges.

1130. Gerard Dow, d'après son portrait peint par lui-même. Superbe épreuve avant la lettre; elle a de très-grandes marges.

1131. Le même portrait. Très-belle épreuve avec la lettre; elle a de grandes marges.

1132. Homme coiffé d'un chapeau à plumes, représenté à mi-corps, tourné à gauche et regardant à droite, d'après Drost. Superbe épreuve avant la lettre; elle a de très-grandes marges.

1133. Le même. Belle épreuve avec la lettre; elle a de grandes marges.

1134. La Bénédiction de Jacob, d'après G. Flinck. Superbe épreuve avant la lettre; elle a de la marge.

1135. Le même sujet. Très-belle épreuve avec la lettre; elle a de grandes marges.

1136. Vieillard assis dans un fauteuil, les deux mains appuyées sur son bâton, d'après Philippe de Koning. Superbe épreuve avant la lettrec;lle a de grandes marges.

1137. Le même. Très-belle épreuve avec la lettre; elle a de grandes marges.

1138. Portrait de Martin Tromp, d'après J. Lievens. Rare et belle épreuve d'eau-forte pure.

Le même portrait. Très-belle épreuve de la planche terminée, mais avant la lettre; elle a de grandes marges.

Le même portrait. Belle épreuve avec la lettre; elle a de grandes marges.

1139. Vieillard endormi, la tête appuyée sur sa main gauche, d'après J. Lievens. Très-belle épreuve avant la lettre; elle a de la marge.

Le même. Très-belle épreuve sur papier de Chine, du même état que celle ci-dessus; elle a de la marge.

Le même. Belle contre-épreuve tirée sur une épreuve du même état que les précédentes; elle a de la marge.

Le même. Belle épreuve avec la lettre; elle a de la marge.

En tout, 4 estampes.

1140. Homme en buste, coiffé d'un bonnet orné d'une aigrette. Morceau presque carré, sans aucun nom. Très-belle épreuve; elle a de la marge.

1141. Buste d'un officier, en cuirasse et en manteau, la tête couverte d'une toque ornée d'une plume. Morceau sans noms d'auteurs. Très-belle épreuve; elle a de grandes marges.

1142. Jésus-Christ guérissant la mère de saint Pierre, d'après G. Metzu. Superbe épreuve avant la lettre; elle a de grandes marges.

Le même sujet. Très-belle épreuve avec la lettre; elle a de très-grandes marges.

1143. Tobie et sa famille prosternés devant l'Ange qui disparaît à leurs yeux; d'après le tableau de Rembrandt, qui est au Musée du Louvre. Superbe épreuve avant toutes lettres, sur papier de Chine; elle a de la marge.

1144. Le bon Samaritain, d'après le tableau de Rembrandt, qui est au Musée du Louvre. Superbe épreuve avant toutes lettres, sur papier de Chine; les marges du cuivre sont couvertes d'essais de pointe.

1145. Un architecte de la marine et sa femme, d'après Rembrandt. Rare et très-belle épreuve, avant beaucoup de travaux; le papier sur lequel l'architecte a la main gauche est blanc. Elle est à toutes marges.

1146. Le même sujet. Superbe épreuve de la planche terminée, mais avant la lettre; elle est à toutes marges.

1147. Le même sujet. Très-belle épreuve, avec la lettre; le titre est en hollandais et en français. Elle est à toutes marges.

1148. Rembrandt représenté dans un ovale, dirigé à droite et regardant de face, la tête couverte d'une toque; d'après son portrait peint par lui-même, qui est au Musée du Louvre. Très-belle épreuve avant la lettre; seulement le nom du graveur tracé légèrement à la pointe, au milieu de la marge inférieure, près du trait carré.

1149. Vieille femme pelant une pomme, d'après Rembrandt. Très-belle épreuve avant la lettre; elle a de très-grandes marges.

La même. Très-belle épreuve avant que les noms des artistes, placés aux deux tiers de la hauteur du fond, n'aient été effacés pour être regravés plus haut; elle a de grandes marges.

La même. Belle épreuve tirée après le changement de place des noms d'auteurs ; elle a de très-grandes marges.

1150. Vieillard à barbe, coiffé d'un chapeau à larges bords, d'après Rembrandt Très-belle épreuve avant la lettre; elle a de grandes marges.

Le même. Belle épreuve avec la lettre.

1151. Buste d'un officier, coiffé d'une toque ornée de trois plumes, d'après Rembrandt. Très-belle épreuve ; elle a de grandes marges.

1152. Vieillard à barbe, vu de face, assis dans un fauteuil, les deux mains jointes, d'après Rembrandt. Très-belle épreuve de la planche non terminée ; le visage, les mains et la cravate sont blancs. Elle a de très-grandes marges.

1153. Le même. Superbe épreuve de la planche terminée, mais avant la lettre; elle a de grandes marges.

1154. Le même. Très-belle épreuve avec la lettre ; elle a de la marge.

1155. Paysage couvert en grande partie de rochers, du milieu desquels se précipite un torrent, d'après Rembrandt. Très-belle épreuve avant la lettre; elle a de la marge.

1156. Le même paysage. Très-belle épreuve sur papier de Chine, du même état que la précédente; elle a de la marge.

Le même paysage. Belle épreuve avec la lettre.

FRISIUS (Simon), dessinateur et graveur à l'eau-forte; né à Leuwaarde, dans la Frise, vers la fin du XVIe siècle.

1157. Paysage en largeur, dans lequel est représentée la guérison du paralytique, d'après H. Hondius. Très-belle épreuve.

FRUYTIERS (Philippe), peintre et graveur à l'eau-forte ; né à Anvers en 1625 ; mort en 1660.

1158. Saint Joachim et sainte Anne offrant la Vierge à

la sainte Trinité. Morceau en hauteur. Tres-belle épreuve avec marge.

1159. Marie-Ambroise Capello, évêque d'Anvers. Superbe épreuve du premier état, avant : *ex.*, à la suite de *Fruytiers*. Elle a de la marge. Très-rare de cette beauté.

1160. Jacob Edelheer, Décemvir et Député aux États de Brabant. Superbe épreuve; elle a de la marge.

1161. Portrait d'Innocent de Calatayerone, général des Capucins de Belgique. Belle épreuve.

1162. Portrait de Don Laurent Ramirez de Prado, chevalier et conseiller d'Espagne. Très-rare. Fort belle épreuve.

1163. Portrait de Godefroy Wendelini. Très-belle épreuve.

FURTENBACH (Hans ou Jean), graveur en bois; florissait dans la première moitié du XVIe siècle.

1164. Titre du livre : *Pomponii melæ de orbis situ libri tres*, etc. . . . . *Basileæ, anno M. D. XII.* Dans le compartiment du bas : *Typus eloquentiæ*. Hercule, par la puissance de sa parole, figurée par des chaînes d'or sortant de sa bouche, attire à lui une multitude innombrable. Belle épreuve.

FYT (Jean), peintre et graveur à l'eau-forte; né à Anvers en 1609; l'année de sa mort n'est pas connue.

1165. Différents animaux. Suite de huit estampes, savoir : — 1) Les deux Boucs; à gauche, sur le terrain : *J. Fyt fecit*; et dans la marge, l'adresse de *Van Merlen* 1666 (B. 1). — 2) Le Bœuf (B. 2). — 3) Le Cheval (B. 3). — 4) Le Chien couché (B. 4). — 5) La Vache couchée (B. 5). — 6) Le Chariot (B. 6). — 7) La Vache vue presque de face et couchée (B. 7). — 8) Les deux Renards (B. 8). Très-rares et fort belles épreuves du premier état, *non décrit par Bartsch*, avant le nom du maître et l'adresse de *Van Merlen* au premier morceau; le pied droit de devant du bouc, vu de face, s'y trouve à six millimètres du bord inférieur de la planche, tandis que dans l'état ordinaire il n'est plus qu'à deux millimètres et demi. Les autres pièces, qui composent cette suite, sont avant les travaux éclaircis autour des animaux.

1165 *bis*. Les deux Renards (B. 8). Très-belle et fort rare épreuve, *non décrite*, avant les travaux éclaircis autour des animaux, et avant que les deux angles aigus de la planche, à gauche, n'aient été arrondis.

1166. Chiens dans différentes attitudes. Suite de huit estampes, savoir : — 1) Piédestal servant de titre, sur lequel on lit : *All. Ill*^mo^ *sig*^re^ *mio, e Prone. Coll*^mo^ *il sign*^re^ *Don Carlo Gvasco Marchese di Solerio. . . . . Alzatia. In segno del suo ossequio dedicata Gio Fyt con Priuilegg*° 1642 ; au bas de la droite, sur terrain : *Joannes Fyt pinxit et fecit* (B. 9). — 2) Les trois Chiens de chasse (B. 10). — 3) Les deux Lévriers (B. 11). — 4) Les deux Chiens courants, un est couché (B. 12). — 5) Les deux Lévriers retenus par une corde (B. 13). — 6) Deux Chiens, l'un grimpe sur l'autre (B. 14). — 7) Les deux Dogues couchés (B. 15). — 8) Chien près d'un fusil et d'une gibecière (B. 16). Rares et superbes épreuves, *non mentionnées par Bartsch*, avant les travaux éclaircis près des animaux, exception faite des n°s 11 et 12 où il y a un commencement d'éclaircissement.

1167. Petit morceau en largeur attribué à ce maître : il représente vers la gauche une chèvre vue de trois-quarts et debout, dirigée à droite ; derrière elle, dans le fond, on aperçoit une montagne surmontée de constructions, et sur l'arrière plan, cinq autres chèvres. Hauteur : 50 millimètres ; largeur : 68 millimètres. Cette pièce, non décrite, est extrêmement rare. Très-belle épreuve avec de grandes marges.

GAILLARD (René), graveur à l'eau-forte et au burin, français ; artiste sur lequel nous n'avons pas de données.

1168. Blaise Duchesne, abbé de Sainte-Geneviève, d'après J. Chevallier. Très-belle épreuve ; elle a de grandes marges.

GAILLARD (Robert), graveur au burin ; né à Paris en 1722 ; mort dans la même ville en 1785.

1169. François Castanier, d'après Hyacinthe Rigaud. Très-belle épreuve ; elle est à toutes marges.

GALLE (Théodore), dessinateur et graveur au burin ; né à Anvers, dans la seconde moitié du XVIe siècle.

1170. Sainte Marguerite, d'après D. Teniers. Très-belle épreuve.

GALLE (Corneille), *le Jeune*, dessinateur et graveur au burin ; né à Anvers en 1600 ; l'année de sa mort n'est pas connue.

1171. Jean Deckher, d'après Nicolas Van der Horst. Superbe épreuve.

1172. Lamorald Claude-François de La Tour, comte de Tassis, d'après le même. Superbe épreuve.

GANDOLFI (Mauro), dessinateur et graveur au burin ; né à Bologne en 1771, mort en 1834.

1173. Saint Jérôme, d'après Ant. Allegri, dit *le Corrège.* Superbe épreuve sur papier de Chine et à toutes marges : elle est avec la lettre ouverte, et avec la patte du lion blanche, n'étant pas terminée. Il n'a été tiré de cet état que cinq épreuves. Extrêmement rare de cette beauté.

GAULTIER (Léonard), dessinateur et graveur au burin ; né à Mayence en 1552 ; mort à Paris en 1641.

1174. Jeanne d'Albret, reine de Navarre, mère de Henri IV, roi de France et de Navarre. Très-belle épreuve avec marge.

1175. Pierre Œrodius. Très-belle épreuve.

1176. Henri, duc de Montpensier, pair de France. Très-belle épreuve avec marge.

GAUTIER-DAGOTY (Jacques-Fabien), peintre et graveur en manière noire ; né à Marseille, vers 1714 ; mort en 1786.

1177. Portrait de Jean-Philippe Rameau, célèbre musicien français. Très-belle épreuve.

GEFFELS (François), architecte, peintre et graveur à l'eau-forte hollandais; florissait à Mantoue de 1651 à 1671.

1178. Plusieurs dames de condition dans un parc, s'avançant vers l'entrée d'un château; on voit sur le premier plan un page accompagné d'un chien. Morceau rare. Belle épreuve avec marge.

GEILENKIRCHEN (Ma...), graveur à l'eau-forte et au burin; florissait dans les Pays-Bas, au commencement du xviie siècle.

1179. Pierre Feddes, peintre; il est représenté dans un ovale entouré de figures et d'ornements. Très-belle épreuve; elle a de la marge.

GELLÉE (Claude), dit *Claude le Lorrain*, peintre et graveur à l'eau-forte; né à Chamagne, dans la Lorraine, en 1600; mort à Rome en 1682.

1180. La Fuite en Égypte (R.-D. 1). Belle épreuve du premier état, désignée par erreur, dans le catalogue du maître comme étant du deuxième état. Elle a de grandes marges.

1181. L'Apparition (R.-D. 2). Épreuve du dernier état

1182. Le Passage du gué (R.-D. 3). Rare et belle épreuve du premier état.

1183. Le même sujet (R.-D. 3). Épreuve tirée aussi du premier état; mais moins belle que la précédente.

1184. Le Troupeau à l'abreuvoir (R.-D. 4). Épreuve du dernier état.

1185. La Tempête (R.-D. 5). Très-rare et belle épreuve du deuxième état.

1186. Le même sujet (R.-D. 5). Épreuve du cinquième état.

1187. La Danse au bord de l'eau (R.-D. 6). Très-belle épreuve du troisième état. A cette épreuve le n° 2 a été gratté.

1188. Le Naufrage (R.-D. 7). Épreuve du deuxième état.

1189. Le Bouvier (R.-D. 8). Rare et superbe épreuve du deuxième état.

1190. Le même sujet (B.-R. 8). Belle épreuve du troisième état.

1191. Le Dessinateur (R.-D. 9). Belle épreuve du deuxième état.

1192. La Danse sous les arbres (R.-D. 10). Épreuve du quatrième état, d'ancien tirage.

1193. Le Port de mer au fanal (R.-D. 11). Belle épreuve du troisième état; elle est tachée d'huile, sur le monument.

1194. Le même sujet (R.-D. 11). Épreuve du quatrième état, *non décrit,* avec la pagination : *n* 44 *p* 8.

1195. Scène de brigands (R.-D. 12). Épreuve du dernier état.

1196. Le Port de mer à la grosse tour (R.-D. 13). Épreuve du dernier état.

1197. Le Pont de bois (R.-D. 14). Très-belle épreuve du deuxième état. Cabinet Robert-Dumesnil.

1198. Le Soleil couchant (R.-D. 15). Chef-d'œuvre du maître. Très-rare et fort belle épreuve du deuxième état; mais manquant de conservation.

1199. Mercure et Argus (R. D. 17). Vigoureuse épreuve.

1200. Le Chevrier (R.-D. 19). Épreuve du deuxième état.

1201. Le Temps, Apollon et les Saisons (R.-D. 20). Épreuve du dernier état.

1202. Berger et Bergère conversant (R.-D. 21). Épreuve extrêmement rare du premier état; elle manque de conservation.

1203. Le même sujet (R.-D. 21). Rare et très-belle épreuve du troisième état. Cabinet Robert-Dumesnil.

1204. Le même sujet (R.-D. 21). Belle épreuve du cinquième état.

1205. L'Enlèvement d'Europe (R.-D. 22). Rare et très-belle épreuve du premier état.

1206. Le même sujet (R.-D. 22). Belle épreuve du deuxième état.

1207. Le même sujet (R.-D. 22). Belle épreuve du troisième état.

1208. Le Campo-Vaccino (R.-D. 23). Épreuve du dernier état.

1209. La Danse villageoise (R.-D. 24). Épreuve du troisième état.

1210. Le Pâtre et la Bergère (R.-D. 25). Épreuve du dernier état.

1211. Les quatre Chèvres (R.-D. 27). Belle épreuve du deuxième état.

1212. Étude d'une Scène de brigands (R.-D. 39). — Les deux Paysages (R.-D. 40).

GENOELS (Abraham), peintre et graveur à l'eau-forte; né à Anvers en 1640; l'année de sa mort n'est pas connue.

1213. Le Tombeau ruiné (B. 35). Belle épreuve avant la l'adresse de *V. Meulen.*

1214. Le Dessinateur (B. 54). Belle épreuve.

1215. L'Ouragan (Weigel. 97). Pièce rare. Curieuse épreuve retouchée à la plume et lavée d'encre de Chine par le maître; elle est d'un bel effet.

GERMAIN (Louis), dessinateur et graveur à l'eau-forte; né à Paris en 1733; l'année de sa mort n'est pas connue.

1216. *Vüe du déceintrement du pont de Neuilly, fait en présence du Roy. Le* 22 7bre 1772. Grande pièce en largeur, ornée de beaucoup de figures. Très-belle épreuve.

GEYGER ou **GEIGER** (François-Joseph), peintre et graveur à l'eau-forte; florissait à Munich, dans le XVIIe siècle.

1217. Saint Georges représenté assis sur le dragon, qu'il a tué. Morceau très-rare. Fort belle épreuve.

GHEYN (Jacques de), dit *le Vieux*, peintre et graveur au burin; né à Anvers en 1565; mort en 1615.

1218. Moïse debout derrière les Tables de la loi. Pièce

rare et curieuse; au bas dans l'ornement, au-dessous de la tablette, on lit : *J D. Gheyn ex.*, les trois premières lettres liées ensemble. Très-belle épreuve; les tables, les pilastres et les tablettes, destinées à recevoir des inscriptions, sont blanches.

GHEYN (Guillaume de), fils du précédent, dessinateur et graveur au burin; né à Anvers en 1610; l'année de sa mort n'est pas connue.

1219. *Le Goust.* Composition de deux figures, en hauteur; dans la marge du bas, quatre vers français et quatre vers latins. Superbe épreuve; elle porte, au recto, la signature de *C. Augustin Mariette.* Très-rare.

1220. Sujet de trois figures, en hauteur, ayant pour titre dans la marge supérieure : *Lamant passionné.* On lit, dans la marge du bas : *La Damoiselle. Le Gentilhomme. Le Page.*, et au-dessous douze vers français. Superbe épreuve. Très-rare.

1221. Le Galant et la Villageoise; dans la marge du bas, douze vers français : *Cupidon qui se plaist..... aussi bien que la Cour.* Très-belle épreuve.

1222. Le Printemps. Jolie composition de deux figures de femmes, en hauteur; dans la marge du bas, quatre vers français et quatre vers latins. Belle épreuve, mais laissant à désirer pour la conservation.

GHEYN (Jacob de), dit *le Jeune*, dessinateur et graveur à l'eau-forte; florissait au commencement du XVIIe siècle.

1223. Saint Pierre; il est représenté assis, tourné vers la gauche. Superbe épreuve. Rare de cette beauté.

GHISI (Georges), dit *le Mantouan*, dessinateur et graveur au burin; né à Mantoue, vers 1520; mort en 1582.

1224. La Dispute du Saint-Sacrement, d'après Raphaël d'Urbin (B. 23). Grande composition en deux feuilles. Superbe épreuve du premier état, avant la retouche; elle manque de conservation.

1225. Le même sujet (B. 23). Épreuve du même état que la précédente; elle est mieux conservée, mais moins belle.

1226. Saint Paul dans l'école d'Athènes, d'après Raphaël d'Urbin (B. 24). Grande composition en deux feuilles. Belle épreuve du premier état, avant grand nombre de travaux ajoutés depuis à la planche: la tablette que tient un jeune homme devant Pythagore, n'est pas couverte de tailles diagonales; et le pied de l'homme, qui mesure avec un compas, n'a pas de contre-tailles.

1227. Le même sujet (B. 24). Épreuve avec les travaux additionnels.

1228. Cupidon et Psyché assis sur un lit, d'après Jules Romain (B. 45). Très-belle épreuve du premier état, avant la draperie sur le bas du corps de Psyché, et avant l'adresse de *Nas Van Aelst,* à la droite du terrain.

GHISI (Diane), surnommée *Diane Mantouan*, sœur du précédent, graveur au burin.

1229. Les archanges saint Michel, Gabriel et Raphaël adorant l'Enfant-Jésus, entre les bras de sa mère assise sur des nues, d'après Raphaël d'Urbin. (B. 31) Superbe épreuve du premier état, avant les lettres R. V. I., à la droite du bas, sur le terrain.

1230. Le corps mort de Patrocle retiré du combat, d'après Jules Romain (B. 35). Superbe épreuve; elle laisse un peu à désirer pour la conservation.

1231. Charlatan tenant des couleuvres et des serpents, d'après Jules Romain (B. 44). Superbe épreuve du premier état, avant toutes adresses. Très-rare à rencontrer de cette beauté.

GIORDANO (Lucas), peintre et graveur à l'eau-forte; né à Naples en 1632; mort dans la même ville en 1705.

1232. Le sacrifice d'Élie (B. 1). Rare et très-belle épreuve dn premier état, *non décrit*, avant l'adresse de *Francesco palmiero formis*.

GLAUBER (JEAN), peintre et graveur à l'eau-forte; né à Utrecht en 1646; mort à Amsterdam en 1726.

1233. Suite de six estampes; quatre en largeur et deux en hauteur: Vues de la grande Chartreuse, en Dauphiné (B. 1 à 6). Belles épreuves; celles des n°s 1 et 2 laissent un peu à désirer pour la conservation.

1234. Le sixième morceau de la suite des six vues de la grande Chartreuse (B. 6). Superbe épreuve du premier état, *non décrit*, avant le nom du maître. Rare.

1235. Différents paysages. Suite de douze estampes, numérotées au bas de la droite, exception faite des deux dernières qui sont numérotées à gauche, savoir: — 1) Les deux Femmes assises, au premier plan d'une campagne (B. 7). — 2) L'Homme debout s'entretenant avec la femme assise à terre (B. 8). — 3) Le Sacrifice au Dieu Pan (B. 9). — 4) L'Homme assis à terre, tenant un bâton, près d'un autre homme qui dort (B. 10). — 6) La jeune Femme, vue de dos, se reposant, le coude appuyé sur une pierre (B. 12). — 7) Les deux Hommes conversant avec un vieillard (B. 13). — 8) Le Sarcophage (B. 14). — 9) Le Coup de vent (B. 15.) — 11) La Bergère gardant des moutons (B. 17). — 12) L'Orage (B. 18). A cette suite les n°s 11 et 16 manquent. Belles épreuves.

1236. Les deux Femmes assises, au premier plan d'une campagne (B. 7). — L'Homme debout s'entretenant avec la femme assise à terre (B. 8). Épreuves d'eau-forte, d'une rareté extrême; elles manquent de conservation.

1237. Le Sacrifice au Dieu Pan (B. 9). — L'Homme assis à terre, tenant un bâton, près d'un autre homme qui dort (B. 10). Rares contre-épreuves tirées sur des épreuves avant le numéro et avant le nom.

1238. L'Homme assis à terre, tenant un bâton, près d'un autre homme qui dort (B. 10). Rare et très-belle épreuve, *non décrite*, avant le n° 4; elle a de la marge.

Le même (B. 10). Belle épreuve avec le n° 4; elle a de la marge.

1239. La Femme, vue de dos, s'avançant vers deux autres femmes assises sur le bord d'une pièce d'eau (B. 11). Épreuve d'eau-forte pure, d'une rareté extrême; elle laisse à désirer pour la conservation.

Le même sujet (B. 11). Rare et très-belle épreuve, *non décrite :* la planche terminée, mais avant le n° 5; elle a de la marge.

1240. La jeune Femme, vue de dos, se reposant, le coude appuyé sur une pierre (B. 12). Très-belle épreuve d'eau-forte pure, d'une rareté extrême ; mais laissant à désirer pour la conservation.

Le même sujet (B. 12). Rare et très-belle épreuve de la planche terminée, *non décrite*, avant le n° 6; elle a de la marge, et laisse un peu à désirer pour la conservation.

Les deux Hommes conversant avec un vieillard. (B. 13). Très-belle épreuve d'eau-forte pure, d'une rareté extrême; elle laisse à désirer pour la conservation.

1241. Paysage en largeur, où trois femmes sont dans une barque, conduite par un batelier (B. 19). Belle épreuve du premier état, *non décrit*, avant que le ciel n'ait été effacé, derrière l'arbre le plus près des deux femmes qui sont sur le devant; elle a de la marge.

1242. Différents paysages gravés d'après des dessins de Gaspard Dughet. Suite de six estampes numérotées de 1 à 6 au milieu de la marge du bas, savoir: — 1) L'Homme couché sur le ventre, près d'un autre homme assis et vu de dos (B. 20). — 2) Les deux Voyageurs à la gauche d'une campagne (B. 21). — 3) Les deux Hommes se reposant (B. 22). — 4) Les deux Arbres au bord de l'eau (B. 23). — 5) L'Homme, vu à mi-corps, près d'un autre homme assis (B. 24). — 6) Actéon changé en cerf (B. 25). Très-belles épreuves; celles des n°s 2, 5 et 6 laissent un peu à désirer pour la conservation.

1243. L'Homme couché sur le ventre, près d'un autre homme assis et vu de dos (B. 20). Très-rare et fort belle épreuve, *non décrite*, avant le n° 1 et avant la lettre.

Les deux Voyageurs à la gauche d'une campagne (B. 21). Très-rare et fort belle épreuve, *non décrite*, avant le n° 2 et avant la lettre; elle a de la marge.

1244. Les deux Arbres au bord de l'eau (B. 23). Très-rare et fort belle épreuve, *non décrite*, avant le n° 4 et avant la lettre.

Le même paysage (B. 23). Très-belle épreuve de la planche terminée.

1245. Ulysse ne voulant pas céder aux Syrènes, se fait attacher au mât de son navire, d'après G. de Lairesse. Rare et belle épreuve, avant le numéro et l'adresse de Léon Schenck.

GLAUBER (Jean Gottlieb), frère puiné du précédent, peintre et graveur à l'eau-forte.

1246. Le Berger et la Bergère (B. 1). Très-belle épreuve avec de grandes marges.

L'Arbre fracassé par l'ouragan, d'après Gaspard Poussin (B. 2). Très-belle épreuve.

GLUME (Jean Godefroy), peintre et graveur à l'eau-forte; né à Berlin en 1378; mort en 1765.

1247. Buste de vieillard, tourné à gauche, les deux mains appuyées sur son bâton. Morceau plein de sentiment. Belle épreuve.

GODDYN (Pierre), peintre et graveur à l'eau-forte; né à Bruges en 1712; mort au commencement de ce siècle.

1248. Sinon conduit devant Priam par les bergers Troyens. Très-belle épreuve; elle a de grandes marges.

GOLE (Jean), dessinateur et graveur au burin et en manière noire; né à Amsterdam en 1660; mort dans la même ville en 1737.

1249. Le roi Lincus, voulant assassiner Triptolème, est métamorphosé en lynx par Cérès, d'après G. de Lairesse. Très-belle épreuve.

1250. Homme coiffé d'un chapeau pointu, et assis près d'un tonneau ; il attire à lui une jeune femme que l'on voit à gauche. Morceau en hauteur, d'après C. Dusart. Rare et très-belle épreuve avant la lettre ; seulement les noms du peintre et du graveur. Elle a de la marge.

Le même sujet. Épreuve avec le titre : *Meester Jou met syn Anna* ; elle a de la marge.

1251. Femme debout près d'un buveur assis, le coude droit appuyé sur un tonneau, d'après C. Dusart. Très-belle épreuve avec marge.

1252. L'Arracheur de dents. Composition de sept figures, d'après André Both. Très-belle épreuve.

1253. Les Singes au cabaret. Superbe épreuve.

1254. Ange-Constantin, dit *Mezzetin*, acteur à la Comédie italienne, d'après J.-B.-F. de Troy. Rare et très-belle épreuve avant la lettre ; elle a de la marge.

1255. Jean Georges III, prince-électeur de Saxe. Belle épreuve.

1256. Martin Luther. Très-belle épreuve.

GOLTZIUS ou **GOLTZ** (HENRI), peintre et graveur au burin et en bois ; né à Mulbrecht, dans le duché de Juliers, en 1558 ; mort à Harlem en 1617.

1257. La sainte Vierge et saint Joseph montrant aux bergers Jésus qui vient de naître (B. 21). Très-belle épreuve du premier état, avant le fond et l'année 1615. Sur cette épreuve le graveur a indiqué, à la plume, l'Enfant-Jésus qu'il a exécuté postérieurement au simple trait. Extrêmement rare.

1258. Le massacre des Innocents (B. 23). Superbe épreuve tirée avant que l'adresse de *I C* (Jean-Nicolas) *Visscher*, au milieu du bas, n'ait été effacée et remplacée par celle de *L. Renard*.

1259. La Vierge, vue de profil, ayant sur ses genoux

l'Enfant-Jésus, à qui saint Joseph présente une pomme (B. 25). Petite planche ovale en hauteur, d'une grande délicatesse d'exécution. Belle épreuve avec marge.

1260. La Passion de Jésus-Christ. Suite de douze estampes (B. 27 à 38). Superbes épreuves avec marges; elles sont parfaitement égales sous tous les rapports. Très-rares de cette beauté et de cette condition.

1261. La Vierge pleurant sur le corps mort de Jésus-Christ (B. 41). Épreuve de la plus grande beauté d'un état *non décrit* par Bartsch, avant l'année : *A°* 96: elle a de grandes marges. Extrêmement rare.

1262. Le même sujet (B. 41). Superbe épreuve de l'état décrit, avec l'année, elle a de grandes marges. Très-rare de cette beauté.

1263. Le même sujet (B. 41). Copie dans le même sens et de la même grandeur que l'original; elle est sans nom ni marque. Ce morceau, d'une exécution très-soignée, est attribué par quelques-uns à Jean Saenredam. Rare. Très-belle épreuve.

1264. Un porte-enseigne tenant le drapeau de son régiment. (B. 125). Superbe épreuve.

1265. Un capitaine d'infanterie, marchant avec une hallebarde à la main (B. 126). Superbe épreuve.

1266. Étude de jeune homme d'un air riant; il est vu à mi-corps, la tête couverte d'un grand chapeau rond (B. 131). Pièce gravée dans le genre d'un croquis dessiné à la plume. Très-belle épreuve.

1267. Une Femme assise, lisant dans un livre qu'elle tient de la main gauche (B. 132). Morceau en hauteur, gravé à l'eau-forte. Très-belle épreuve avec marge.

1268. Pygmalion devenant amoureux d'une statue de jeune fille (B. 138). Superbe épreuve.

1269. Jean Boll, peintre de Malines (B. 161). Superbe épreuve.

1270. Théodore Cornhert, d'Amsterdam, peintre et graveur, musicien etc. (B. 164). C'est un des plus beaux morceaux de ce maître. Superbe épreuve.

1271. Jean Gols van Kaiserswerdt, peintre sur verre, et père de Henri Goltzius (B. 171). Très-belle épreuve.

1272. Henri Goltzius, de grandeur naturelle et en buste (B. 172). Morceau très-rare. Superbe épreuve.

1273. Robert, comte de Leycester, lieutenant-général des troupes de la reine d'Angleterre aux Pays-Bas (B. 175). Charmant petit portrait, d'une grande délicatesse d'exécution, qu'on croit être gravé sur argent. Fort rare. Très-belle épreuve avec marge.

1274. Une femme en buste (B. 191). très-joli petit portrait dans un ovale, d'une exécution très-soignée. Fort belle épreuve avec marge.

1275. Un homme en buste (B. 207). Ce morceau représente le portrait de Simon Sovius, recteur à Amsterdam. Très-belle épreuve avec marge. Rare.

1276. Un officier de guerre, représenté debout, et s'appuyant sur une hallebarde qu'il tient de la main gauche (B. 215). Superbe épreuve.

1277. Hercule tuant Cacus (B. 231). Très-belle épreuve tirée en noir d'une seule planche.

Le même sujet (B. 231). Très-belle épreuve en clair-obscur.

1278. Un prophète, tenant un écriteau sur lequel est un passage de l'Écriture-Sainte en hébreu, d'après Raphaël Sanzio (B. 269.) Superbe épreuve.

1279. Le Triomphe de Galathée, d'après Raphaël Sanzio (B. 270). Superbe épreuve du premier état, avant l'adresse de J. C. Visscher; elle a de la marge. Cabinet Graaf.

GOUDT (Henri de) comte Palatin, amateur et graveur au burin; né à Utrecht en 1585; mort dans la même ville en 1630.

1280. L'Ange accompagnant le jeune Tobie, qui porte

un poisson sous son bras, d'après Adam Elsheimer. Très-belle épreuve du premier état, avant la retouche. Cabinet Lousbergs.

1281. Le même sujet, gravé en contre-partie par W. Holler. Très-belle épreuve. Cabinet Lousbergs.

1282. Le dessin par le graveur pour exécuter la planche mentionnée au n° 1280; il est naturellement en contre-partie de l'estampe. Ce joli morceau est traité avec un soin infini, sur peau de vélin.

1283. Le jeune Tobie, traînant le poisson, marche de compagnie avec l'Ange, d'après le même peintre. Très-belle épreuve.

1284. La copie, en contre-partie, du même sujet à l'exception des fonds; ce qui rend la composition en hauteur au lieu d'être en largeur; par Lucas Vorsterman. Rare. Très-belle épreuve. Cabinet Lousbergs.

1285. La fuite en Égypte, effet de nuit, d'après le même peintre. Superbe épreuve; elle a plusieurs déchirures, dans la partie supérieure.

1286. Le même sujet. Épreuve moins belle que la précédente.

1287. La décollation de saint Jean; petite planche ovale en hauteur, d'après le même peintre. Belle épreuve du premier état, avant quelques travaux, notamment les tailles diagonales sur la draperie du bourreau, devant la figure de la jeune fille, qui porte le flambeau. Rare.

Le même sujet. Belle épreuve du deuxième état, avec les travaux additionnels; le monogramme du peintre et celui du graveur sont très-apparents. Cabinet Lousbergs.

Le même sujet. Copie en contre-partie.

1288. Philémon et Baucis accordant l'hospitalité à Jupiter et à Mercure, d'après le même peintre. Très-belle épreuve; elle a de la marge.

1289. Cérès cherchant sa fille, d'après le même peintre. Superbe épreuve ; elle a de la marge.

1290. Le même sujet. Copie en contre-partie par W. Hollar. Belle épreuve. Cabinet Lousbergs.

1291. L'Aurore. Joli paysage sans figures, d'après le même peintre, Très-belle épreuve.

1292. Le même sujet. Copie en contre-partie, par Lucas Vorsterman. Très-belle épreuve du premier état, avant la lettre.

Le même sujet. Épreuve du deuxième état, avec les mots *Ælsheimer. L Vex.*

GOYEN (Jean Van), peintre et graveur à l'eau-forte; né à Leyde en 1596 ; mort à la Haye en 1656.

1293. Paysage en largeur ; à gauche un bac est dirigé vers un terrain, où sont deux hommes près d'un bâtiment en partie ruiné. Belle épreuve ; mais manquant de conservation.

GRAAT (Barent), peintre et graveur à l'eau-forte ; né à Amsterdam en 1628 ; mort dans la même ville en 1709.

1294. Un bélier, un bouc et un mouton dans un paysage. Morceau qui a été attribué, à tort, par Bartsch à Antoine Waterlo sous le n° 17 de l'œuvre de ce maitre. Très-rare et fort belle épreuve du premier état, avant la lettre *n* (pour le chiffre 11), en haut du ciel à gauche, et la lettre *f* sous le rébus.

Le même sujet. Belle épreuve du deuxième état, avec les lettres alphabétiques ci-dessus désignées.

GRACHT (Jacques Van der), peintre et graveur à l'eau-forte ; florissait à la Haye en 1634.

1295. Titre pour un ouvrage sur l'anatomie, qu'il a publié lui-même. Très-rare. Belle épreuve ; elle manque de conservation.

GRATELOUP (Jean-Baptiste), dessinateur et graveur à l'eau-forte et au maillet ; né à Dax, en Gascogne, en 1735 ; mort on ne sait en quelle année.

1296. **Fénelon, archevêque de Cambrai, d'après J. Vivien. Rare. Très-belle épreuve avec de grandes marges.**

1297. Jean-Baptiste-Rousseau, d'après J. Aved. Rare. Très-belle épreuve avec de grandes marges.

GREBRER (Pierre de), peintre et graveur à l'eau-forte et au burin; né à Harlem, au commencement du XVIIe siècle.

1298. Jésus-Christ et la Samaritaine (74). B. 67. Très-belle épreuve du deuxième état, avec le nom du maître.

1299. Susanne au bain, surprise par les vieillards. Morceau rare. Très-belle épreuve.

1300. Marie Magdeleine repentante. Morceau en hauteur, d'une belle expression. Très-belle épreuve.

1300 *bis*. Saint Jérôme. Morceau en hauteur, d'un beau caractère. Très-belle épreuve.

GREEN (Valentin), dessinateur et graveur en manière noire et à l'aqua-tinta; né à Londres, vers 1737; mort dans la même ville en 1800.

1301. L'Annonciation, d'après Frédéric Barrocci. Rare et superbe épreuve avant la lettre; seulement les noms d'auteurs et d'éditeur tracés à la pointe. Elle est à toutes marges.

1302. Le Requin, d'après J. S. Copley. Rare et très-belle épreuve avant la lettre; le titre, les noms d'auteurs et d'éditeurs sont tracés à la pointe. Elle a de très-grandes marges.

1303. L'école, d'après Jean Steen. Rare et superbe épreuve avant la lettre; seulement les noms d'auteurs et d'éditeur tracés à la pointe. Elle a de la marge.

1304. Jeune fille assise, vue de face et pinçant de la guitare, d'après T. Kettle. Très-belle épreuve avant la lettre; seulement les noms d'auteurs tracés à la pointe.

1305. Jeune femme jouant de la mandoline. Très-belle épreuve avant la lettre.

1306. Joseph Carreras, d'après Godefroy Kneller. Très-belle épreuve avec marge.

GRIGNON (Joseph), dessinateur et graveur au burin, français ; né dans la première moitié du XVIIe siècle.

1307. François de Vendôme, duc de Beaufort, d'après Mignard (Pierre). Très belle épreuve.

GRIMALDI (Jean-François), dit *le Bolognèse*, peintre et graveur à l'eau-forte ; né à Bologne en 1606 ; mort à Rome en 1680.

1308. Les deux Hommes sur la butte (B. 12) Très-belle épreuve tirée avant les mots *An. Carac.*, au coin du du bas de la droite.

1309. Les trois petits Bateaux (B. 33). Très-belle épreuve.

1310. La Briqueterie (B. 42).Très-belle épreuve tirée avant les mots *An. Carac.*, à gauche de la marge du bas.

1311. L'Oiseau perché sur une souche (B. 40). Très-belle épreuve du premier état, avant les mots *An. Carac.*, à gauche de la marge du bas.

1312. La Femme, son Enfant, et l'Homme debout (B. 41). Très-belle épreuve du premier état, avant les mots *An. Carac.*, à gauche de la marge du bas.

GRONSVELT (Jean), peintre et graveur à l'eau-forte et au burin ; né à la Haye en 1650 ; l'année de sa mort n'est pas connue.

1313. Paysan assis sur un banc et endormi, s'appuyant du bras droit sur un tonneau, d'après Ad. Brouwer. Superbe épreuve. Rare de cette beauté.

1314. Six vues de campagnes de la Hollande, d'après A. V. Boom. Très-belles épreuves ; elles ont des marges.

GROOT (Jean de), peintre et graveur ; né à Flessingue en 1650 ; l'année de sa mort n'est pas connue.

1315. Tête de femme, d'après A. Van Dyck. Morceau en manière noire. Rare. Belle épreuve ; elle a de grandes marges.

GRÜN (JEAN-BAUDOUIN), peintre et graveur au burin et en bois; né à Gmünd en 1470 ou 1476; mort à Strasbourg en 1552.

1316. Saint Sébastien; 1514 (B 37). Belle épreuve.

GUNST (PIERRE VAN), dessinateur et graveur au burin; né à Amsterdam, dans la seconde moitié du XVIIe siècle.

1317. Marie, par la grâce de Dieu, reine d'Angleterre, d'Écosse, de France et d'Espagne, d'après Ph. Tiedeman. Portrait rare. Superbe épreuve.

1318. Portrait d'homme, coiffé d'une perruque; il est vu à mi-corps, dans un ovale, au-dessus duquel il y a une draperie tombant jusqu'au bord inférieur de la gauche. Très-belle épreuve avant toutes lettres; elle a de la marge.

HACKAERT ou **HAKKERT** (JEAN), peintre et graveur à l'eau-forte; né à Amsterdam, vers 1635; l'année de sa mort n'est pas connue.

1319. Différents paysages. Suite de six estampes, savoir: 1) La Porte d'eau de la ville de Gorcum (B. 1). — 2) Le Chemin serpentant (B. 2). — 3) Le Ruisseau étroit (B. 3). — 4) L'Arbre incliné (B. 4). — 5) Les quatre Arbres (B. 5). — 6) Le Rocher baigné par la rivière (B. 6). Belles épreuves du dernier état, avec l'adresse de *Ioannes van Keulen* subsituée à celle de Clément de Jonghe.

HAECHT (GUILLAUME VAN), peintre et graveur à l'eau-forte; florissait en Flandre de 1570 à 1590.

1320. Le Sacrifice d'Abraham, d'après le Titien. Pièce rare. Très-belle épreuve.

HAECKEN (ALEXANDRE VAN), graveur en manière noire; né en Hollande, vers le commencement du XVIIIe siècle; l'année de sa mort n'est pas connue.

1321. Georges II, roi de la Grande-Bretagne; d'après Sandie. Très-belle épreuve.

HAEFTEN ou **HAFTEN** (NICOLAS VAN), peintre et graveur à l'eau-forte, au burin et en manière noire; né à Gorcum, dans le XVIIe siècle; florissait de 1677 à 1709.

1322. Portait de Nicolas van Haeften (B. 1). Très-belle

épreuve; elle est rognée de dix millimètres dans la partie supérieure, et la marge du bas portant l'inscription est coupée.

1323. Les Fumeuses (B. 4). Très-belle épreuve.

1324. La Femme amoureuse (B. 6). Très-belle épreuve.

1325. Le Bénédicité. Un villageois, deux femmes et une petite fille à table, et un jeune homme debout font la prière, au moment de prendre leur repas; à droite, une servante apporte un plat; du côté opposé, une autre servante sort de la chambre; dans la marge: *Bënissez, ô mon Dieu, ces dons de vostre amour. . . . . ; que pour vous nous mourions a nous mesmes, N. Van Haften pinx. et fec.* (Weigel, 17). Ce morceau, le plus considérable de l'œuvre du maître, ne se rencontre que rarement. Superbe épreuve, mais manquant de conservation.

1326. La déclaration d'amour; dans la marge du bas, on lit : *Jean il est doux. . . . . à votre mine.* (Weigel, 18). Rare et très-belle épreuve du premier état, avant toute adresse.

1327. Le même sujet (Weigel, 18). Belle épreuve du troisième état, avec l'adresse de *Martel*; la planche est réduite sur la largeur de 17 millimètres à gauche, et de 6 millimètres à droite.

1328. Trois femmes à table et une vieille debout; à gauche, un tonneau sur lequel sont un pot et un verre; du côté opposé, au pied d'un banc: *N. V. Haeften* 1694. Dans la marge du bas, on lit : *Rien ne peut réveiller nos sens comme l'argent et l'abondance,* et au-dessous: *A Paris chez Langlois sur le petit pont à la coupe d'or* (Weigel, 22) Très-belle épreuve du premier état, *non décrit,* avant l'adresse de Langlois et l'inscription mentionnées ci-dessus; elle a de la marge. Rare de cette condition.

1329. Héraclite (Weigel, 28). Très-belle épreuve.

1330. Homme coiffé d'un chapeau à larges bords, vu

presque de face et à mi-corps; il tient de la main droite une cruche contre sa poitrine, et de l'autre un bâton sur lequel on lit: 1695 *N V Haeften. f.* Ce morceau, *non décrit*, est de la plus grande rareté.

HAID (JEAN-JACQUES), peintre et graveur en manière noire; né à Klein-Aislingen, dans le duché de Wurtemberg, en 1703; mort à Augsbourg en 1767.

1331. La jeune Veuve à sa toilette, d'après C. Coypel. Très-belle épreuve avec de grandes marges.

1332. Jean-Martin Bolzius, d'après Jérémie Theus. Très-belle épreuve avec de grandes marges.

HAID (JEAN-GODEFROY), graveur en manière noire; né à Augsbourg en 1710; mort à Vienne en 1776.

1333. Les jeunes musiciens, d'après God. Schalcken. Très-belle épreuve avant la lettre.

HALEN (ARNOULD VAN), peintre et graveur en manière noire; né en Hollande, vers 1690; mort en 1732.

1334. Lambert Bidloo. Superbe épreuve.

Projet d'un monument à la bienheureuse mémoire de J. Houbacker. Très-belle épreuve.

1335. Portrait de Jean-Pierre Somer. Étrennes de la société des Artistes à Somer en 1717; d'après A. van Blommen. Très-belle épreuve avec de grandes marges.

Le même personnage, avec attributs. Titre du catalogue du cabinet de Jean-Pierre Somer, à Amsterdam. Très-belle épreuve.

HALLER VON HALLERSTEIN (CHRÉTIEN-JACQUES-GUILLAUME-CHARLES-JOACHIM Baron), amateur, peintre et graveur à l'eau-forte; né près de Nuremberg en 1771; mort en 1839.

1336. Homme assis, fumant sa pipe; il a la tête appuyée sur sa main gauche. Belle épreuve; elle a de la marge.

HANNAS (MARC-ANTOINE), graveur en bois; né à Augsbourg, dans la seconde moitié du XVIe siècle.

1337. L'offrande au temple. Morceau en hauteur, *non décrit.* Belle épreuve.

HARMS (JEAN-OSWALD), peintre et graveur à l'eau-forte; né à Hambourg en 16..; mort dans la même ville en 1708.

1338. Vue de ruines, avec figures; à droite, on remarque une fontaine. Morceau en hauteur, gravé avec esprit et légèreté. Belle épreuve.

HAUBLEIN (NICOLAS), peintre et graveur à l'eau-forte, de Nuremberg; florissait dans la seconde moitié du XVIIe siècle.

1339. Jean Beurlein, peintre à Nuremberg; 1493. Rare. Très-belle épreuve.

HECKE (JEAN VAN DEN), peintre et graveur à l'eau-forte; né au bourg de Quaremonde, près d'Audenaerde, vers 1620; mort à Anvers en 1670.

1340. Divers animaux. Suite de douze estampes, savoir: Le Titre (B. 1) *manque*.—Les Moutons (B. 2).—Les Chèvres (B. 3). — Les Chevaux et les Bœufs (B. 4). — Le Chien et la Chienne (B. 5). — Les deux Chiens en repos (B. 6). — Le chien près de la fontaine (B. 7). — Le Chenil (B. 8). — Les trois Vaches (B. 9). — Les Vaches en repos (B. 10). — Le Cheval de charrette, (B. 11). — Les Anes (B. 12). Très-belles épreuves; celle du n° 4 n'est qu'à l'eau-forte pure, très-rare; et celle du n° 2 laisse à désirer pour la conservation.

1341. Les Maraudeurs (B. 13). Superbe épreuve. Cabinets Robert-Dumesnil, Verstolk de Soelen, et Van den Zande.

HENRIQUEZ (BLAISE-LOUIS), dessinateur et graveur à l'eau-forte et au burin; né à Paris en 1732; mort dans la même ville en 1806.

1342. *L'Amour. Dédié Au Beau Sexe*, d'après J. B. Greuze. Très-belle épreuve avec marge.

1343. Pascal Paoli, d'après Mlle Drolling. Très-belle épreuve.

HEERSCHOP (HENRI), peintre et graveur à l'eau-forte; né à Harlem en 1627; il fut élève de Rembrandt; l'année de sa mort n'est pas connue.

1344. Vieillard assis et lisant dans un livre, qu'il tient sur ses genoux; il est tourné vers la droite, d'où vient le jour. Morceau très-rare. Belle épreuve.

HERREGOUDTS (Jean-Baptiste), peintre et graveur à l'eau-forte; né à Bruges, vers 1700; l'année de sa mort n'est pas connue.

1345. Sainte famille; dans la marge, à gauche, le nom du maître. Belle-épreuve.

1346. Les Vertus de saint Jean-Baptiste. Très-belle épreuve avec marge.

1347. La prédication de saint Jean-Baptiste. Très-belle épreuve.

1348. Saint Jérôme visité par des anges. Belle épreuve; elle a de la marge.

1349. Le Concert de sainte Cécile. Riche composition en hauteur. Très-belle épreuve avec marge.

1350. Le même sujet. Très-belle épreuve; elle est lavée à l'encre de Chine en plusieurs endroits, probablement par l'auteur, pour produire un autre effet.

HERRENS ou **HERREYNS** (Daniel), peintre et graveur à l'eau-forte; né à Anvers, dans la première moitié du XVIIe siècle.

1351. Orphée charmant le monde aux sons de sa lyre. Morceau rare. Très-belle épreuve.

1352. La mort d'Eurydice; au bas, vers la gauche, le nom du maître. Morceau rare. Belle épreuve.

1353. Allégorie sur la peinture et la sculpture; au bas de la gauche, le nom du maître. Morceau rare. Très-belle épreuve.

1354. Intérieur du cabinet d'un curieux: au milieu de la composition, on voit un amateur tenant un dessin à la main; il est assis devant une table encombrée d'objets de curiosités. Morceau rare, gravé très légèrement. Épreuve d'une grande finesse.

HERRENS ou **HERREYNS** (Jacques), fils du précédent, peintre et graveur à l'eau-forte; né à Anvers en 1643; mort dans la même ville en 1732.

1355. Junon, Mars et l'Amour; à gauche de la marge inférieure : *I. Herrens I F*, écrits à rebours. Morceau rare. Très-belle épreuve.

1356. La mort de Méléagre. Morceau rare, faisant pendant au précédent. Très-belle épreuve.

1357. La géométrie; à droite, on remarque un canon, et au bas de la gauche, au-dessous du trait carré, le nom du maître. Pièce rare. Très-belle épreuve.

HEUSCH (GUILLAUME DE), peintre et graveur à l'eau-forte; né à Utrecht en 1638; mort dans la même ville, dans un âge fort avancé.

1358. Les deux Bœufs (B. 5). Pièce rare. Très-belle épreuve.

1359. L'Ane et les Chèvres. Morceau rare, *non décrit* par Bartsch, mais par Weigel, sous le n° 12. Très-belle épreuve.

HEYLBROUCK (MICHEL), peintre et graveur à l'eau-forte et au burin; né à Gand, vers 1640; mort en 1733.

1360. La Mort de Didon, d'après Séb. Bourdon. Très-belle épreuve avant la lettre; elle a une déchirure dans le bas, sur les armes.

1361. Pan vaincu par les Amours, d'après A. Coypel. Pièce rare. Très-belle épreuve.

NOTA. La pièce ci-dessus est une copie, en contre-partie et librement traitée, de l'estampe d'Antoine Coypel (R. — D. 10).

HEYLEN (GONZALES VAN), graveur en bois; né à Anvers, dans la seconde moitié du XVII° siècle; mort dans la même ville en 1730.

1362. Le buste de saint Luc dans une niche, entouré des emblêmes des beaux-arts, d'après G. Maes. Morceau rare. Très-belle épreuve.

HILLEMACHER (FRÉDÉRIC-DÉSIRÉ), amateur, dessinateur et graveur à l'eau-forte; né à Bruxelles le 23 juin 1811, et résidant à Paris.

1363. La Vierge avec l'Enfant-Jésus, d'après André Salario. Superbe épreuve avec marge.

HODGES (CHARLES-HOWARD), peintre et graveur en manière noire; né en Angleterre, vers 1750; l'année de sa mort n'est pas connue.

1364. Rutger-Jean Schimmelpenninck, Pensionnaire de la République Batave. Très-belle épreuve.

HOECGEEST (Corneille), graveur à l'eau-forte et au burin; florissait en Hollande, vers 1625.

1365. Intérieur d'église, d'architecture ogivale. Morceau en hauteur, d'après B. van Bassen. Rare. Très-belle épreuve du premier état, avant que la planche n'ait été diminuée à gauche.

HOECKE (Robert Van), peintre et graveur à l'eau-forte; né à Anvers en 1609; mort dans la même ville en 1654.

1366. Le Moulin à vent (B. 1). Très-belles épreuve.

1367. La Tour carrée (B. 2). Très-belle épreuve.

1368. La Tente (B. 3). Très-belle épreuve.

1369. Les deux Chariots. (B. 4). Très-belle épreuve.

1370. Le Tas de foin (B. 5). Très-belle épreuve.

1371. Les deux Chaumières (B. 6). Très-belle épreuve.

1372. Le Camp près du village (B. 7). Très-belle épreuve.

1373. Le petit Camp (B. 8). Très-belle épreuve.

1374. La Tente tendue (B. 9). Belle épreuve avec l'adresse de *F. v. W.* (Wyngaerde), dans la marge du bas à gauche.

1375. Le Puits (B. 10). Belle épreuve avec les initiales du maître et l'adresse de *F. v. W.*, dans la marge du bas; la bordure (le trait carré) est faible.

1376. Le Maréchal ferrant (B. 11). Belle épreuve avec l'adresse de *Fran. v. Wyn.*, à la gauche du bas.

1377. Le Vivandier (B. 12). Belle épreuve avec les initiales du maître et l'adresse de *F. v. W.*, dans la marge du bas.

1378. Le Groupe de quatre Hommes près de l'arbre (B 13). Belle épreuve.

1379. La Marmite (B. 14). Belle épreuve.

1380. Le Chariot escorté (B. 15). Très-belle épreuve.

1381. La Marmite au sommet de la colline (B. 16). Très-belle épreuve avec l'adresse de *Franç. van den Wyngaerde.*

1382. Le petit fort (B. 17). Très-rare et fort belle épreuve du premier état, *non décrit* : à l'eau forte pure, avant le trait carré renforcé et divers travaux au burin; on lit dans la marge du bas, vers la droite : *Robertus Vanden Hoecke, F.* Elle manque de conservation.

1383. Le même sujet (B. 17). Superbe épreuve du deuxième état, avec les travaux ajoutés pour donner plus d'effet à la planche ; la bordure est renforcée au burin.

1384. Le Poste avancé (B. 18). Superbe épreuve avec le trait carré renforcé au burin; mais avant les cinq oiseaux sur le ciel, vers la droite.

1385. Le même sujet (B. 18). Belle épreuve avec les oiseaux.

1386. Le Village au bord de l'eau (B. 19). Superbe épreuve avec l'adresse de *F. v. Wyn.*, dans la marge du bas.

1387. La Tente terminée en pointe (B. 20). Superbe épreuve avec la bordure renforcée; mais avant divers travaux exécutés au burin, notamment au bas du gros arbre, derrière l'homme appuyé sur son bâton. On n'y voit point les quatre oiseaux sur le ciel, à droite. Rare.

1388. Le même sujet (B. 20). Très-belle épreuve avec les oiseaux et les travaux additionnels

1389. La Nativité, d'après Jean van den Hoecke (B. 21). Rare épreuve du premier état, avant divers travaux au burin, notamment les contre-tailles presque horizontales sur le dos de l'âne. Elle manque de conservation.

1390. Le même sujet (B. 21). Très-belle épreuve du deuxième état, avec les travaux au burin.

1391. Ulysse abandonnant Circé (Weigel, 22). Pièce en hauteur; on voit au bas un cartouche, dans lequel on lit en quatre lignes : *Ulysse all' Isola di Circe*, et au-dessous : *Robertus van den Hoecke fec.* Ce morceau, qui a été fait pour mettre en tête d'un ouvrage publié à l'occasion du mariage de Philippe IV, roi d'Espagne, et de Marie-Anne d'Autriche, est extrêmement rare. Nous y avons joint 28 estampes, y compris deux pièces qu'on ne rencontre pas dans l'ouvrage que Brulliot et Weigel n'ont pu parvenir à découvrir. Très-belles épreuves. En tout 29 estampes.

1392. Trois croquis à la mine de plomb par cet habile artiste, qui rappellent ses eaux-fortes. Ils portent, de la main de l'auteur, l'indication du lieu où ils ont été dessinés, ainsi que la date.

HOET (Gérard), peintre et graveur à l'eau-forte et en manière noire; né à Bommel en 1648; mort à La Haye en 1733.

1393. Aminthe renouvelant à Thestyte l'assurance de son amour. Pièce rare et belle. Superbe épreuve.

1394. Paysage dans le goût du Poussin, où l'on voit sur le devant, à droite, un homme et une femme précédés d'un chien. Morceau en manière noire, d'un bel effet. Superbe épreuve ave marge.

1395. Autre paysage faisant pendant au précédent; on remarque au milieu du premier plan, une femme et un enfant accompagnés d'un homme. Superbe épreuve avec marge.

HOLAART (J.....), peintre et graveur en manière noire; né à Dordrecht, vers 1716; l'année de sa mort n'est pas connue.

1396. Le Marchand de poissons, d'après J. D. Moni. Pièce rare. Belle épreuve.

HOLLAR (Wenceslas), dessinateur et graveur à l'eau-forte; né à Prague en 1607; mort à Londres en 1677.

1397. David jouant de la harpe devant Saül, d'après H. Holbein (Vertue, 1re Classe, n° 6). Très-belle épreuve.

Judas et Thamar, d'après le même peintre (V. 1re C. 7). Très-belle épreuve.

1398. Jésus-Christ descendu de la croix, d'après H. Holbein (V., 1re C. 10). Superbe épreuve avec marge.

1399. La reine de Saba allant visiter Salomon, d'après le même peintre (V. 1re C. 11). Superbe épreuve avant l'adresse.

1400. Suite de trente estampes, connues sous le titre de *la Danse de la Mort*, d'après H. Holbein (V. 1re C. 12 à 41). Très belles épreuves avec marges; elles sont tirées sans les bordures gravées sur les dessins de A. Diepenbeeck. Rares de cette beauté et de cette condition.

1401. Les six lettres alphabétiques : A. B. C. D. E. F. illustrées de figures ayant trait à *la danse de la mort*. (V. 1re C. 44). Très-belles épreuves. Ces six lettres sont les seules que Hollar ait gravées.

1402. Saint Erpho, dix-septième évêque de Munster, en habits épiscopaux (V. 1re C. 56). Très-belle épreuve avec marge.

1403. Notre-Dame de Bon-Secours (V. 1re C. 141). Très-belle épreuve tirée sur papier de Chine.

1404. Saint Bruno, d'après G. Baquereel (V. 1re C. 211). Très-belle épreuve avec marge.

1405. Le Satyre et le Paysan, d'après A. Elsheimer (V. 2e C. 4). Très-belle épreuve.

1406. Le Satyre et le Paysan, autre composition que celle d'A. Elsheimer (V. 2e C. 15). Superbe épreuve avec marge.

1407. Publication de la paix entre l'Espagne et la Hollande, devant la maison de ville d'Anvers en 1648 (V. 2e C. 35). Très-belle épreuve du deuxième état, avec le changement d'inscription, et l'adresse *de F. v. Wingaerde*, qui a été effacée dans le dernier état. Elle est à toutes marges.

1408. Fable du Vieillard, son Fils et l'Ane ; suite de cinq pièces (V. 2e C. 203). Très-belles épreuves avec marges.

1409. Vue de Greenwich, près de Londres. Pièce en deux feuilles (V. 3e C. 21). Très-belle épreuve du premier état, avant les quatre lignes d'écriture additionnelles en anglais, sur le cartouche.

1410. Vue de l'Abbaye de Groenendael (V. 3e C. 171). Très-belle épreuve du premier état, avant que l'adresse de *Drevet* n'ait été substituée à ces mots: *Petrus van Avont.*

1411. Vue de l'Abbaye de Rothendael (V. 3e C. 172). Très-belle épreuve du deuxième état, après que l'année 1648 a été enlevée; mais avant l'adresse de *Drevet,* qu'on voit dans le dernier état.

1412. Vue d'Anvers, d'après Sébast. Vranx (V. 3e C. 173) Très-belle épreuve du deuxième état, avec le nom de *Sebastiaen Vranx* substitué à celui de *L. de Vael,* qu'on voyait dans le premier état; mais avant que l'adresse de *Ioannes Meyssens* n'ait été effacée et remplacée par celle de *C. Galle.*

1413. Louving en Irlande, d'après Bonaventure Peeters (V. 3e C. 186). Belle épreuve avec l'adresse de *C. Galle.*

1414. Tyrus près de Sidon, d'après J. Peeters (V. 3e C. 187). Très-belle épreuve du premier état, avant que l'adresse de *I. Meyssens* n'ait été effacée et remplacée par celle de *C. Galle.*

1415. Dordrecht, d'après le même peintre (V. 3e C. 189). Très-belle épreuve du premier état, avant que l'adresse de *I. Meyssens* n'ait été effacée et remplacée par celle de *C. Galle.*

1416. Willebroek près de Boom d'après *Ioh. Bruegiel* (V. 3e C. 254). Très-belle épreuve du premier état, avant que l'année 1651 et l'adresse de *I. Meyssens* n'aient été effacées.

1417. Quatre pièces de la suite de six, représentant l'Entrée de Monseigneur le comte de la Tour de Tassis, en son chateau de Hemixen, près d'Anvers, savoir : les n°s 1 à 4 (V. 3e C. 257 à 262). Superbes épreuves; elles ont de grandes marges. Rares de cette beauté.

1418. Le Château de Monjardin ,d'après Ab. Diepenbeeck ; 1656 (V. 3e C. 263). Superbe épreuve.

1419. Suite de quatre pièces représentant des vues de mer (V. 4e C. 14 à 17). Très-belles épreuves.

1420. Femme assise, vue de profil et tournée à gauche ; elle est occupée à faire de la dentelle (V. 6e C. 4). — Buste de femme, le sein à moitié découvert, d'après l'antique. Belles épreuves.

1421. Bergers gardant des vaches et des cochons (V. 6e C. 9). Très-belle épreuve du premier état, avant l'adresse de *Drevet*, dans la marge du bas à droite.

1422. Paysage, où l'on remarque à gauche un étang; et au milieu du second plan, un troupeau de moutons (V. 6e C. 11). Très-belle épreuve du premier état, avant que l'adresse de P. Van Avont n'ait été effacée et remplacée par celle de C. Galle; elle a de grandes marges.

1423. Paysage, représentant vers la droite un gros arbre, et à gauche une pièce d'eau alimentée par un torrent, d'après Jacques van Artois (V. 6e C. 12). Très-belle épreuve du premier état, avec l'année 1648, entre les mots *fecit* et *Antuerpiæ.*; les angles gauches sont restaurés.

1424. Paysage où l'on voit, sur un terrain élevé bordant un chemin, un berger assis au pied d'un arbre, jouant du chalumeau, d'après P. van Artois (V. 6e C. 14). Très-belle épreuve du premier état, avec l'année 1649, à la suite du mot *fecit*.

1425. Le même paysage (V. 6e C. 14). Belle épreuve du deuxième état, après que l'année a été enlevée; mais avant que l'adresse de *P. van Avont* n'ait été effacée et remplacée par celle de *Drevet*.

Le même paysage (V. 6e C. 14). Belle épreuve du troisième état, avec l'adresse de *Drevet*.

1426. Paysage offrant vers le milieu un large chemin, au-delà duquel se trouve une habitation, d'après Jacques van Artois (V. 6e C. 17). Très-belle épreuve du premier état, avec l'année 1651, à la suite du mot *fecit*.

1427. Paysage, où l'on voit un berger conduisant son troupeau à travers un gué, d'après *P. Brill* (V. 6e C. 37). Très-belle épreuve.

1428. Vue d'un pays couvert de grands rochers, au bas desquels coule une rivière qui occupe toute la largeur de la planche, d'après A. Elsheimer (V. 6e C. 42). Rare et très-belle épreuve du premier état, avant divers travaux, notamment la contre-taille horizontale sur le rocher inférieur, qui touche au trait carré; on n'y voit pas encore les grands roseaux, sur la partie la plus avancée du terrain qu'on remarque à droite. Elle a de grandes marges.

1429. Le même paysage. Très-belle épreuve du deuxième état; la planche est poussée à tout son effet. Elle a de la marge.

1430. Portrait de Wenceslas Hollar, d'après J. Meyssens (V. 8e C. 1). Superbe épreuve avant toutes lettres. Extrêmement rare.

Le même portrait. Très-belle épreuve avec la lettre.

1431. Portrait du père d'Albert Durer, représenté en manteau et les mains croisées, d'après le tableau peint par son fils (V. 8e C. 9). Très-belle épreuve.

1432. Henri Vander Borcht, peintre, d'après J. Meyssen (V. 8e C. 43). Très-belle épreuve du premier état, avec les mots *du Walles* pour : *de Galles*. Rare.

1433. Adam Elsheimer, d'après J. Meyssens (V. 8e C. 46) Très-belle épreuve.

1434. Henriette-Marie, reine d'Angleterre, d'après A. Van Dyck (V. 8e C. 51). Très-rare et fort belle épreuve de la planche non terminée: la boucle-d'oreille du côté gauche du personnage et la plus grande partie du collier sont au simple trait.

1435. Philippe IV, roi d'Espagne (V. 8e C. 104). Belle épreuve; elle a de grandes marges.

1436. Anne-Marie d'Autriche, reine d'Espagne (V. 8e C. 105). Superbe épreuve.

1437. Jean de Reede (V. 8e C. 148). Très-belle épreuve avec marge.

1438. Pierre-Paul Rubens (V. 8e C. 149). Très-belle épreuve.

1439. Antoine Van Dyck, d'après son portrait peint par lui-même (V. 8e C. 150). Très-belle épreuve.

1440. Adrien van Venne, d'après son portrait peint par lui-même (V. 8e C. 153). Très-belle épreuve.

1441. Jacques Van Ess, peintre, d'après J. Meyssens (V. 8e C. 154). Très-belle épreuve.

1442. Jean Van Balen, d'après son portrait peint par lui-même (V. 8e C. 156). Très-belle épreuve.

1443. François Junius, d'après A. Van Dyck (V. 8e C. 157). Très-belle épreuve.

1444. François van Wyngaerde, vu à mi-corps, d'après V. Castellani (V. 8e C. 159). Très-belle épreuve.

1445. Raphaël Sanzio, vu à mi corps, d'après son portrait peint par lui-même (V. 8e C. 160). Très-belle épreuve; elle a de la marge.

1446. La belle Laure de Pétrarque, d'après Palma (V. 8e C. 167). Très-belle épreuve.

1447. Pierre Arétin, d'après Titien (V. 8e C. 169). Très-belle épreuve du premier état, avant l'adresse d'Odieuvre, dans le bas de la marge inférieure. Rare de cette beauté; elle a de la marge.

1448. Daniel Barbaro, d'après le Titien (V. 8e C. 172). Très-belle éprenve; elle a de la marge.

1449. Portait de Jean della Casa, d'après le Titien (V. 8e C. 174). Très-belle épreuve.

1450. Buste de femme, vue de trois-quarts, tournée à gauche, représentée dans un médaillon — Autre buste de femme vue de face, et portant collerette. Ces deux portraits font partie de la suite désignée dans Vertue, 8e Classe, 182 à 201. Belles épreuves.

1451. Augustin Wickmans (V. 8e C. 234). Très-belle épreuve avec marge.

1452. Guillaume Dugdale (V. 8e C. 253). Très-belle épreuve avec marge.

1453. La princesse Élisabeth, seconde fille de Charles Ier, roi d'Angleterre (V. 8e C. 279). Très-belle épreuve ; elle a de grandes marges.

1454. Buste de vieillard, vu de profil, tourné à gauche, d'après H. Holbein (V. 8e C. 317). Très-belle épreuve avec marge.

1455. Jeune femme, vue de face et à mi-corps : elle a de longs cheveux, qui lui couvrent les épaules; d'après Martin Schongauer (V. 8e C. 331). Belle épreuve.

1456. Le Portail de la cathédrale d'Anvers (V. 9e C. 5). Superbe épreuve du premier état, avec une seule ligne d'écriture, et avant la troisième taille sur la maison qui est à droite. Cabinets Debois et Van den Zande.

1457. Papillons, mouches et scarabées. Suite de douze estampes, y compris le titre portant cette inscription : *Muscarum Scarabeorum Vermiumq..... a Venceslao Hollar aqua forti æri insculptæ, Antuerpiæ Anno* 1646, (V. 10e C. 1 à 12). Superbes épreuves du premier état, avant les numéros; elles sont avec marges, et parfaitement égales de tirage. Très-rares de cette beauté et de cette condition.

1458. La même suite (V. 10e C. 1 à 12). Épreuves aussi belles que les précédentes; mais ayant des marges moins grandes.

1459. Copies des douze pièces ci-dessus, gravées deux par deux par Henri Le Roy à l'âge de 72 ans, en 1651.

Cette suite, numérotée de 1 à 6, est fort rare. Belles épreuves; celle du numéro 2 manque de conservation.

1460. Enfants portant le jeune Bacchus (V. 11e C. 20). Superbe épreuve.

1461. Enfants s'amusant avec une chèvre dirigée à droite. — Enfants s'amusant avec une chèvre dirigée à gauche (V. 11e C. 21 et 22). Superbes épreuves avec marges.

1462. Frontispice, avec cinq chiens de grande race, et un fusil placé en travers sur le devant (V. 11e C. 48). Très-belle épreuve avant la dédicace. Rare. Elle laisse à désirer pour la conservation.

1463. La tête d'un chat, vu de face, sur un fond blanc; dans le haut, une inscription en langue bohémienne; et au bas, une autre inscription, mais en allemand (V. 11e C. 120). Pièce rare. Très-belle épreuve.

1464. Vase avec couvercle, surmonté d'une figure de femme tournée à gauche, d'après H. Holbein (V. 12e C. 4). Pièce rare. Superbe épreuve avec marge.

1465. Poignée et fourreau de couteau de chasse, richement ornementés, d'après H. Holbein (V. 13e C. 1). Morceau rare. Superbe épreuve.

1466. Couteau de chasse dans son fourreau, avec de riches ornements, gravé en deux parties sur des planches différentes de forme, d'après H. Holbein (V. 13e C. 2 et 3). Superbes épreuves; elles sont tirées séparément. Très-rares, surtout de cette beauté.

1467. Manchons au nombre de cinq. Morceau en largeur, daté de 1645 et 1646 (V. 13e C. 17). Très-belle épreuve.

1468. Feuille représentant la poignée d'une épée richement ornementée, et ses divers accessoires, d'après un dessin de H. Holbein, pour le prince Édouard (V. 13e C. 26). Rare. Très-belle épreuve.

1469. Frontispice pour le voyage du Levant du sieur Stochove (V. 14e C. 3). Deux belles épreuves: la première, avant le titre et l'adresse de l'éditeur; la seconde, avec le titre et l'adresse.

HOLSTEYN (Pierre), peintre et graveur à l'eau-forte et au burin, hollandais; florissait dans le xviie siècle.

1470. Jean de la Chambre Francoyschi, d'après J. de Bray. Fort belle épreuve; elle a de très-grandes marges.

HONDIUS (Henri), le jeune, dessinateur et graveur à l'eau-forte et au burin; né à Londres en 1580; l'année de sa mort n'est pas connue.

1471. Allusion politique; elle est représentée par des vaches dans un paysage. Morceau rare. Seperbe épreuve.

HOOGE ou **HOOGHE** (Romyn de), peintre et graveur à l'eau-forte et au burin; né à La Haye en 1630 ou 1638; mort en 1718.

1472. Les deux chasseurs. Morceau rare. Très-belle épreuve.

L'Orangerie; au milieu du haut, le titre: *de Orangerie.* Morceau sans nom d'auteur. Très-belle épreuve.

HOOGSTRATEN (Samuel van), peintre et graveur à l'eau-forte; né à Dordrecht en 1627; mort dans la même ville en 1678.

1473. Saint Jean. — Saint Thomas. Très-belles épreuves.

1474. Buste d'homme, vu presque de profil, tourné à droite. Au milieu du fond, au-dessus de la tête du personnage, on voit: *Jan Rothe;* et à gauche, dans l'angle supérieur, les initiales du maître. Très-belle épreuve.

HOPFER (David ou Daniel), dessinateur et graveur à l'eau-forte; né en Allemagne, vers le commencement du xvie siècle.

1475. Jésus-Christ faisant un sermon sur la puissance de sa chair et de son sang (B. 5). Rare épreuve du premier état, avant le n° 106 *.

1476. Jésus-Christ à la Croix (B. 11). Rare et belle épreuve du premier état, avant le n° 220.

1477. Jésus-Christ, paraissant dans sa gloire, pour juger les vivants et les morts (B. 15). Rare et belle épreuve du premier état, avant le n° 1.

* Ce numéro et les suivants se rapportent aux planches de fonds de l'éditeur *David Funck.*

1478. Espèce de reliquaire, au milieu duquel est représenté le corps mort de Jésus-Chist (B. 17). Rare et très-belle épreuve du premier état, avant le n° 109.

1479. Les vices, que Jésus-Christ reproche aux Scribes et aux Pharasiens, appliqués aux mystères de l'Église catholique. Suite de huit sujets en une même feuille (B. 31). Rare et très-belle épreuve du premier état, avant le n° 17.

1480. La sainte Vierge, à mi-corps, soutenant l'Enfant-Jésus (B. 38). Rare et très-belle épreuve du premier état, avant le n° 89.

1481. La sainte Vierge, assise sous un portique, vis-à-vis de sainte Élisabeth qui tend ses bras vers l'Enfant-Jésus (B. 39). Rare épreuve du premier état, avant le n° 107; elle manque de conservation.

1482. Des Anges, formant une danse en rond, en présence de la sainte Vierge qui caresse l'Enfant-Jésus (B. 40). Rare et belle épreuve du premier état, avant le n° 14.

1483. Morceau d'architecture, au milieu duquel est représenté le mariage de sainte Catherine (B. 44). Rare épreuve du premier état, avant le n° 100.

1484. Vénus accompagnée de l'Amour, qui joue du luth (B. 46). Rare épreuve du premier état, avant le n° 102.

1485. Des Faunes et des Satyres rassemblés auprès d'une cuve de vin, faisant la vendange (B. 49). Rare et très-belle épreuve du premier état, avant le n° 22. Il y a un petit raccommodage au bas de l'estampe.

1486. Lucrèce se perçant le sein (B. 50). Rare et belle épreuve du premier état, avant le n° 91 ; elle manque de conservation.

1487. Les Cavaliers orientaux. Suite de cinq estampes, chiffrées de I à V, savoir : Un trompette turc et deux joueurs de hautbois (B. 56). Épreuve du premier état, avant le n° 90. — Trois mamelucks (B. 57), Épreuve du premier état, avant le n° 103). — Soliman, empereur des Turcs (B. 58). Épreuve du premier état, avant le n° 101. — Trois Turcs (B. 59). Épreuve du premier état, avant le n° 121. — Trois Arabes (B. 60). Épreuve du premier état, avant le n°. Très-rares de cette beauté.

1488. Trois soldats allemands armés de hallebardes (B. 61). Rare et très-belle épreuve du premier état, avant le n° 190 ; elle est tachée, au bas de la droite.

1489. Soldat allemand, suivi de sa femme (B. 62). Très-belle épreuve; elle est coupée de 43 millimètres dans la partie supérieure.

1490. Trois vieilles femmes armées de bâtons, dont elles se servent pour maltraiter le démon (B. 71). Rare épreuve du premier état, avant le n° 108.

1491. Médaille représentant le buste de Néron, environné d'ornements (B. 76). Rare et très-belle épreuve du premier état, avant le n° 98.

1492. Médaille offrant la buste de Galba (B. 77). Rare et très-belle épreuve du premier état, avant le n° 113.

1493. Quinze têtes d'hommes, vues de profil, dans des médailles en trois rangs de cinq, l'un au-dessus de l'autre (B. 78). Rare épreuve du premier état, avant le n° 168.

1494. Portrait en buste de l'empereur Charles-Quint, placé dans une bordure d'ornements (B. 80). Rare et belle épreuve du premier état, avant le n° 85.

1495 Adrien VI, souverain pontife, en buste (B. 83). Rare et très-belle épreuve du premier état, avant le n° 87.

1496. Jérôme, neveu du pape Pie III (B. 85). Rare et très-belle épreuve du premier état, avant le n° 75.

1497. Soldat allemand. Copie en contre-partie de l'estampe gravée par D. Hopfer, et citée à la suite du n° 87 de Bartsch. Très-belle épreuve.

1498. Panneau d'ornements en hauteur, où l'on remarque deux paons vers le milieu de la planche (B. 89). Belle épreuve; elle est rognée de 16 millimètres sur la hauteur.

1499. Montant d'ornements, au milieu duquel on voit deux Satyres qui jouent de cors, d'où sortent des flammes (B. 97). Rare et belle épreuve du premier état, avant le n° 7.

1500. Moitié de panneau d'ornements, où l'on remarque une femme qui tient un luth (B. 101). Rare et très-belle épreuve du premier état, avant le n° 167.

1501. Dessin d'arabesque, où l'on voit un Dieu marin vis-à-vis d'une Syrène (B. 103). Rare et très-belle épreuve du premier état, avant le n° 153.

1502. Quatre dessins d'ornements pour des frises, placés l'un au-dessus de l'autre (B. 113). Rare et très-belle épreuve du premier état, avant le n° 123.

1503. Le nom de Jésus exprimé par des lettres figurées par des ornements (B. 116). Rare et très-belle épreuve du premier état, avant le n° 128.

1504. Dessin d'un chapiteau et d'une base de colonne (B. 128). Rare très-belle épreuve du premier état, avant le n° 146 (renversé) et non le n° 46 annoncé par Bartsch.

1505. Trophée d'armes, au bas duquel on voit l'Histoire et la Victoire assises (B. 130). Rare et très-belle épreuve du premier état, avant le n° 104.

1506. Composition de têtes très-hideuses de différents animaux quadrupèdes et oiseaux chimériques (B. 133). Rare et belle épreuve du premier état, avant le n° 148.

HOPFER (JÉRÔME) peintre et graveur à l'eau-forte et au burin, frère du précédent; florissait à Augsbourg de 1520 à 1530.

1507. La Nativité (B. 1). Rare et très-belle épreuve du premier état, avant le n° 72.

1508. La Fuite en Égypte (B. 3). Rare et très-belle épreuve du premier état, avant le n° 74 ou 14?; elle est tachée d'huile, vers le haut et en bas de la droite.

1509. Saint Eustache ou saint Hubert (B. 15). Rare et très-belle épreuve du premier état, avant le n° 31; elle manque de conservation.

1510. Saint Georges à cheval (B. 16). Rare épreuve du premier état, avant le n° 205.

1511. Saint Jérôme écrivant dans sa cellule (B. 18). Rare et belle épreuve du premier état, avant le n° 88.

1512. Saint Jérôme en pénitence (B. 19). Belle épreuve; elle ne porte pas de numéro.

1513. Judith accompagnée de sainte Catherine (B. 20). Rare et très-belle épreuve du premier état, avant le n° 171.

1514. Vénus et l'Amour, dans une niche (B. 24). Rare et très-belle épreuve du premier état, avant le n° 173.

1515. Un homme versant des raisins dans une cuve, audelà de laquelle est le Dieu Bacchus assis sur une espèce de trône (B. 27). Rare épreuve du premier état, avant le n° 117.

1516. Silène assis sur un tonneau, au milieu de plusieurs Amours (B. 28). Rare et belle épreuve du premier état, avant le n° 111.

1517. La Déesse tutélaire de la ville de Rome (B. 37). Très-belle épreuve; elle ne porte pas de numéro.

1518. Homme monté sur une licorne, enlevant de force une jeune femme (B. 42). Rare et très-belle épreuve du premier état, avant le n° 56.

1519. Paysan dansant avec une villageoise (B. 43). Rare et belle épreuve du premier état, avant le n° 13.

1520. Le Pape Alexandre VI (B. 52). Rare et très-belle épreuve du premier état, avant le n° 219.

1521. Portrait du Sultan Soliman, en buste (B. 57). Très-belle épreuve; elle ne porte pas de numéro.

1522. Érasme de Rotterdam (B. 62). Rare et très-belle épreuve du premier état, avant le n° 70.

1523. François de Sickingen (B. 65). Rare et très-belle épreuve du premier état, avant le n° 116.

1524. Panneau d'ornements; on remarque au bas deux figures ailées, tenant chacune un bouclier (B. 73). Rare et très-belle épreuve du premier état, avant le n° 163.

HOPFER (Lambert), frère des précédents, dessinateur et graveur à l'eau-forte; florissait à Augsbourg, dans la première moitié du XVIe siècle.

1525. Treize pièces de la suite de la passion, composée de quinze morceaux; en épreuves du premier état (la majorité très-belles), savoir : Jésus-Christ au jardin des Oliviers (B. 3); avant le n° 175. — Jésus-Christ saisi par les juifs (B. 4); avant le n° 176. — Jésus-Christ devant Caïphe (B. 5); avant le n° 177. — Jésus-Christ amené à Pilate (B. 6); avant le n° 196. — La flagellation (B. 7); avant le n° 197. — Le couronnement d'épines (B. 8); avant le n° 179. — L'Ecce homo (B. 9); avant le n° 178. — Pilate se lavant les mains (B. 10); avant le n° 180. — Le portement de croix (B. 11); avant le n° 181. — Le Christ attaché à la croix (B. 12); avant le n° 182. — La descente de croix (B. 13); avant le n° 183. — La mise au tombeau (B. 14); avant le n° 195. — La descente aux limbes (B. 15); avant le n° 184. Rares.

1526. Trois sujets dans des formes rondes, gravés sur la même planche, savoir : un homme embrassant une femme; le jugement de Pâris; saint Jérôme, dans le désert (B. 23).

HORST (B.....), peintre et graveur à l'eau-forte hollandais; né vers la fin du XVIe siècle.

1527. Fontaine où deux hommes se désaltèrent. Morceau rare. Belle épreuve; les deux angles inférieurs sont restaurés.

HOUBRAKEN (Jacques), dessinateur et graveur à l'eau-forte et au burin; né à Dordrecht en 1698; mort à Amsterdam en 1780.

1528. Portrait d'homme vu de face, d'après P. Cagliari, dit *Paul Véronèse* (galerie de Dresde). Très-belle épreuve; elle est à toutes marges.

1529. François van Aarssen, seigneur de Sommelsdyk. Très-belle épreuve avant la lettre; elle a de la marge. Cabinet Graaf.

1530. Anne d'Angleterre, femme de Guillaume IV. Deux très-belles épreuves : la première, avant divers travaux, notamment la contre-taille sur le corsage du personnage, vers la droite, contre la bordure; la seconde, terminée. Elles sont toutes deux avant la lettre et avec marges. Rares. Cabinet Graaf.

1531. Le duc d'Arlington. Deux très-belles épreuves : la première, avant divers travaux, notamment sur la partie éclairée du vêtement du personnage; la seconde, terminée. Elles sont toutes deux avant la lettre et avec marges. Rares. Cabinet Graaf.

1532. Portrait d'homme, qui nous paraît être celui de Bacon; il est vu presque de face, la tête couverte d'un chapeau de haute forme. Deux très-belles épreuves : la première, avant divers travaux, notamment les contre-tailles sur la moustache du personnage; la seconde, terminée. Elles sont toutes deux avant la lettre et avec marges. Rares. Cabinet Graaf.

1533. Samuel Coster, docteur en médecine. Très-belle épreuve avant la lettre; elle est à toutes marges.

Le même portrait. Très-belle épreuve avec la lettre; elle a de la marge.

1534. Thomas Cromwell, comte d'Essex, d'après Holbein. Superbe épreuve.

1535. La reine Anne de Danemark, épouse de Jacques Ier, roi d'Angleterre, d'après C. Johnson. Superbe épreuve, avant la lettre; seulement le nom du graveur, dans la marge du bas à gauche. A cette épreuve les nom et qualité du personnage, le nom du peintre et l'adresse sont écrits, à la plume, par une main contemporaine; elle est à toutes marges. Cabinet Graaf.

1536. Arnold Drakenbrok, vu à mi-corps et presque de face, d'après J. M. Quinkhard. Belle épreuve.

1537. Georges Ier, roi d'Angleterre, duc de Brunswyck-Lunenbourg, d'après G. Kneller. Fort belle épreuve avec de très-grandes marges. Cabinet Graaf.

1538. Georges II, roi d'Angleterre. Fort belle épreuve avant la lettre; elle a de la marge.

1539. Autre épreuve du même état, avec de plus grandes marges. Cabinet Graaf.

1540. Pierre Corneliszoon Hooft, d'après M. Mirevelt. Très-belle épreuve avant la lettre; elle est à toutes marges.

1541. Le même portrait. Fort belle épreuve avec la lettre; elle est à toutes marges.

1542. Romyn de Hooghe, peintre et graveur à l'eau-forte. Très-belle épreuve.

1543. Jacob van Hoorn, d'après J. M. Quinkhard. Très-belle épreuve.

1544. Jacques Houbraken, d'après J. M. Quinkhard. Rare et superbe épreuve avant la lettre; elle a de très-grandes marges.

Le même portrait. Fort belle épreuve avec la lettre; elle a de très-grandes marges.

1545. Thomas Howard, duc de Norfolk, d'après Ant. More. Superbe épreuve.

1546. Jacques II, roi d'Angleterre. Deux très-belles épreuves : la première, avant divers travaux, notamment la deuxième contre-taille sur la collerette, à gauche; la seconde, terminée. Elles sont toutes deux avant la lettre et avec marges. Rares. Cabinet Graaf.

1547. Louis XV, roi de France. Très-belle épreuve, avant la lettre; elle a de grandes marges. Cabinet Graaf.

1548. Marlborough. Deux très-belles épreuves : la première, avant divers travaux, et avant les changements au nœud de rubans : dans la partie supérieure, il n'y a pas de boucle; la seconde, terminée. Elles sont toutes deux avant la lettre et avec marges. Rares. Cabinet Graaf.

1549. Guillaume, prince d'Orange, d'après Misard. Fort belle épreuve avec de très-grandes marges.

1550. Guillaume-Charles-Henri-Frison, prince d'Orange, d'après H. Pothoven. Très-belle épreuve avant toutes lettres, et avant divers travaux, notamment les contre-tailles sur la partie éclairée de la draperie qui entoure l'ovale. Rare. Elle est à toutes marges.

1551. Le même portrait. Très-belle épreuve de la planche terminée, avec la lettre; elle est à toutes marges.

1552. Jean-Guillaume-Frison, prince d'Orange, d'après H. D. Quiter. Fort belle épreuve; elle a de très-grandes marges.

1553. Caroline, princesse d'Orange, d'après Misard. Fort belle épreuve; elle a de très-grandes marges.

1554. Marie, épouse de Guillaume II, prince d'Orange, d'après G. van Honthorst. Fort belle épreuve avec de très-grandes marges.

1555. Amélie, comtesse de Solms, épouse de Frédéric-Henri, prince d'Orange, d'après G. van Honthorst. Fort belle épreuve avec de très-grandes marges.

1556. Marie Stuart, épouse de Guillaume III, prince d'Orange, d'après Netscher. Fort belle épreuve avec de très-grandes marges.

1557. Paul Pater, mathématicien, d'après G. J. Laquy. Très-belle épreuve avec marge.

1558. Corneille Zweerts, d'après A. Foolio. Très-belle épreuve avec marge.

HOUSTON (Richard), peintre et graveur en manière noire; né en Angleterre en 1728; mort en 1775.

1559. Dr John Hill, d'après E. Cotes. Superbe épreuve avec marge.

HOUTEN (Gérard van), graveur à l'eau-forte et au burin; né en Hollande, dans le XVIIe siècle.

1560. César offrant un sacrifice devant le tombeau d'Alexandre, d'après Nic. Poussin. Pièce rare. Très-belle épreuve.

HUBER (Jean-Daniel), peintre et graveur à l'eau-forte; né à Genève en 1754; l'année de sa mort n'est pas connue.

1561. Cheval près d'une fontaine, au-dessus de laquelle on lit : *Etvdes d'animavx par I. Hvber* 1786. Très-belle épreuve.

1562. Cheval vu de profil, dirigé à droite; de ce même côté, la porte d'entrée d'un enclos. Au bas du terrain, à gauche : *J. H. f.* Très-belle épreuve.

1563. Cheval paissant dans un pré; à sa gauche, dans le fond, on remarque deux vaches, dont une couchée. Très-belle épreuve.

1564. Cheval, vu de profil, tourné à gauche; dans le fond, on voit d'autres animaux. Très-belle épreuve.

1565. Une vache couchée, un cheval debout et deux moutons dans une prairie; sur le ciel, vers la droite : *J. H. f.* Très-belle épreuve.

HUGTENBURCH (Jean van), peintre et graveur à l'eau-forte et en manière noire; né à Harlem en 1646; mort à Amsterdam en 1733.

1566. Les Pilleurs (B. 1). Pièce rare. Très-belle épreuve.

1567. Le Souper des soldats. Ce morceau n'est pas celui décrit par Bartsch n° 2. Il se trouve décrit dans le supplément donné par R. Weigel à l'article de ce maître, sous la marque de B. 2a. Des curieux regardent cette pièce comme une répétition du maître, d'autres la croient exécutée par J. Gole. Rare. Épreuve avec de grandes marges.

1568. Les Janissaires (B. 3). Pièce rare. Superbe épreuve; elle a de grandes marges.

1569. Le même sujet. Copie dans le sens de l'original, par J. Gole. Très-belle épreuve.

1570. Le Combat des deux cavaliers (B. 4). Pièce rare. Très-belle épreuve.

1571. La Mère de deux enfants (B. 5). Superbe et rare morceau. Très-belle épreuve.

1572. La Mort du cavalier turc (B. 6). Pièce rare. Très-belle épreuve; elle a de grandes marges.

1573. Le même sujet. Copie dans le sens de l'original, par J. Gole. Très-belle épreuve avant la lettre.

Le même sujet. Épreuve avec la lettre; on lit, vers la droite, sur le terrain : *Huchtenburgh.*

1574. Repos à la chasse (B. 7). Pièce rare. Très-belle épreuve

1575. Le Général commandant dans la bataille (on croit que c'est Charles, prince de Lorraine). Pièce très-rare, *non décrite par Bartsch;* mais mentionnée par R. Weigel, sous le n° 7 b. Superbe épreuve.

1576. La Marche de Louis XIV sur le Pont-Neuf (B. 48). Grande estampe en trois feuilles. Cette pièce est une des plus remarquables de toutes celles que Hugthenburgh a gravées. Épreuve d'une belle condition.

HULSEN (Frédéric van), dessinateur et graveur au burin; né à Middelbourg, dans la première moitié du XVIe siècle, et non en 1566, date assignée par F. Brulliot.

1577. Apollon et les muses sur le Parnasse, d'après François Floris. Superbe épreuve du premier état, avant que l'adresse de *Jérôme Cock* 1565, qu'on voit sur la tablette, à la droite du bas, n'ait été effacée et remplacée par celle de *Julius Goltzius*. Très-rare.

HULST (PIERRE VAN DER), surnommé *Zonebloem* (Tournesol), peintre de fleurs et graveur à l'eau-forte; né à Dordrecht en 1651 ou 1652; l'année de sa mort n'est pas connue.

1578. Portrait du peintre : il s'est représenté vu presque de face, tourné à gauche, tenant de la main droite une plante à larges feuilles, et de l'autre sa palette, ses pinceaux et son appui-main. Rare. Superbe épreuve.

HUYGENS (G.....), sculpteur et graveur à l'eau-forte; né à Bruxelles, vers 1775; mort vers 1810.

1579. Buste de vieillard à barbe, vu de profil, tourné à droite. Croquis spirituellement exécuté à l'eau-forte; seule production de ce maître. Épreuve extrêmement rare et peut-être unique; elle a de la marge.

IMMENRAET (P... A...), peintre et graveur à l'eau-forte, sur lequel nous n'avons pas de données, était élève ou contemporain de Lucas van Uden. Bartsch a confondu les productions de ces deux artistes.

1580. *Différents paysages*; suite de huit estampes numérotées en chiffres romains de I à VIII. Quatre pièces de cette suite, savoir : 2) Canal bordé de bois et d'habitations champêtres (B. 14). — 3) Pays au milieu duquel, un grand arbre s'élève de la mi-hauteur d'une colline (B. 15). — 4) Pays où l'on voit, à gauche, deux petites collines surmontées d'arbres (B. 16). — 8) Paysanne marchant dans un chemin, entre un groupe de quatre arbres touffus et trois saules peu feuillus (B. 20). Rares et très-belles épreuves du premier état, *non décrit*, avant les chiffres. — Plus, le n° 14 et le n° 20. Épreuves du deuxième état, avec les chiffres. En tout 6 estampes.

1581. *Différents paysages*. Suite de six estampes. Deux pièces de cette suite, savoir : 1) Berger assis gardant des moutons, au bas d'un chemin bordé d'arbres (B. 27). — 5) Villageois conduisant un chariot attelé de trois chevaux (B. 31). Deux épreuves de chacun de ces morceaux; celles du n° 31 sont avec différences dans les travaux. En tout 4 estampes.

1582. Paysage où l'on remarque, à gauche du premier

plan, deux chasseurs (B. 34). Très-belle épreuve du deuxième état, avec les six oiseaux sur le ciel à droite; le coin droit supérieur est restauré.

Berger debout gardant ses moutons, en avant d'un village qu'on voit dans le fond (B. 35). Très-belle épreuve.

JACOB (.....), dit *Jacques de Strasbourg*, graveur en bois, du XVIe siècle.

1583. Sujet allégorique et satyrique, intitulé : *Istoria Romana*, d'après, selon toute apparence, Benoît Montagna. Pièce très-rare, dont il est fait mention dans Brulliot, III partie, pag. 139, n° 965. Belle épreuve.

JEAURAT (Edme), graveur à l'eau-forte et au burin ; né à Paris en 1692; mort dans la même ville en 1738.

1584. Nicolas Vleugels, peintre, d'après Ant. Pesne. Très-belle épreuve du premier état, avec l'adresse du graveur.

JEGHERS (J...), dessinateur et graveur flamand du XVIIe siècle, sur lequel nous n'avons pas de données.

1585. La Virilité, d'après Abraham Bosse. Elle est représentée par un homme à table avec sa famille. Très-belle épreuve.

JODE (Pierre de), dit *le jeune*, graveur au burin ; né à Anvers en 1602; l'année de sa mort n'est pas connue.

1586. Jésus-Christ chez Nicodème; dans la marge le titre: *Prima genitricis..... renascier illa*, en cinq lignes d'écriture, d'après G. Seghers. Morceau piquant d'effet de lumière. Superbe épreuve; le bas de la marge, portant les noms du peintre, ceux du graveur et le privilége, a été coupé. Cabinet Libert de Beaumont.

1587. Les disciples d'Emaüs, d'après Érasme Quellinus. Superbe épreuve; elle a une tache d'huile, dans la partie supérieure, vers la droite.

1588. Portrait de Pierre Marchant, avec dédicace par Jean Watervliet an cardinal Barberin. Superbe épreuve; elle a de la marge.

1589. La Folie tenant un hibou; derrière elle, une femme appuie une main sur son épaule, et de l'autre la montre du doigt; d'après Jacques Jordaens (Hecquet, n° 23). Superbe épreuve.

1590. Paysage en largeur, d'après Fouquières; on remarque vers la gauche, près d'une pièce d'eau, qui se perd sur le devant, un gros arbre, et à droite un autre arbre au pied duquel est une souche. Rare et très-belle épreuve avant la lettre; elle a deux petites taches d'huile, vers le haut de la gauche.

1591. Paysage en largeur, d'après le même. Au milieu, un chemin entre deux tertres surmontés d'arbres; dans le fond, deux figures s'acheminent vers le devant. Rare et très-belle épreuve, avant des changements aux divers travaux.

1592. Le même paysage. Très-belle épreuve avec les travaux additionnels et les changements : on y voit, au milieu du premier plan, un homme et une femme marchant de compagnie, figures qui n'existent pas dans l'état précédent. Elle produit un grand effet.

1593. Pierre Lely, peintre de Charles II, roi d'Angleterre, d'après son portrait dessiné par lui-même. Très-belle épreuve avec marge.

JOHNSON (Thomas), graveur en manière noire; né en Angleterre, dans la première moitié du XVIIIe siècle.

1594. Lady Anne Campbell, comtesse de Strafford, d'après J. Reynolds. Très-belle épreuve avec marge.

JORDAENS (Jacques), peintre et graveur à l'eau-forte; né à Anvers en 1594; mort dans la même ville en 1678.

1595. La descente de croix (Hecquet n° 11). Très-belle épreuve du deuxième état, avec l'adresse d'*A. Bloteling*, qui a été effacée dans le dernier état. Elle a de grandes marges.

Le même sujet (H. n° 11). Épreuve du troisième état; l'adresse de l'éditeur a été enlevée.

1596. Jupiter enfant, nourri du lait de la chèvre Amalthée (H. n° 19). Très-belle épreuve du premier état, avant l'adresse d'*A. Bloteling.*

Le même sujet (H. n° 19). Très-belle épreuve du deuxième état, avec l'adresse d'*A. Bloteling*, qui a été effacée dans le dernier état.

1597. Cacus dérobant les vaches d'Hercule, et les faisant marcher à reculons (H. n° 30). Très-belle épreuve du premier état, avant l'adresse d'*A. Bloteling.*

Le même sujet (H. n° 30). Très-belle épreuve du deuxième état, avec l'adresse d'*A. Bloteling*, qui a été effacée dans le dernier état. Elle a de la marge.

1598. Pan poursuivant Syrinx. Pièce en hauteur, *non décrite*. Très-rare. Belle épreuve.

JOULLAIN (François), graveur à l'eau-forte et au burin; né à Paris en 1700; mort en 1790.

1599. Les Agréments de l'Été, d'après A. Watteau. Très-belle épreuve.

JUUANTS (François), peintre et graveur à l'eau-forte italien; né dans la première moitié du XVIIe siècle.

1600. Saturne (B. 2). Belle épreuve.

KANDEL (David), peintre, dessinateur et graveur en bois; florissait à Strasbourg, vers le milieu du XVIe siècle.

1601. Jérôme Tragi, célèbre botaniste; il est vu à mi-corps et de profil, une fleur à la main. Rare. Belle épreuve; elle est coloriée du temps.

KAROLUS (.....), graveur au burin, Flamand, sur lequel nous n'avons pas de données.

1602. Jésus prêchant sur la montagne, d'après Lambert Lombard. Belle pièce en largeur. Superbe épreuve, mais laissant à désirer pour la conservation.

KAUFFMAN (Marie-Angélique), peintre et graveur à l'eau-forte et à l'aqua-tinta; née à Coire, dans le pays des Grisons, en 1742; morte à Rome en 1807.

1603. Femme assise et méditant, la main droite appuyée

sur un livre ouvert. Jolie pièce en hauteur, d'après Mengs. Très-belle épreuve avant la lettre; seulement le nom du peintre. Elle a de la marge.

KILIAN (Lucas), dessinateur graveur au burin; né à Augsbourg en 1579; mort dans la même ville en 1637.

1604. Ferdinand II de Médicis, cinquième grand-duc de Toscane. Très-belle épreuve.

KILIAN (Barthélemy), dessinateur et graveur au burin; né à Augsbourg en 1630; mort dans la même ville en 1696.

1605. Benoît Winckler, d'après Jean-Ulrich Maÿr. Très-belle épreuve; elle a de la marge.

KOBELL *junior* (Henri), peintre et graveur à l'eau-forte; né à Amsterdam en 1741; l'année de sa mort n'est pas connue.

1606. Vue d'un canal de Hollande, avec barques; à la gauche du devant, on voit une grande église, des fabriques et une longue jetée; sur le ciel, de ce côté: *Hend*[k]. *Kobell junior f.* 1768. Épreuve du premier état, avant le nom du maître; elle est un peu rognée à droite.

KOBELL (Jean), fils du précédent, peintre et graveur à l'eau-forte; né à Utrecht en 1782; mort à Amsterdam en 1814.

1607. Quatre morceaux en largeur, savoir : les deux Vaches; la Vache qui boit; la Vache et les deux Moutons; le Cheval près d'un chariot. Très-belles épreuves.

KOEDYCK (Denis), graveur en manière noire; né à Saardam en 1681; l'année de sa mort n'est pas connue.

1608. Femme vue jusqu'aux genoux, et assise sur une chaise; elle tient de la main droite un hareng. Beau morceau en hauteur, d'après G. Metzu. Rare. Très-belle épreuve avec marge.

1609. Buste d'homme coiffé d'un chapeau à larges bords; il est éclairé par la droite. Dans le bas, une marge blanche destinée à recevoir une inscription. Pièce rare. Très-belle épreuve.

1610. Cheval vu presque de profil, tourné à gauche, où l'on voit une femme couchée au pied d'un arbre. Morceau en largeur, d'après Ph. Wouvermans. Très-belle épreuve.

KONINCK (SALOMON), peintre et graveur à l'eau-forte; né à Amsterdam en 1609; l'année de sa mort n'est pas connue.

1611. Buste de vieillard, vu de profil, tourné à droite (75). B. 68. Très-belle épreuve. Cabinet Astley.

1612. Buste d'un Oriental, coiffé d'un turban fort élevé, tourné à gauche (76). B. 69. Très-belle épreuve; elle porte, au verso, la signature de *P. Mariette* et la date de 1672.

1613. Vieillard assis dans un fauteuil (78). B. 71. Beau morceau gravé, suivant toute apparence, par S. Koninck. Très-belle épreuve.

1614. Buste d'homme (79). B. 72. Ce morceau, gravé avec un goût et une facilité admirables, ne peut être attribué qu'à Salomon Koninck. Très-belle épreuve du premier état, avant le fond et divers autres travaux faits depuis à la planche.

KOOGEN (LÉONARD VAN DER), peintre et graveur à l'eau-forte; né à Harlem en 1610; mort dans la même ville en 1681.

1615. L'Homme de douleurs (B. 1). Très-belle épreuve.

1616. Saint Bavon (B. 3). Très-belle épreuve; elle a de grandes marges.

1617. Guerrier debout, vu de dos; il s'appuie de la main gauche sur son bouclier (B. 4). Très-belle épreuve.

1618. Autre Guerrier, vu de dos, et tenant de la main droite des faisceaux romains (B. 5). Très-belle épreuve avec marge.

1619. La Femme portant la cruche (B. 8). Très-belle épreuve; elle a de la marge.

1620. Les Joueurs aux dames (Weigel, 10). Très-belle épreuve, mais laissant à désirer pour la conservation.

KRUG (Louis), dit *le maître à la Cruche*, peintre, orfèvre et graveur au burin; né à Nuremberg, vers 1489; mort dans la même ville en 1535.

1621. La Nativité (B. 1). Belle épreuve; mais ayant une petite restauration, au bas de la gauche. Cabinet Brisart.

KÜSELL (Mathieu), dessinateur et graveur à l'eau-forte et au burin; né à Augsbourg en 1621; mort dans la même ville en 1682.

1622. Le prince Léopold-Guillaume, archiduc d'Autriche, d'après Jean-Ulrich Mayr. Très-rare et fort belle épreuve avant la lettre; seulement le nom du graveur, à la droite du bas de la marge inférieure. Elle porte, au verso, la signature de *P. Mariette* et la date de 1666.

LAER ou **LAAR** (Pierre de), peintre et graveur à l'eau-forte; né à Laaren, en Hollande, vers 1613; mort à Harlem en 1673 ou 1674.

1623. Pierre de Laer, par Corneille vanden Berg : il est représenté assis devant son chevalet, peignant un tableau. Deux belles épreuves dont l'une ne porte pas le nom du graveur, ayant été tirée à l'aide d'un cache-lettres.

1624. Autre portrait du même personnage, par Gaspard-Philippe Jacobzoon. Deux très-belles épreuves; l'une d'elles, est imprimée en encre couleur de bistre.

1625. *Différents animaux*. Suite de huit estampes, savoir : — 1) Le titre (B. 1). — 2) Les Chevaux (B. 2). — 3) Les Bœufs (B. 3). — 4). Les Cochons et les Anes (B. 4). — 5). Les Chèvres (B. 5). — 6) Les Chiens (B. 6). — 7) Les Buffles (B. 7). — 8) Les Mules (B. 8). Très-belles épreuves.

1626. *Différents chevaux*. Suite de six estampes, savoir : — 1) Le Paysan conduisant un cheval (B. 9). — 2) Le Cheval buvant (B. 10). — 3) Le Cheval qui pisse (B. 11). — 4) Le Cheval et le Chien (B. 12). — 5) Les deux Chevaux au pâturage (B. 13). — 6) Les deux Chevaux morts (B. 14). Très-belles épreuves : celles des nos 9, 11, 13 et 14 sont avec les angles du cuivre aigus; et les deux autres, avant que les chiffres n'aient été renforcés.

NOTA. Les épreuves des nos 10, 12, 13 et 14 sont restaurées.

1627. La Famille (B. 15). Très-belle épreuve.

1628. Les deux Cavaliers (B. 17). Très-belle épreuve du premier état, *non décrit*, avant que les marges du cuivre n'aient été nettoyées et le trait carré renforcé.

Le paysage (B. 17). Très-belle épreuve du premier état, avant la planche nettoyée et le trait carré.

La Femme assise (B. 19). Très-belle épreuve avec marge.

Le Cavalier (B. 20). Très-belle épreuve du premier état, *non décrit*, avant que le chapeau de l'homme et les pieds de devant du cheval n'aient été mieux exprimés.

LAGRENÉE (Jean-Jacques), peintre et graveur à l'eau-forte et à l'aqua-tinta; né à Paris en 1740; mort dans la même ville en 1821.

1629. Le Sacrifice de Gédéon (P. de B. 4). Jolie pièce. Très-belle épreuve du premier état.

1630. Le Sommeil de Jésus, d'après Guido Reni (P. de B. 11). Joli morceau. Très-belle épreuve.

LA HYRE (Laurent de), peintre et graveur à l'eau-forte; né à Paris en 1606; mort dans la même ville en 1674.

1631. La Vierge et l'Enfant-Jésus servis par des anges (R.-D. 5). Très-belle épreuve du premier état, avec l'adresse de F. Langlois, dit *Ciartres*; elle a une tache d'huile, sur la jambe gauche de l'ange renversé.

1632. La Sainte Famille à la palme (R.-D. 6). Jolie copie en contre-partie, par un anonyme dont elle porte la marque. Belle épreuve.

LA LIVE DE JULLY (Ange-Laurent de), amateur, dessinateur et graveur à l'eau-forte; né à Paris en 1725; mort dans la même ville en 1775.

1633. François de Salignac de la Mothe Fénelon, archevêque de Cambrai. Morceau rare. Très-belle épreuve.

LANDRY (Pierre), graveur au burin; né à Paris, vers 1630; l'année de sa mort n'est pas connue.

1634. La Sainte-Face, d'après D. Hallé. Très-belle épreuve.

1635. François Faure, évêque, d'après F. Ringard. Très-belle épreuve avec de grandes marges.

LANGE (J... de), graveur au burin; florissait dans le XVIIe siècle.

1636. Un Buveur assis, tenant de la main gauche une canette et de la droite un verre; derrière lui, dans le fond, à droite, un fumeur. Morceau en hauteur, d'un grand effet, d'après David Teniers. Rare. Superbe épreuve.

LANGLOIS (Pierre-Gabriel), graveur à l'eau-forte et au burin; né à Paris en 1754; mort dans la même ville, dans un âge fort avancé.

1637. *La Ménagère nordhollandaise*, d'après Van Toll. Très-belle épreuve avant la lettre; elle a de grandes marges.

LARMESSIN (Nicolas de), fils, graveur à l'eau-forte et au burin; né à Paris en 1684; mort dans la même ville en 1756.

1638. *La Soirée*, d'après N. Lancret. Très-belle épreuve avec marge.

1639. *L'Hyver*, d'après N. Lancret. Très-belle épreuve; elle a de la marge.

1640. *Le Jeu des quatre coins*, d'après N. Lancret. Très-belle épreuve tirée avant que l'adresse de de Larmessin n'ait été effacée et remplacée par celle de Gaillard; elle a de très-grandes marges.

1641. *Le Jeu du pied-de-bœuf*, d'après N. Lancret. Très-belle épreuve à toutes marges.

1642. *Les Amours du bocage*, d'après N. Lancret. Très-belle épreuve; elle a de grandes marges.

1643. Autre très-belle épreuve du même sujet; elle est à toutes marges.

1644. Les Quatre âges de la vie. Suite de quatre estampes. Jolis morceaux en largeur, d'après N. Lancret. Très-belles épreuves à toutes marges.

1645. *Le Pâté d'anguilles*, d'après N. Lancret. Très-belle épreuve; elle est à toutes marges.

1646. *Le Petit Chien qui secoue de l'argent et des pierreries*, d'après N. Lancret. Très-belle épreuve; elle a de grandes marges.

1647. *Le Faucon*, d'après N. Lancret. Très-belle épreuve; elle a de grandes marges.

1648. *A femme avare galant escroc*, d'après N. Lancret. Très-belle épreuve; elle a de grandes marges.

1649. *Le Magnifique*, d'après F. Boucher. Fort belle épreuve; elle a de très-grandes marges.

1650. *Le Fleuve Scamandre*, d'après F. Boucher. Fort belle épreuve; elle a de très-grandes marges.

1651. Claude Hallé, peintre, d'après Le Gros. Très-belle épreuve; elle a de grandes marges.

1652. Philippe Vleughels, peintre du roi, d'après Champagne. Très-belle épreuve; elle a de grandes marges.

LAROON (Marcel), peintre et graveur à l'eau-forte; né à La Haye en 1653; mort à Londres en 1705.

1653. Vieillard devant une table, écoutant deux hommes qui chantent; vers la droite du bas, on voit la marque du graveur. Rare. Très-belle épreuve.

LASNE (Michel), dessinateur et graveur au burin; né à Caen en 1596; mort à Paris en 1667.

1654. Jeune homme, assis au pied d'un arbre, et jouant de la musette. Très-belle épreuve.

1655. Jeune femme assise et cousant. Très-belle épreuve.

1656. Anne d'Autriche, régente de France, d'après le dessin du graveur, fait en 1650. Très-belle épreuve.

1657. Portrait de Jacques Callot, représenté dans une bordure ovale, entourée d'ornements. Belle épreuve.

LASTMAN (PIERRE), peintre et graveur à l'eau-forte; né à Harlem en 1562; mort en 1649.

1658. Judas et Thamar (81). B. 74. Rare. Très-belle épreuve; mais ayant une petite tache d'huile, vers le milieu du fond.

LASTMAN (NICOLAS), fils du précédent, graveur à l'eau-forte et au burin; florissait à Harlem, au commencement du XVIIe siècle.

1659. Le Martyre de saint Pierre, d'après Guido Reni. Très-beau morceau en hauteur. Rare. Superbe épreuve.

LATER (JEAN DE), peintre et graveur en manière noire; florissait en Hollande, dans la seconde moitié du XVIIe siècle.

1660. Paysan assis au pied d'un arbre, tenant de la main gauche un verre et de la droite sa pipe, d'après Van Penen; dans la marge, le titre : *de Sterke Forsheyt*. Belle et rare épreuve du premier état, avant divers travaux, et avec l'adresse de *Pieter Persoy*. Elle laisse à désirer pour la conservation.

1661. Le même sujet. Belle épreuve du deuxième état, avec les travaux additionnels, et l'adresse de *G. Valck* substituée à celle de *Pieter Persoy*.

LAUGIER (JEAN-NICOLAS), graveur au burin; né à Toulon en 1785.

1662. Portrait de la reine Hortense, d'après Girodet. Très-belle épreuve avec marge.

LAUWERS ou **LAWERS** (NICOLAS), graveur au burin; né à Leuse, dans le Hainaut, vers le commencement du XVIIe siècle.

1663. Le Concert de sainte Cécile; elle est accompagnée de trois anges. Très-beau morceau, piquant d'effet de lumière, d'après G. Seghers. Fort rare et superbe épreuve avant toutes lettres, et avant divers travaux; l'auréole autour de la tête de la sainte est très-apparente. Cabinets Nau et Borluut.

1664. Le même sujet. Très-belle épreuve de la planche terminée; les rayons autour de la tête de la sainte sont couverts de travaux additionnels, qui les perdent dans le fond. Elle est privée de sa marge.

LE BAS (JACQUES-PHILIPPE), dessinateur et graveur à l'eau-forte et au burin; né à Paris en 1707; mort dans la même ville en 1785.

1665. Pierre-Jacques Cazes, peintre, d'après Aved. Belle épreuve avec marge.

1666. Robert Le Lorrain, sculpteur, d'après Drouais. Très-belle épreuve avec marge.

LE CLERC (SÉBASTIEN), dessinateur et graveur à l'eau-forte et au burin; né à Metz en 1637; mort à Paris en 1714.

1667. Profil de la ville de Metz (Jombert, 1). Belle épreuve. Cabinet Le Normant Ducoudray, d'Orléans.

1668. Deux essais de gravure au burin, représentant la figure grotesque d'un homme qui danse, et celle d'une femme debout, d'après Goltzius (J. 3). Pièces très-rares.

1669. Portrait du maréchal La Ferté, dans un grand ovale (J. n° 58-1). Morceau extrêmement rare. Très-belle épreuve.

1670. Le même portrait. Épreuve moins belle que la précédente. Cabinet Le Normant Ducoudray, d'Orléans.

1671. La grande destruction de Lustucru par les femmes fortes et vertueuses (J. 68-2). Très-belle épreuve. Cabinet Lenormand Ducoudray, d'Orléans.

1672. Frontispice pour la tragédie d'Esther, d'après Le Brun (J. 120-3). Rare et très-belle épreuve avant la lettre. Cabinet Graaf.

1673. Arc de triomphe de Louis XIV, à la porte Saint-Antoine (J. 146). Très-belle épreuve.

1674. La grande galerie de Versailles, vue en perspective dans une grande partie de sa longueur (J. 165). Très-belle épreuve du premier état, avant les changements et additions de figures. Cabinet Lenormant Ducoudray, d'Orléans.

Le même sujet (J. 165). Belle épreuve, avec les changements et additions de figures; mais avant que l'inscription : *Conversations* n'ait été effacée et remplacée par celle-ci : *La grande gallerie de Versailles.*

1975. Le Mai des Gobelins (J. 191). Superbe épreuve du premier état, *non décrit,* avant toutes lettres, et avant un très-grand nombre de travaux dans toutes les parties de la planche; la place du ciel, où a été gravée depuis la banderolle, est entièrement blanche. Extrêmement rare, sinon unique. Cabinet Le Normant Ducoudray, d'Orléans.

1676. Le même sujet (J. 191). Superbe épreuve du deuxième état (*premier décrit*), avant la femme, à côté de la portière d'un carrosse, qu'on voit à gauche.

1677. Le même sujet (J. 191). Très-belle épreuve du troisième état, *non décrit,* avec la femme à côté de la portière du carosse; mais avant grand nombre de changements : la banderolle, sur le ciel, est large comme dans l'état précédent; elle porte aussi l'adresse de l'auteur et celle de Gantrel. Rare.

1678. Le même sujet (J. 191). Belle épreuve du quatrième état (*deuxième décrit*), avec les changements; la banderolle est étroite, et l'adresse de Basset a été substituée à celles de l'auteur et de Gantrel.

1679. L'Académie des sciences et des beaux-arts (J. 263). Très-belle épreuve tirée avant la lettre, et avant le squelette du cerf, la grande écaille de tortue, le tatou, les plantes marines, etc.; mais avec la lanterne suspendue à l'entrée du péristyle, qui est à gauche du grand portique qu'on voit à droite. Fort rare.

1680. L'entrée d'Alexandre dans Babylone (J. 285). Superbe épreuve tirée de la planche, avant que la tête d'Alexandre, vue de profil, n'ait été retournée pour la faire voir de face.

1681. Vignette de la préface : *Essai d'analyse des jeux de hazard, par M. de Montmort ;* elle représente une galerie remplie de tables de jeu et de joueurs (J. 296-1). Belle épreuve du premier état, avec la pancarte blanche.

1682. Tobie, sur le bord du Tygre, tirant à lui le poisson miraculeux, par le conseil de l'Ange (J. 298). Très-belle épreuve du premier état, avant que les deux branches sèches du gros arbre, derrière l'Ange, n'aient été garnies d'autres petites branches. Très-rare de cette beauté.

1683. Pièce allégorique, connue sous le nom de : *la Barque de saint Pierre ou de Notre-Seigneur* (J. 300). Superbe épreuve de la planche terminée; mais avant la lettre et les chiffres.

Le même sujet (J. 300). Deux très-belles épreuves, avec la lettre; l'une d'elles porte, au verso, le paraphe de Le Normant Ducoudray, d'Orléans.

LEEUW (Gabriel vander), peintre et graveur à l'eau-forte; né à Dordrecht en 1613; mort dans la même ville en 1688. Cet artiste a marqué les planches qu'il a gravées en Italie, de son nom ainsi traduit : *G. Leone*.

1684. Cinq vues de lieux célèbres d'Italie; plus, un bélier couché, tourné à droite. En tout 6 estampes. Très-belles épreuves.

1685. Marche d'animaux : à droite, une femme, derrière un bœuf dont on ne voit que la moitié du corps, conduit un troupeau de chèvres et de moutons; dans la marge du bas, à gauche : *G. Leone*. Très-belle épreuve avec marge.

LE FEBURE (Claude), peintre et graveur à l'eau-forte; né à Fontainebleau en 1633 ou 1636; mort en 1673.

1686. Portrait d'Alexandre Boudan, imprimeur en taille-douce (R.-D. 2). Superbe épreuve.

1687. Portrait de Charles Patin (R.-D. 3). Superbe épreuve d'un état antérieur au premier décrit; elle est avant divers travaux, notamment à la perruque, et avant que la verrue sur la joue gauche du personnage n'ait été enlevée. Fort rare.

LEJEUNE (NICOLAS), peintre et graveur à l'eau-forte français; né vers le milieu du siècle dernier; l'année de sa mort n'est pas connue.

1688. Un Meurtre (P. de B. 2). Très-belle épreuve.

LE LORRAIN (LOUIS-JOSEPH), peintre et graveur à l'eau-forte; né à Paris en 1715; mort en Russie en 1760 ou 1761.

1689. La descente d'Ulysse aux enfers. Très-belle épreuve du premier état, avant la lettre; le titre est écrit, à la plume, par une main contemporaine; elle a de la marge.

LEMPEREUR (LOUIS-SIMON), graveur à l'eau-forte et au burin; né à Paris, vers 1725; mort en 1796.

1690. Étienne Jeaurat, peintre du roi, d'après Alex. Roslin. Très-belle épreuve à toutes marges.

LENFANT (JEAN), peintre au pastel et graveur au burin; né à Abbeville, vers 1615; mort à Paris en 1674.

1691. François d'Arly, d'après J. Dieu. Très-belle épreuve du premier état, avec la tablette blanche; on a dessiné, à la plume, une console sur laquelle ont lit un quatrain manuscrit commençant par ces mots: *Lenfant eust de tout point...*, et finissant par ceux-ci: *Les traicts de son esprit*. Très-rare.

1692. Nicolas Blasset, architecte et sculpteur. Superbe épreuve.

1693. Guillaume de Lamoignon, premier président du Parlement de Paris. Il est représenté en pied, vu de trois quarts, tourné à gauche; au bas, dans un cartouche, quatre vers français: *Il marche sur les pas..... apprendre leur Histoire*. Très-belle épreuve.

1694. Guide de Sève de Rochechouart, abbé de Saint-Michel, d'après Dieu. Fort belle épreuve; elle a de très-grandes marges.

1695. Ambroise de Spinola, marquis de Ceste et de Venafre, d'après B. D. Ponchel. Superbe épreuve; elle porte, au verso, la signature de *P. Mariette* et la date de 1692.

LÉPICIÉ (BERNARD), graveur à l'eau-forte et au burin; né à Paris en 1699; mort dans la même ville en 1755.

1696. Nicolas Bertin, peintre, d'après De Lien. Fort belle épreuve; elle a de très-grandes marges.

LEU (THOMAS DE), dessinateur et graveur au burin; né à Paris en 1562; mort vers 1620.

1697. Charles IX, roi de France; dans la marge, un quatrain : *Si tant de grands Guerriers*,. ..... *Tous les Septres, du Monde*. Très-belle épreuve.

1698. Henri IV; il est représenté en manteau royal et assis, le sceptre à la main. Vers la gauche du bas, on lit : *Thomas de Leu fecit*. Très-belle épreuve avec marge.

1699. Henri IV, roi de France; dans la marge, un quatrain : *Le Sceptre en main*,... *et le droict me le donne*. Très-belle épreuve.

1700. Henri de Bourbon, prince de Condé. Très-belle épreuve.

1701. Louise de Lorraine, princesse de Conti. Belle épreuve.

1701 *bis*. Louise de Lorraine, douairière de France. Très-belle épreuve.

1702. Jean Luillier, conseiller d'État, maître des Comptes, prévôt des marchands. Superbe épreuve.

LEUPENIUS (J.......), peintre et graveur à l'eau-forte hollandais, élève de Rembrandt; on n'a pas d'autres renseignements sur cet artiste.

1703. Vue du château de Nieweroden (*'t Huys te Nieweroden*). — Vue du château de Weeresteyn (*'t Huys te Weeresteyn*). Très-belles épreuves.

LE VEAU (JEAN-JACQUES), graveur à l'eau-forte et au burin; né à Rouen en 1729; mort à Paris en 1785.

1704. Le Maréchal de campagne, d'après N. Berghem. Rare et superbe épreuve avant toutes lettres.

LEYDE (Lucas de), peintre et graveur au burin, à l'eau-forte et en bois; né à Leyde en 1494; mort dans la même ville en 1533.

1705. Caïn tuant Abel. (B. 13). Très-belle épreuve.

1706. Dalila coupant les cheveux de Samson (B. 25). Belle épreuve.

1707. David jouant de la harpe devant Saül (B. 27). Belle épreuve; elle est tachée d'huile, sur le pied droit de David.

1708. Les deux vieillards aperçevant Susanne dans le bain (B. 33). Belle épreuve.

1709. Saint Joachim et sainte Anne. (B. 34). Belle épreuve.

1710. La Visitation (B. 36). Belle épreuve.

1711. Repos en Égypte (B. 38). Très-belle épreuve, mais mal conservée.

1712. La Résurrection de Lazare (B. 42). Très-belle épreuve.

1713. Des soldats faisant boire Jésus-Christ, avant de le crucifier (B. 73).

1714. Le Calvaire (B. 74). Épreuve du premier état, avec le 5 de l'année 1517 écrit à rebours.

1715. La Vierge, avec l'Enfant-Jésus, accompagnée de sainte Anne (B. 79). Belle épreuve, mais tachée.

1716. Saint Pierre et saint Paul (B. 106). Superbe épreuve.

1717. La Conversion de saint Paul (B. 107). Épreuve avant la retouche.

1718. Saint Jean-Baptiste dans le désert (B. 110). Belle épreuve.

1719. Saint Jérôme (B. 112). Belle épreuve.

1720. Saint Jérôme (B. 113). Belle épreuve; elle manque de conservation.

1721. Saint Jérôme (B. 114). Belle épreuve.

1722. Saint Georges (B. 121). Très-belle épreuve; elle laisse à désirer pour la conservation.

1723. Marie Magdeleine se livrant aux plaisirs du monde (B. 122); l'un des morceaux capitaux du maître. Très-belle épreuve.

1724. Le même sujet. Copie de même sens et de même grandeur que l'original. Belle épreuve.

1725. Un Jeune homme à la tête d'une troupe de gens armés (B. 142). Belle épreuve; elle a une petite tache d'huile.

1726. Les Gueux (B. 143). Très-belle épreuve, mais mal conservée.

1727. L'Homme à la torche (B. 147). Belle épreuve.

1728. Un Homme et une Femme assis dans une campagne (B. 148). Belle épreuve.

1729. Le Chirurgien (B. 156). Très-belle épreuve.

1730. L'Espiègle (*Uylenspiegel*). Copie gravée à l'eau-forte dans le même sens de l'original (B. 159); elle a été publiée par Hondius en 1644. Belle épreuve; le bas de la marge, portant l'adresse de l'éditeur, est coupé.

1731. Tête d'un guerrier (B. 160). Belle épreuve.

1732. Deux rinceaux d'ornements (B. 169). Belle épreuve.

LIAGNO (Théodore-Philippe), peintre et graveur à l'eau-forte; né vers le milieu du XVIe siècle, à Rome selon les uns, et à Madrid selon les autres; mort en 1625.

1733. Soldat debout, vu de face, tenant une lance de la main droite (B. 7). Très-belle épreuve.

LITTRET (Claude-Antoine), dessinateur et graveur au burin; né à Paris en 1735; mort à Rouen en 1775.

1734. Antoine de Malvin de Montazet, archevêque de Lyon, d'après L.-M[el] Vanloo. Rare et très-belle épreuve avant la lettre; seulement les noms du peintre et du graveur.

LIGNE (CHARLES, prince DE), amateur et graveur à l'eau-forte.

1735. La Vierge, l'Enfant-Jésus et un religieux, d'après le Guerchin. Pièce rare. Très-belle épreuve.

1736. Buste de vieille femme, vue presque de profil et tournée à gauche, d'après Léonard de Vinci. Morceau rare. Très-belle épreuve.

LIGNON (FRÉDÉRIC), graveur au burin; né à Paris en 1781; mort dans la même ville en 183..?

1737. Le Prince d'Orange (Guillaume II); il est représenté en pied, d'après J[h] Odevaere. Superbe épreuve avant la lettre; les noms d'auteurs sont tracés légèrement à la pointe. Elle a de grandes marges. Rare de cette beauté et de cette condition.

1738. Le même portrait. Superbe épreuve du même état, tirée sur papier de Chine; elle est à toutes marges.

1739. Nicolas Poussin, d'après son portrait peint par lui-même. Fort belle épreuve; elle a de très-grandes marges.

LIOTARD (JEAN-MICHEL), dessinateur et graveur à l'eau-forte et au burin; né à Genève en 1702; mort dans la même ville, on ne sait en quelle année.

1740. *Le Sommeil dangereux*, d'après A. Watteau. Très-belle épreuve.

1741. *Comédiens françois*, d'après le même. Très-belle épreuve.

LIVENS (JEAN), peintre et graveur à l'eau-forte et au burin; né à Leyde en 1607; mort à Anvers en 1663.

1742. La sainte Vierge avec l'Enfant-Jésus (1). B. 1. Très-rare épreuve, *non décrite*, avant les initiales I. L, au coin du haut de la gauche; on lit au milieu de la marge du bas : JESVS MARIA, et à gauche *Jounnes Liuius fecit et excud.*

1743. Saint Jérôme (5). B. 5. Rare épreuve d'un état intermédiaire entre le premier et le deuxième états décrits : la planche est coupée à la grandeur ordinaire;

mais elle est avant l'adresse de Fran. Van Wyngaerde, et avant divers travaux, ajoutés depuis pour l'effet, notamment sur la partie supérieure des feuilles de l'arbre et sur le bord du chapeau.

1744. Saint François (6). B. 6. Épreuve d'eau-forte pure, *non décrite*, avant grand nombre de travaux ; la partie supérieure des épaules et la tête du personnage se détachent en vigueur sur le fond, qui est blanc dans cette partie de l'estampe. Extrêmement rare. Cabinet Robert-Dumesnil.

1745. Saint Antoine (8). B. 8. Très-belle épreuve du premier état.

1746. Les Joueurs et la Mort (11) B. 11. Fort belle épreuve du premier état, avant que l'adresse de *Martinus Vanden Enden* n'ait été effacée et remplacée par celle de *Franç. V. Wyngaerde*. Extrêmement rare. Elle a quelques petites restaurations, au verso.

1747. Le même sujet (11). B. 11. Belle épreuve du deuxième état, avec l'adresse de *Franç. V. Wyngaerde*.

1748. Buste de Vieillard (22). B. 22. Très-belle épreuve du premier état, *non décrit*, avant l'adresse de F. V. Wyngaerde ; elle manque de conservation.

1749. Jeune femme (25). B. 25.

1750. Buste de vieillard (32). B. 32. Très-belle épreuve.

1751. Mauresse blanche (45). B. 45.

1752. Tête de vieillard vu de profil et dirigé vers la gauche (46). B. 46. Belle épreuve.

1753. Tête d'homme (51). B. 51. Jolie pièce. Belle épreuve.

1754. Ephraïm Bonus, médecin juif (55) B. 56. Très-belle épreuve, avec l'adresse de Clément de Jonghe. Cabinets Graaf et Robert-Dumesnil.

7155. Portrait de Daniel Heinsius (57). B. 58. Superbe épreuve du premier état, avant que l'adresse de *Martinus Van den Enden* n'ait été effacée pour être remplacée par celle-ci : *Jean Meyssens exc. Antverpiæ.*

1756. Le même portrait. Belle épreuve du deuxième état, *non décrit*, avec l'adresse de J. Meyssens.

Morceau attribué à ce maître.

1757. Buste de vieillard, vu de face; il est éclairé par la droite. Pièce gravée sur bois, en clair-obscur, d'un grand caractère. Très-belle épreuve.

LOCHEM, LOCHOM ou **LOCHON** (Michel van), dessinateur et graveur au burin; florissait dans la première moitié du XVIIe siècle.

1758. *La Mode des Habits et Vestementz des femmes de Diverses nations.* Suite de quatorze estampes représentant chacune deux figures vues à mi-corps; au-dessous de chaque personnage, un quatrain. Très-belles épreuves.

LOIR (Alexis), orfèvre et graveur à l'eau-forte et au burin; né à Paris en 1640; mort dans la même ville en 1713.

1759. La Chute des anges rebelles. Grande composition en deux feuilles, d'après Charles Le Brun. Très-belles épreuves avec marges, non assemblées.

LOIS (Jacques), peintre et graveur à l'eau-forte hollandais; florissait vers le milieu du XVIIe siècle.

1760. Histoire de Diane et d'Actéon. Dans la marge, le titre en hollandais; à gauche: *Jacobus Lois fecit*, et à droite : *Ann*° 1643. Pièce rare. Très-belle épreuve. Cabinet Robert-Dumesnil.

1761. Vénus et Adonis. On lit dans la marge, à gauche: *Jacobus Lois pinxit Et fecit* 1644. Pièce rare. Très-belle épreuve. Cabinet Robert-Dumesnil.

LOMBART (Pierre), graveur au burin; né à Paris en 1612; mort dans la même ville en 1682.

1762. Henri, comte d'Arundel.
Philippe, comte de Pembroke.
Elisabeth, comtesse de Devonshire.
Anne, comtesse de Bedford.
Marguerite, comtesse de Carlile.
Lucie Percye, comtesse de Carlile.
Elisabeth, comtesse de Castlehaven.

Anne-Sophie, comtesse de Canaruæn.
Rachel, comtesse de Middlessex,
Pénélope Herbert.

En tout 10 estampes, d'après Ant. Van Dyck. Très-belles épreuves avec marges.

1763. Anne, comtesse de Morton, d'après le même peintre. Très-belle épreuve; mais laissant un peu désirer pour la conservation, à l'angle gauche supérieur et à ceux du bas.

1764. Le Portrait de Lafond, dit *le Gazetier de Hollande*, d'après H. Gascard. Très-belle épreuve.

1765. Paul Petau, d'après J. Questel. Fort belle épreuve; elle a de très-grandes marges.

LONS (Dirk ou Théodore Eversen), graveur à l'eau-forte et au burin, hollandais; florissait dans la première moitié du XVIIe siècle.

1766. La Vierge assise au pied d'un gros arbre, donne le sein à l'Enfant-Jésus, d'après A. Bloemaert. Morceau rare. Très-belle épreuve; les angles du côté droit sont restaurés.

1767. Vue d'un moulin à vent; à gauche du premier plan, deux hommes, un cheval et une charrette. Dans la marge, il y a à gauche le nom du maître, au milieu *Gort Molen*, et à droite le monogramme de l'éditeur et n° 2. Très-belle épreuve.

LOUW (Pierre), peintre, dessinateur et graveur en manière noire; né à Amsterdam, vers 1720; mort dans la même ville, vers 1793.

1768. Rembrandt vu en buste, presque de face, un bonnet sur la tête; il est éclairé par la droite. Ce morceau, d'une exécution admirable, est gravé d'après son portrait, peint par lui-même. Pièce très-rare. Superbe épreuve avant toutes lettres; elle est imprimée en couleurs et produit l'effet d'un tableau.

LOUYS (Jacques), graveur à l'eau-forte et au burin; né à Anvers en 1600; l'année de sa mort n'est pas connue.

1769. Philippe le Bon, duc de Bourgogne. Superbe épreuve.

LUCCHESI (Michel), graveur au burin; né à Rome en 1539; l'année de sa mort n'est pas connue.

1770. Combat naval, d'après Polidore Caldara. Superbe épreuve.

LUIKEN ou **LUYKEN** (Jean), dessinateur et graveur à l'eau-forte; né à Amsterdam en 1649; mort dans la même ville en 1712.

1771. Henri IV, roi de France, promulguant l'édit de Nantes. Très-belle épreuve.

1772. Louis XIV révoquant l'édit de Nantes. Très-belle épreuve.

LUTMA (Jean) le fils, orfèvre, graveur à l'eau-forte et au maillet; né à Amsterdam en 1609; mort en 1689.

1773. Quatre portraits gravés au maillet, savoir : Jean Lutma père, orfèvre; Jean Lutma fils (le graveur); J. Vondel, poète hollandais; P. C. Hooft, historiographe. Belles épreuves.

MAAS (Dirck ou Thierry), peintre et graveur à l'eau-forte et en manière noire; né à Harlem en 1656; l'année de sa mort n'est pas connue.

1774. Soldats dans différentes attitudes; neuf estampes, y compris le titre par Bernard Picart, numérotées de 1 à 9. Belles épreuves avec de grandes marges.

1775. Cheval entre les piliers; il est vu de profil, dirigé à gauche. Très-belle épreuve avec marge.

1776. Cavalier, vu de profil, dirigé à droite. Morceau en hauteur. Très-belle épreuve avec marge.

MACRET (Charles-François-Adrien), graveur au burin; né à Abbeville en 1752; mort à Paris en 1783.

1777. Les Prémices de l'amour-propre, d'après Gonzalès. Très-belle épreuve; elle a de grandes marges.

MAES TUITY (Pierre), *le Vieux*, graveur au burin; florissait dans la seconde moitié du XVI siècle.

1778. Christ en croix; à ses pieds la Magdeleine à genoux, entre la Vierge et saint Jean. Pièce rare. Très-belle épreuve; mais laissant à désirer pour la conservation.

MAES (Pierre), peintre et graveur à l'eau-forte flamand; florissait à Anvers, dans le xviie siècle.

1779. Deux Anges présentant une corbeille de fleurs et de fruits à l'Enfant-Jésus, assis sur les genoux de la Vierge; à droite, près d'un vase, un perroquet vu de dos. Morceau rare. Très-belle épreuve avec marge.

1780. Le même sujet. Belle contre-épreuve avec marge.

1781. Saint Michel terrassant le démon; vers le bas de la droite : *Maes inv. et del.* 1684. Morceau rare. Belle épreuve.

1782. Sainte Magdeleine à genoux et s'évanouissant; elle est soutenue par un ange. Morceau plein de sentiment. Belle épruve. L'extrémité de l'angle gauche est racommodée.

MAES (Godefroy), peintre et graveur à l'eau-forte; né à Anvers en 1649; mort dans la même ville en 1700.

1783. Minerve, Hercule et la Renommée soutenant des armoiries entourées du collier de la Toison-d'Or. Pièce rare. Très-belle épreuve.

MAITRE allemand aux initiales **E S**, dit *le Graveur de l'an* 1466, graveur au burin.

1784. Sujet mystique dans lequel on remarque, dans la partie supérieure, sainte Anne entre saint Joachim et saint Joseph; et au-dessous, la sainte Vierge et plusieurs autres saintes et enfants nimbés. Très-beau morceau en hauteur, *non décrit*. Extrêmement rare. Fort belle épreuve; elle est coloriée du temps.

MAITRE anonyme contemporain du précédent, graveur au burin.

1785. Saint Pierre, vu debout et presque de face, tenant de la main gauche une grande clef, et de l'autre main relevant le pan de son manteau. Pièce très-rare. Épreuve coloriée du temps.

1786. Saint Augustin, vu aussi debout et presque de face, dirigé vers la droite; il porte sur le bras gauche un grand livre fermé. Morceau très-rare. Épreuve coloriée du temps.

MAITRE anonyme allemand du xve siècle, graveur au burin.

1787. Saint Georges perçant de son épée et de sa lance le corps du dragon. Pièce extrêmement rare. (Voyez Brulliot, première partie, n° 3189). Très-belle épreuve.

NOTA. C'est sur cette épreuve même que Brulliot a fait la description de ce morceau, qui est de la dernière rareté.

MAITRE anonyme, dans le style du graveur, dit *le Maître de* 1480.

1788. Les stigmates de Saint François. Ce saint est représenté à genoux, tourné vers la gauche et les yeux fixés sur un crucifix, qu'on voit dans les airs, muni de six ailes. Devant lui, un petit livre fermé; plus loin, le frère Élie endormi; dans le fond, au bord d'un fleuve, un rocher surmonté d'un château. Ce morceau, d'une exécution pleine de sentiment, a été décrit par Passavant, sur l'épreuve même qui fait partie de la présente vente; tome II, pag. 268, n° 36. Etrêmement rare. Très-belle épreuve.

MAITRE aux initiales **S N**, selon Christ et Brulliot, et **S H** selon Heincke; ce que nous ne pouvons décider, la dernière lettre n'ayant que le premier jambage; vu que le complément de cette lettre est fait à la plume.

1789. Chevalier et Dame conversant, sur le premier plan d'une campagne. On remarque, à droite, un gros arbre, et dans le fond un château-fort. Pièce rare. (Voyez Brulliot, IIe partie, n° 2514). Belle épreuve.

MAITRE au monogramme **A. V**, suivi d'un **N**, graveur au burin; florissait dans la seconde moitié du xve siècle.

1790. Sainte Barbe, vue presque de profil, tournée vers la gauche : elle tient de la main droite une palme; devant elle, près du bord gauche, un calice avec la sainte hostie; à droite, on remarque une tour. Ce morceau, en hauteur, est très-rare. Épreuve légèrement coloriée; elle a de la marge.

MAITRE anonyme de la fin du xve siècle, graveur au burin.

1791. La Messe de saint Grégoire : le pape est à genoux devant l'autel qu'on voit à droite; derrière lui, deux diacres qui soutiennent sa chasuble; dans le fond, six figures. Morceau rare. Belle épreuve, coloriée du temps.

MAITRE anonyme du premier temps de la gravure en bois.

1792. La Vierge conduisant l'Enfant-Jésus par la main. Morceau en hauteur, très-rare. Épreuve avec marge.

MAITRE anonyme allemand du XVIe siècle, graveur à l'eau-forte.

1793. Homme et Femme debout : de la main droite, la femme tient une coupe. Petite pièce en hauteur. Rare. Très-belle épreuve.

MAITRE au monogramme **A H** (Bartsch, IX, p. 589).

1794. La Dame à cheval. Copie en contre-partie de l'estampe d'Albert Durer (B. 82). Morceau très-rare et *non décrit*. Fort belle épreuve; mais manquant un peu de conservation.

MAITRE anonyme allemand du commencement du XVIe siècle.

1795. Sainte portant de la main droite un vase, et de l'autre main relevant sa robe; elle est dirigée vers la gauche. Morceau en hauteur, sans nom ni marque. Rare.

MAITRE allemand à l'initiale **S**, graveur au burin; florissait dans la première moitié du XVIe siècle.

1796. L'Arrestation de Jésus-Christ. Il est représenté au milieu de l'estampe, recevant le baiser de Judas; à gauche, on voit Malchus auquel saint Pierre a coupé l'oreille. Composition dans un cadre de forme ronde, ornementé en haut et en bas. Hauteur : 98 millimètres; largeur : 68 millimètres. Belle épreuve.

1797. Jésus conduit devant Hérode. Ce dernier est assis à gauche, tenant son sceptre renversé; Jésus debout, les mains liées, est amené par deux soldats qui le tiennent par les bras. Morceau de même forme que le précédent. Belle épreuve.

1798. Jésus devant Pilate. Ce dernier est assis à droite, se lavant les mains en présence de Jésus, que des soldats ont conduit devant lui. Morceau de même forme que les précédents. Belle épreuve.

1799. Jésus dépouillé de ses vêtements; un soldat lui arrache son manteau, pendant qu'un autre soldat se dispose à le frapper. Morceau de même forme que les précédents. Belle épreuve.

1800. Le Crucifiement : Jésus-Christ attaché sur la croix, a la tête penchée vers la Vierge et saint Jean, qu'on voit sur le devant à droite; à gauche, un soldat, armé d'une pique, lui perce le côté. Morceau de même forme que les précédents. Belle épreuve.

1801. La descente aux limbes : Jésus-Christ tenant une banderolle de la main gauche, saisit de la droite un patriarche pour le tirer hors des limbes. Morceau de même forme que les précédents. Belle épreuve.

1802. L'Ascension : Jésus-Christ monte au ciel en présence de sa mère et de ses disciples réunis. Morceau de la même forme que les précédents. Belle épreuve.

NOTA. — Les sept pièces ci-dessus n'ont pas été décrites.

1803. La sainte Vierge debout, dans une niche ornementée; elle est couronnée par deux anges. Hauteur : 67 millimètres; largeur : 50 millimètres. Morceau rare, *non décrit*. Belle épreuve.

1804. Saint François recevant les stigmates : à droite, ce saint est représenté à genoux, tourné à gauche et les yeux levés vers un crucifix, qu'on voit dans les airs; devant lui, on remarque le frère Élie endormi; au milieu du fond, un rocher surmonté d'un château. Morceau rare, *non décrit*. Belle épreuve avec marge; elle est légèrement coloriée du temps.

1805. Le même saint; il est représenté à gauche, un genou en terre, les bras levés et recevant les stigmates; un peu plus loin, à droite, on voit le frère Élie endormi. Morceau rare et *non décrit*. Belle épreuve avec marge.

1806. L'Enfant prodigue; il est représenté à genoux, et

implorant la miséricorde divine. Petit morceau en hauteur, dans un cadre cintré du haut, et entouré d'arabesques. Rare et *non décrit*. Très-belle épreuve.

1807. Sainte Barbe représentée debout, vue presque de face, tournée vers la gauche; elle tient de la main droite un livre ouvert, et de l'autre la palme du martyre. Petite pièce en hauteur, *non décrite*, sans nom ni marque. Rare. Belle épreuve.

1808. Le bon Pasteur : il est représenté debout, le corps vu de face, et la tête tournée vers la gauche. De chaque côté, on voit une colonne supportant des enfants. Pièce en hauteur, *non décrite*. Épreuve coloriée du temps.

Saint Laurent, vu de trois quarts, dirigé vers la gauche; il appuie sa main droite sur le gril, instrument de son supplice, et de l'autre, tient la palme du martyre. Ce morceau, imprimé sur la même feuille de papier que le précédent, est attribué au maître de l'an 1466. Épreuve coloriée du temps.

1809. Saint Quirin, représenté debout, vu presque de face, et tourné vers la gauche. Épreuve coloriée du temps.

Saint Sébastien, d'après Albert Durer. Ce morceau, sans nom ni marque, exécuté par un autre graveur, a été imprimé sur la même feuille de papier que le précédent. Épreuve coloriée du temps.

MAITRES anonymes allemands du commencement du XVIe siècle, graveurs au burin.

1810. La Vierge debout sur un croissant; elle est vue de face, la tête tournée de trois quarts, et portant sur le bras gauche l'Enfant-Jésus, dont elle tient les pieds de la main droite; dans la partie supérieure, deux anges supportent une couronne au-dessus de sa tête. Morceau en hauteur sans nom ni marque. Rare. Belle épreuve avec marge.

1811. Un saint représenté debout, vu presque de face,

la tête tournée vers la gauche; il tient de la main droite, une charte, et de l'autre main, il s'appuie sur une petite échelle. Morceau rare et *non décrit*. Très-belle épreuve avec marge.

MAITRE anonyme allemand, graveur en bois, sur lequel nous n'avons pas de données.

1812. Le Père éternel et le premier homme. Belle épreuve.

MAITRE anonyme allemand, graveur en clair-obscur, du XVIe siècle.

1813. Adam et Ève; derrière eux, on voit nn lion, un sanglier et un cerf. Belle et rare pièce.

MAITRE au monogramme **A. E. K.**, graveur en bois et en camaïeu, du XVIe siècle.

1813 *bis*. Sidrach, Misach et Obdenago, d'après Franç. Floris; on voit la marque du maître sur une tablette, à la droite du haut. Morceau en largeur, fort rare. Très-belle épreuve.

MAITRE au monogramme **G. S.**, surmonté d'une croix à deux barres transversales; graveur en bois, du XVIe siècle.

1814. Hercule domptant le Taureau qui désole la Crète. — Hercule combattant les guerriers qui défendent les murs de Troie. Belles épreuves.

MAITRE anonyme allemand du XVIe siècle, graveur en bois.

1815. Michel Roting, le vieux; et Jean-Georges Fabricius, de Nuremberg Deux pièces. Belles épreuves.

MAITRE anonyme allemand, graveur en bois, sur lequel nous n'avons pas de données.

1816. Le portrait de Joseph Werner, peintre. Belle épreuve; dans la marge du bas, une critique manuscrite, très-violente, datée du 12 janvier 1617. Morceau rare.

MAITRE au monogramme **C R**, surmonté d'une croix (Barstch, VII, p. 474).

1817. La Trinité. Très-belle épreuve avec marge.

MAITRE allemand aux initiales **I B**, graveur au burin (Bartsch, VIII, p. 299).

1818. Pièce emblématique; 1529 (B. 30). Très-belle pièce. Superbe épreuve. Rare de cette beauté.

1819. Les Enfants vendangeurs; 1529 (B. 35). Jolie pièce. Belle épreuve.

MAITRE au monogramme **C B** (Bartsch, VIII., p. 546).

1820. Vignette offrant à gauche un fauconnier à cheval, ayant une dame en croupe; il est précédé de huit hommes et femmes qui marchent par couple (B. 5). Rare et belle épreuve du premier état, avant le numéro de planches de fonds de l'éditeur David Funck.

MAITRE allemand aux initiales **B R** (Bartsch, IX, p. 5).

1821. Adam et Ève; ils sont tournés à gauche, devant un gros arbre autour duquel on voit le serpent. Au bas de la droite, les initiales du graveur sur une tablette. Petite pièce en hauteur, *non décrite* Très-belle épreuve.

MAITRE allemand aux initiales **I S**, graveur au burin (Bartsch, IX, p. 38).

1822. Le jugement de Paris; 1534. (B. 1). Très-belle épreuve.

MAITRE aux initiales **F B** (François Brun), graveur au burin (Bartsch, IX, p. 443).

1823. Les Noces de village; suite de douze estampes. Huit pièces de cette suite décrites, exception faite de la dernière que Bartsch n'a qu'indiquée, sous les numuros 64, 66, 67, 68, 69, 71, 72, 74. Belles épreuves.

MAITRE au monogramme **T B** (Bartsch, IX, p. 522).

1824. Portrait d'Ubermann (B. 3). Très-belle épreuve avec marge.

MAITRE au monogramme **A Z** (Bartsch, IX, p. 580).

1825. P. Ignace; il est représenté de profil, tourné à gauche, priant devant un crucifix. Au bas de la droite, le monogramme du graveur. Pièce *non décrite*. Belle épreuve.

MAITRES anonymes allemands du XVIe siècle, graveurs au burin (Bartsch, X, p. 121.)

1826. Neptune debout dans une conque, traînée par deux chevaux marins (B. 1 des sujets mythologiques). Ce morceau porte, derrière le cheval, qu'on voit à droite, les lettres *H I*. Très-belle épreuve.

1827. Le même sujet (B. 1 des sujets mythologiques). Très-belle épreuve avec un peu de marge.

1828. Apollon dansant avec les neuf muses qui se tiennent par les mains (B. 2 des sujets mythologiques.) Très-belle épreuve.

1829. Sept enfants tourmentant une chienne et ses petits (B. 8 des sujets d'enfants). Très-belle épreuve.

1830. Danse de dix enfants; l'un d'eux saute à travers un cercle (B. 9 des sujets d'enfants). Belle épreuve.

1831. Trois couples d'enfants dansant au son de divers instruments dont jouent trois autres enfants (B. 10 des sujets d'enfants). Belle épreuve.

MAITRES anonymes allemands du XVIe siècle, graveurs au burin.

1832. Triomphe de Bacchus. Ce dieu est assis dans un char richement décoré, et traîné par deux chevaux dirigés vers la droite; il est précédé de joueurs d'instruments et de femmes portant des trophées; derrière lui des satyres au nombre de six. Très-joli morceau en largeur, *non décrit*. Fort belle épreuve.

1833. Combat de cavaliers et de fantassins; on remarque, à gauche, un homme portant au-dessus de la tête une grosse pierre et prêt à la lancer. Morceau en largeur, *non décrit*. Très-belle épreuve.

1834. Combat d'hommes à pied, les uns armés de lances, les autres de glaives et d'épées; vers le milieu du fond, un autre homme dirigé à droite sonne de la trompe. *Pièce non décrite*. Belle épreuve; elle est rognée sur le bord du cuivre, à gauche.

1835. Femme, vue de face, ayant le genou sur un fût de colonne, et tenant de la main droite une coupe et de la gauche une draperie. Très-petit morceau, *non décrit.* Rare. Très-belle épreuve.

MAITRES anonymes du XVIe siècle, graveurs à l'eau forte.

1836. Un Homme et une Femme sur un socle. Très-petite pièce en hauteur, *non décrite.* Rare. Très-belle épreuve.

1837. Michel Roting, vu en buste. Joli portrait gravé sur une planche ronde. Belle épreuve du premier état, avant la lettre; elle a de grandes marges.

Le même portrait. Épreuve du deuxième état, avec la lettre; elle a de la marge.

MAITRE au monogramme **A. V.**, graveur à l'eau-forte et au burin; florissait dans la seconde moitié du XVIe siècle.

1838. Jésus-Christ présenté au peuple, d'après Albert Durer. Très-belle épreuve du premier état, avant que le monogramme du maître, à la gauche du bas, n'ait été effacé et remplacé par celui d'Albert Durer. Rare.

1839. Le même sujet. Épreuve du deuxième état, avec le monogramme d'Albert Durer.

MAITRE anonyme marqué **M F**, graveur à l'eau-forte et au burin.

1840. Marsyas écorché par Apollon; il est représenté attaché à un arbre, qu'on voit à droite. Morceau très-rare. Superbe épreuve.

MAITRE anonyme du XVIe siècle, graveur au burin.

1841. Orphée rassemblant les animaux, aux sons de sa lyre. Sur le fond, au haut de la gauche, 1558. Très-belle épreuve.

MAITRE au monogramme **B D**, précédé d'un astérisque, graveur au burin.

1842. Un Griffon héraldique; à la gauche du bas, un écusson armorié, surmonté d'une couronne. Sous les armoiries, le monogramme du maître, suivi du mot *fecit*. Rare. Très-belle épreuve.

MAITRE anonyme allemand de la fin du XVIe siècle, dessinateur et graveur au burin.

1843. Modèle d'ostensoir d'une grande richesse d'ornementation; de chaque côté du pied, se trouve l'indication de la dimension que doit avoir cette pièce d'orfèvrerie. Morceau fort rare. Très-belle épreuve.

MAITRE anonyme allemand, dessinateur et graveur à l'eau-forte, qui nous paraît être Mathieu Merian.

1844. Vue de Paris, prise à vol d'oiseau. Dans la partie supérieure, on voit à gauche les armes de France, à droite celles de Paris, et au milieu cette inscription : PARIS *Wie solche A° 1620. em Wessen gestanden.* Pièce rare. Fort belle épreuve; mais laissant à désirer pour la conservation.

1845. Ancienne vue de la ville de Lyon; au milieu du ciel : LYON. Très-belle épreuve.

MAITRE anonyme allemand du XVIIe siècle, graveur au burin.

1846. Pièce allégorique représentant la Tyrannie combattant contre la Sagesse, la Justice et la Religion sous des figures de femmes. Curieux morceau en largeur, gravé en 1647, d'après le dessin d'Albert Durer, daté de 1522. Au bas de la composition, on voit un texte explicatif en langue allemande, divisé en quatre colonnes. Très-rare. Superbe épreuve.

MAITRE anonyme allemand du XVIIe siècle, graveur à l'eau-forte.

1847. L'enlèvement de Déjanire. Morceau en largeur, dans le genre de Jean-Guillaume Baur. Très-belle épreuve.

MAITRE au monogramme C C K, graveur en manière noire allemand; florissait dans le XVIIe siècle.

1848. Portrait de Georges-Clément Kretschmans. Belle épreuve.

MAITRE anonyme allemand, peintre et graveur à l'eau-forte; né dans le XVIIe siècle.

1849. *Geor. Thomas Gutthater*; il est représenté à l'âge de 17 ans, en l'année 1671. Très-belle épreuve; elle est à toutes marges.

MAITRE anonyme anglais du XVIIIe siècle, graveur à l'eau-forte.

1850. Paysage, où l'on voit un homme assis au bord d'une rivière, à l'ombre d'un gros arbre. Belle épreuve.

MAITRE anonyme de l'École de Bruges, graveur au burin; florissait vers la même époque du maître de l'an 1466.

1851. Sainte Agathe. Elle est représentée debout sous un portique, tournée vers la gauche, tenant de la main droite des tenailles, instrument de son supplice, et de la gauche la palme du martyre. Cette pièce, d'une exécution belle et large avec des hachures très-fines, a été décrite sur cette épreuve même par Passavant, tome II, pag. 268, n° 55. Extrêmement rare, sinon unique. Elle est légèrement coloriée du temps.

MAITRE anonyme flamand de la fin du XVe siècle, graveur au burin.

1852. Sujet mystique représentant Jésus en croix; à droite, sainte Magdeleine; à gauche, une autre sainte et une religieuse. Pièce très-rare, cintrée du haut. Très-belle épreuve.

MAITRE anonyme des Pays-Bas du XVIe siècle, peintre et graveur à l'eau-forte.

1853. Le Christ en croix; on voit à gauche la Vierge, à droite saint Jean, et la Magdeleine au pied de la croix; au bas : 1548. Morceau fort rare. Très-belle épreuve; elle a une petite restauration, à l'angle gauche supérieur.

MAITRE anonyme flamand du commencement du XVIe siècle, graveur en bois.

1854. Le Baptême de Jésus-Christ. Saint Jean, un genou en terre, au bord du Jourdain, baptise le Sauveur, qui est dans l'eau jusqu'au-dessus des genoux, ayant les mains croisées sur la poitrine. On voit plusieurs spectateurs, au-delà du fleuve. Morceau en hauteur, *non décrit.*

MAITRE anonyme des Pays-Bas du XVIe siècle, graveur au burin.

1855. Riche composition allégorique représentant le triomphe de la Paix, d'après Franç. Floris. Rare. Très-belle épreuve.

MAITRE anonyme du XVIe siècle, graveur au burin.

1856. Combat des bons et des mauvais anges, représenté dans un tryptique; on voit sur le volet de gauche, les joies du paradis, et sur celui de droite, les tourments de l'enfer; d'après Jérôme Bos. Morceau curieux et rare. Très-belle épreuve.

MAITRE au monogramme **A M E**, surmonté d'un **P**; graveur au burin, flamand; florissait vers le milieu du XVIe siècle.

1857. Jésus chez Marthe et Marie. Belle composition en largeur, qui nous paraît être d'après Lambert Lombard. Superbe épreuve avec marge. Cabinet De Renesse-Breidbach.

1858. *La grasse Cuisine*, et *la maigre Cuisine*. Deux pièces très-curieuses en largeur, d'après P. Breughel. Superbes épreuves.

1859. La Guerre aux coffres-forts et aux tonnes d'or. Composition drôlatique, d'après P. Breughel. Très-belle épreuve.

1860. *La Gverre avx escvs*. Composition en largeur, d'un grand nombre de figures bizarrement accoutrées. Très-belle épreuve.

1861. Intérieur de l'atelier d'un cordonnier; on remarque sur le devant, à gauche une fileuse, et à droite un joueur de cornemuse. Superbe épreuve avec marge. Cabinet De Renesse-Breidbach.

MAITRES anonymes du XVIe siècle, dessinateurs et graveurs au burin.

1862. Querelle entre des hommes couverts d'ustensiles

de cuisine et de ménage. Au milieu du bas, sur une tablette : 1. *bureau.*; vers la gauche, au tiers de la hauteur : *A. WB. Exc.* Ancienne caricature fort curieuse et rare. Très-belle épreuve.

1863. Figure grotesque représentant un homme assis dans un fauteuil devant une table, sur laquelle est un vidrecome qu'il tient par le pied. On lit, dans la partie supérieure : *Ogier Bōtemps.* Morceau en hauteur, rare et curieux. Très belle épreuve.

MAITRES anonymes, graveurs à l'eau-forte.

1864. Paysage : vers le milieu du second plan un homme, appuyé sur un bâton, traverse un pont; à droite, un porc et deux tonneaux près d'une chaumière. Pièce rare. Belle épreuve.

1865. Judith donnant à sa suivante la tête d'Holopherne. Copie en contre-partie de l'estampe que Christophe van Sichem a gravée en bois, d'après H. Goltzius. Elle porte sur le terrain, vers la gauche, le monogramme de ce dernier. Très-belle épreuve du premier état, avant la lettre *l* et le n° 3 sur le ciel près du trait carré; elle a de la marge.

Le même sujet. Très-belle épreuve du deuxième état, avec la lettre alphabétique *l* et le numéro 3.

1866. Sainte Famille. Petite pièce en hauteur, décrite par Brulliot, dans la première partie, n° 961. Morceau rare, qui nous paraît être de l'école flamande. Très-belle épreuve.

MAITRES anonymes flamands du XVIIe siècle, peintres et graveurs à l'eau-forte.

1867. L'Ensevelissement de Jésus-Christ par des anges, la Vierge, les saintes femmes, etc. Morceau en largeur, composé de onze figures. Très-belle épreuve avec marge; elle manque de conservation.

1868. La sainte Vierge représentée assise et tenant sur ses genoux son divin fils. Superbe épreuve, sans nom ni marque.

MAITRE anonyme hollandais du XVIIe siècle, dessinateur et graveur à l'eau-forte.

1869. Assassinat de Henri IV, roi de France, par François Ravaillac, le 14 mai 1610. Morceau fort rare. Très-belle épreuve; elle laisse un peu à désirer pour la conservation.

MAITRE anonyme, graveur à l'eau-forte et au burin.

1870. Copie du morceau précédent; elle est en contre-partie et de la même grandeur. Dans la marge du bas, le titre, huit vers français et l'adresse de Bonin.

MAITRE anonyme des Pays-Bas, graveur au burin; florissait dans la première moitié du XVIIe siècle.

1871. Pièce satyrique sur le gouvernement de Philippe II, ayant pour représentant aux Pays-Bas le duc d'Albe qu'un diable couronne; dans le fond, on voit les comtes d'Egmont et de Hornes sur l'échafaud. Très-riche composition en largeur, fort rare. Superbe épreuve.

MAITRE anonyme du commencement du XVIIe siècle.

1872. Femme couchée sur un lit, ayant trois enfants à ses côtés; elle donne le sein à l'un d'eux. Belle épreuve.

MAITRES anonymes hollandais du XVIIe sècle, graveurs à l'eau-forte et au burin.

1873. Maurice d'Orange, prince du Brésil, fondateur du Mauritzhuis à la Haye. Il est représenté assis, couvert d'une cuirasse, entre son bouclier sur lequel on lit: QUÀ PATET ORBIS, et son casque; dans le fond, on voit un homme et un cheval légèrement tracés à la pointe. Pièce très-rare, sans nom ni date. Superbe épreuve; elle a de la marge.

1874. Jean Evertsen, lieutenant amiral de Zélande. Il est représenté vu presque de face, dans une couronne de lauriers; dans le fond, on voit un combat naval. Sur une console, les noms et qualités du personnage et six vers hollandais. Morceau rare. Superbe épreuve.

1875. J. D. de Zuniga et Fonsesa, comte de Monterey, etc., d'après Érasme Quellinus. Belle pièce en hauteur. Superbe et très-rare épreuve avant la lettre, et avant divers travaux, notamment les contre-tailles diagonales sur la droite du poitrail du cheval ; on y voit des corrections indiquées au pinceau par le peintre, pour servir au graveur. Elle a de la marge.

1876. Le même portrait. Superbe épreuve de la planche terminée, avec la lettre ; elle a de la marge. Rare.

1877. Scène d'intérieur : vers la gauche, on remarque une femme assise et chantant ; devant elle, un tonneau sur lequel est un pot à bière, et vers le milieu, un fumeur assis la pipe à la main ; trois autres figures complètent cette composition de forme ronde, gravée sur une planche presque carrée. Jolie pièce. Rare. Très-belle épreuve.

1878. Homme à mi-corps, vu de trois-quarts, tourné vers la droite et portant la main à sa poitrine. Petit morceau en hauteur, plein d'expression. Rare. Très-belle épreuve.

MAITRE anonyme flamand du XVIIe siècle, graveur au burin.

1879. Mercure se préparant à couper la tête à Argus. Copie, de moindre dimension et en contre-partie, de l'estampe de Schelte à Bolswert, d'après Jac. Jordaens (Hecquet, n° 15). Très-rare épreuve avant la lettre; elle manque de conservation.

MAITRES anonymes du XVIIe siècle, peintres et graveurs à l'eau-forte.

1880. Susanne au bain, surprise par les vieillards. Pièce en largeur. Rare. Très-belle épreuve.

1881. Cléopâtre et Marc-Antoine. Pièce en hauteur, pleine de sentiment. Rare. Belle épreuve.

1882. Vue d'Italie. On remarque, à gauche du premier plan deux colonnes, et vers la droite deux hommes et une femme se reposant ; plus loin, au milieu, une fontaine près de l'entrée d'un monastère. Ce morceau, d'une exécution spirituelle, est attribué à J. B. Weenix (voyez le supp. du peintre graveur, par Weigel, p. 67, n° 7). Superbe épreuve avec marge.

1883. Paysage : on voit sur le devant, vers la gauche, deux personnes assises au bord d'une rivière; plus loin, du même côté, une femme lave du linge; derrière elle, une habitation. A droite un terrain élevé, sur lequel on remarque une maison, au-delà de plusieurs arbres, s'avance jusqu'au milieu de l'estampe. Ce morceau en largeur, librement exécuté, est sans aucune lettre. Rare. Très-belle épreuve.

MAITRES anonymes hollandais du XVIIe siècle, dessinateurs et graveurs à l'eau-forte.

1884. Vue d'une place de la ville de Middelbourg; on voit dans la marge du haut, le titre : *Thof van Zeelandt*. Belle épreuve.

1885. Vue d'un pays en partie couvert de grands rochers, surmontés de beaucoup d'arbres; on y remarque, au milieu, un hermite assis et lisant dans un livre. Joli morceau en largeur, d'une exécution très-soignée. Rare. Fort belle épreuve.

1886. Mouton couché, bêlant. Copie en contre-partie de l'estampe de Karel du Jardin, n° 35. Belle épreuve; elle a de la marge.

NOTA. Quelques curieux attribuent, à tort, la pièce décrite ci-dessus à J. Van der Does.

1887. Les Chasseurs au repos. Morceau en largeur, où l'on remarque, à droite, une fontaine jaillissante auprès de laquelle sont deux cavaliers; au milieu, une dame à cheval; et vers la gauche, une meute de chiens, près d'un homme qui se dispose à monter en selle. Belle épreuve.

1888. Intérieur de forêt; au milieu du second plan, on voit deux hommes marchant de compagnie. Morceau en largeur, spirituellement exécuté et d'un bel effet. Rare. Très-belle épreuve.

1889. Vue de mer; à droite, on voit un bâtiment, précédé d'une barque dans laquelle sont trois figures, s'avancer vers la gauche pour aborder un quai. Rare. Très-belle épreuve.

1890. Vue de mer; sur le premier plan, on remarque plusieurs figures, et dans le fond une ligne de rochers. Morceau rare. Très-belle épreuve.

MAITRE au monogramme **M. K.** peintre et graveur à l'eau-forte.

1891. Nymphe et Satyre assis au pied d'un arbre. Pièce en hauteur. Belle épreuve.

MAITRE anonyme flamand, du XVIIe siècle, graveur au burin.

1892. Portrait d'homme; il est représenté debout, devant une table, la main gauche appuyée sur un livre ouvert, et tenant de l'autre main une plume; dans le bas, une marge blanche destinée à recevoir une inscription. Superbe épreuve sans aucune lettre.

MAITRES anonymes du XVIIe siècle, graveurs en manière noire.

1893. Homme cherchant à embrasser une femme; dans la marge, on lit: *le Tartuffe*. Très-belle épreuve avec marge.

1894. Buste d'homme coiffé d'une cape à grelots, vu de trois quarts, et tourné à droite; dans la marge du bas on lit: *Dit's Piro inde Cap...... schop aanquam J. Toornvliet delineavit. A. Perneers*. Rare. Très-belle épreuve.

Nota. Quelques curieux attribuent cette estampe à J. Toornvliet.

MAITRES anonymes flamands du XVIIIe siècle, graveurs à l'eau-forte.

1895. Paysages en largeur; vers la droite, sur le premier plan, un gros arbre; au milieu du fond, un château, et à gauche une rivière avec pêcheurs à la ligne. Dans la marge du bas, à droite, on lit: *F. Bauduin In. et Deli.* 1740. Très-belle épreuve.

Autre paysage, faisant pendant au pécédent. Au milieu du premier plan, une femme montée sur un mulet, précédé d'un autre mulet chargé, est suivie d'un homme en manteau; à gauche, deux arbres se perdent dans la partie supérieure. Très-belle épreuve.

1896. Paysage en largeur orné de figures et d'animaux, dans le genre de Nic. Berghem. On remarque sur le premier plan, une femme à genoux, trayant une chèvre, en présence d'une villageoise. Très-belle épreuve avec marge.

MAITRE anonyme dans le goût de Rembrandt, graveur à l'eau-forte et à la pointe sèche.

1897. Étude d'après nature de plusienrs arbres, vus au-delà d'une palissade. Morceau en largeur exécuté à la pointe sèche. Très-belle épreuve de la planche non ébarbée; les angles du cuivre, exception faite de celui du bas à gauche, sont à vives arrêtes.

1898. Vue de Hollande: un canal couvre toute la largeur de l'estampe; on voit sur le devant, vers la gauche, un bateau près d'un terrain bordé de jones, et au-delà des arbres. Morceau en largeur, traité à l'eau-forte et à la pointe sèche. Très-belle épreuve sur papier de Chine. Cabinet Graaf.

MAITRES anonymes français du XVIIe siècle, graveurs au burin.

1899. L'Égypte représentée sous la figure d'une femme, vue à mi-corps; dans la marge, six vers français: *Le Ciel ha son soleil..... sa grâce et ses Amours*. Très-belle épreuve avec l'adresse de Le Blond.

1900, Le mariage de sainte Catherine, d'après *le Corrège*. On lit, dans la marge du bas, qui paraît avoir été destinée à recevoir une inscription, à gauche: *Corege pinxit*, et à droite: *Chasteau ex com pri. Pegis (sic)*. Très-belle épreuve.

1901. Louis Cappel. Rare et belle épreuve avant toutes lettres.

1902. Le cardinal Mazarin; il est représenté en pied, vu presque de face, dirigé à gauche. Belle épreuve.

1903. Portrait d'homme en manteau, la main droite appuyée sur une console, sur laquelle sont placés un porte-crayon et un rouleau de papier; à droite, près d'une sphère, une tête d'enfant sculptée. Rare et très-belle épreuve, sans aucune lettre.

MAITRES anonymes du XVIIe siècle, dessinateurs et graveurs à l'eau-forte.

1904. La reine des Anges. Riche composition en hauteur; dans la marge du bas, le titre AVE DOMINA ANGELORUM. Superbe épreuve.

1905. La Vierge au rosaire; vers le milieu du bas, un ange pince de la guitare. Morceau en hauteur, d'après le Guide. Belle épreuve du premier état, avant l'adresse de P. Mariette, au milieu de la marge du bas, près du trait carré.

1906. Le même sujet, épreuve du deuxième état, avec l'adresse ci-dessus mentionnée.

1907. Un grand dauphin, sur lequel sont des Amours, etc. Pièce en largeur, d'après Nic. Poussin. Belle épreuve du deuxième état, avec l'adresse de Van Merle, substituée à celle de Ph. Huart.

1908. La fille d'Hérodiade portant la tête de saint Jean dans un bassin. Pièce rare. Belle épreuve.

1909. Louis XIV; il est représenté à cheval, dans un paysage encadré d'ornements. Dans le bas de la marge, à droite : *J. le Pouter, ex.* Pièce rare. Très-belle épreuve.

1910. Motif d'ornements, composé de deux médaillons renfermant des sujets, qui sont surmontés du portrait de Louis XIV gravé au burin, d'une grande finesse d'exécution. Dans la partie supérieure, on lit : *Copie du tableau présenté au Roy le 7 decembre 1672 par le sieur D. F. D. C.* Très-belle épreuve.

1911. Portrait de Louis Le Brun, dit le Picard, peintre.

Morceau très-rare. Belle épreuve, au bas de laquelle une main contemporaine a écrit ce qui suit : *le nommé Louys le Brun dit le Picart peintre natif d'Abbeville, aagé de trente-cinq a quarante ans, est de moyenne taille, les cheveux chatain brun, la barbe d'un blond roux, les yeux gris bleu, ayant une cicatrice au-dessous de l'œil droit, et un petit porcau pres le nez, du mesme costé, le menton fourchu, son linge est marqué L L B. 7, a été pris et exécuté.*

NOTA. Lelong, dit que Louis Le Brun, de Picardie, a été exécuté à Paris, pour avoir voulu empoisonner la famille de M. Charles Le Brun, premier peintre du Roi.

1912. Minerve représentée debout et vue de face. Pièce très-rare. Belle épreuve.

1913. Sainte famille ; saint Joseph apporte un plat de bouillie à l'Enfant-Jésus. Vers le bas de la droite : *Blanchard pinxit.* Belle épreuve.

1914. Petite bacchanale : à gauche sur le premier plan, un enfant debout aide à soutenir une corbeille qu'un autre enfant assis porte sur sa tête ; dans le fond, à droite, un sacrifice à Bacchus ; au bas de ce côté, la lettre *M.* Pièce rare. Très-belle épreuve.

MAITRE aux initiales **J. D.**, qui pourrait bien être Jean Dassier, graveur au burin.

1915. Généalogie de monseigneur le Dauphin et de madame la Dauphine, issus de Henry-le-Grand en pareil degré. Pièce rare et curieuse. Très-belle épreuve.

MAITRE anonyme, sur lequel nous n'avons pas de données, graveur en manière noire.

1916. Sujet de deux figures, d'après J.-B. Santerre ; dans la marge, le titre : *La Curieuse.* Belle épreuve.

MAITRES anonymes français du XVIIIe siècle, graveurs à l'eau-forte et au burin.

1917. Danaé recevant la pluie d'or. Superbe épreuve, avant la lettre.

1918. La Maman. Jolie composition en hauteur de huit figures, d'après J.-B. Greuze. Superbe épreuve avant la lettre.

1919. *L'effet singulier.* Morceau en hauteur, d'un bel effet. Superbe épreuve du premier état, avant le titre; seulement cette adresse : *à Paris, chez Basan.* Elle a de très-grandes marges.

MAITRE anonyme français du XVIIIe siècle, dessinateur et graveur à l'eau-forte.

1920. *Rendez-vous bacchique chez Ramponneau.* Dans la marge du bas, huit vers français : *Venez chez moi,... suivis de mendians.* Très-belle épreuve à toutes marges. Rare.

1921. Autre pièce du même genre. Au milieu de la marge du bas, un médaillon avec le portrait de Ramponneau, entre huit vers français : *Charmant Vadé..... et dissipe tous mes ennuis.* Pièce rare. Belle épreuve à toutes marges.

MAITRE anonyme italien, qu'on croit être G. Barbarelli, dit *le Giorgion*, graveur en bois.

1922. Milon de Crotone. Belle épreuve avec marge. Rare.

MAITRES anonymes italiens du XVIe siècle, graveurs en bois.

1923. Jésus-Christ en croix; à ses pieds la Vierge et saint Jean. Morceau en hauteur, plein d'expression. Rare. Très-belle épreuve.

1924. Saint Georges combattant le dragon. Beau morceau en hauteur, que nous croyons être de la composition du Titien. Très-belle épreuve.

MAITRE anonyme italien du XVIe siècle, graveur en camaïeu.

1925. David jouant de la harpe devant Saül, d'après Franç. Floris. Belle composition en largeur. Très-belle épreuve avec marge. Rare.

1926. Le même sujet. Très-belle épreuve; mais rognée de 10 millimètres, dans la partie inférieure.

MAITRES anonymes italiens, graveurs en clair-obscur.

1927. Le Sacrifice, d'après le Parmesan (B. XII, sect. 10, n° 21). Belle épreuve.

1928. Marthe conduisant Marie-Magdeleine au temple, pour y entendre la parole de Jésus-Christ; d'après Raphaël (B. XII, sect. 2, n° 12). Belle épreuve.

MAITRE anonyme italien du XVIIe siècle, graveur en bois.

1929. L'Assomption. Très-belle composition en hauteur, sans nom ni marque. Rare.

MAITRES anonymes italiens du XVIe siècle, graveurs au burin.

1930. Diane sur les nues, dans un char attelé de deux chevaux qu'elle dirige (B. XV, p. 39, n° 9). Très-belle épreuve; mais manquant un peu de conservation.

1931. La Théologie et la métaphysique (B. XV, p. 49, n° 6). Très-belle épreuve; les angles inférieurs sont restaurés.

1932. Romulus et Rémus allaités par la louve. Pièee rare.

1933. L'augure Accius coupant avec un rasoir une pierre à aiguiser, en présence du roi Tarquin. Très-belle épreuve; elle a une déchirure au milieu du haut, et une tache d'huile vers la gauche du bas.

1934. Le Grand-Prêtre refusant l'entrée du temple à Joachim. Morceau en largeur, d'un grand caractère. Rare. Très-belle épreuve.

MAITRE italien du XVIe siècle, au monogramme **A P**, graveur à l'eau-forte.

1935. Panneau d'ornements (B. XV, p. 509, n° 2). Cette pièce, *extrêmement rare*, représente la statue de Diane d'Éphèse, entourée d'arabesques et d'animaux; elle est d'une remarquable composition, et citée par Duchesne dans le *Voyage d'un Iconophile*. Très-belle épreuve avec marge.

MAITRE anonyme, dessinateur et graveur à l'eau-forte, qui nous paraît appartenir à l'école de Fontainebleau.

1936. Intérieur d'une forêt, où l'on voit un grand nombre de cerfs et de biches, les uns couchés, les autres debout. Morceau en largeur, *non décrit*. Très-rare. Belle épreuve.

MAITRE anonyme de la fin du XVIe siècle, graveur au burin.

1937. Le Christ à la colonne. Morceau en hauteur, sans nom ni marque. Très-belle épreuve.

MAITRE anonyme de la fin du XVIe siècle, peintre et graveur à l'eau-forte.

1938. Le Frère Ranieri, capucin. Au bas de la gauche, on lit : *Allitenio Gatti for : romæ*, et dans la marge : *Il vero ritratto di Fra Ranieri..... di anni* 88. Morceau rare. Superbe épreuve.

MAITRE au monogramme C^P P. (Bartsch, XIX, p. 185).

1939. La Mort du centaure Nessus (B. 4). Très-belle épreuve.

MAITRES anonymes italiens du XVIIe siècle, peintres et graveurs à l'eau-forte.

1940. La Vendange ; elle est représentée dans une forme ronde, sur une planche carrée. Belle épreuve.

1941. Le Christ mort, sur les genoux de la Vierge, d'après Annibal Carrache. Morceau presque carré, sans nom ni marque. Rare. Belle épreuve.

1942. L'incrédulité de saint Thomas. Morceau en largeur, attribué à Michel-Ange Amerighi de Caravage. Dans la marge du bas, vers la gauche, on lit : *Michael-lange Caravage pin.* Rare et très-belle épreuve du premier état, avec le nom du peintre tracé légèrement à la pointe ; le mot *pin* est écrit comme suit : *pingit.*

1943. Le même sujet. Très-belle épreuve du deuxième état, avec le nom du maître rentré au burin ; les trois dernières lettres du mot *pingit* ont été enlevées : on n'y voit point encore l'adresse de *J. Robillart.*

1944. Le même sujet. Très-belle épreuve du troisième état, avant l'adresse de *J. Robillart*, dans la marge à droite.

MAJOR (THOMAS), graveur à l'eau-forte et au burin; né en Angleterre en 1714; mort en 1768.

1945. Le Manége, d'après P. Wouwermans. Rare et très-belle épreuve d'eau-forte pure.

Le même sujet. Très-belle épreuve de la planche terminée, avec la lettre et les armes.

MALLERY (CHARLES DE), dessinateur et graveur au burin; florissait à Anvers, au commencement du XVIIe siècle.

1946. Suite de treize pièces, titre compris, représentant la vie, les miracles et la mort de la bienheureuse Jeanne, reine de France, fondatrice de l'ordre de la bienheureuse Marie. Très-belles épreuves.

1947. Catherine de Bourbon, sœur unique du roi; 1600. Très-belle épreuve avec marge.

1948. Marie de Médicis, princesse de Florence; 1600. Très-belle épreuve avec marge.

MAN (CORNEILLE DE), peintre et graveur à l'eau-forte; né à Delft en 1621; mort dans la même ville en 1706.

1949. Portrait de Samuel de l'Echerpière, pasteur de l'église de Delft. Rare. Belle épreuve.

MANTEGNA (ANDRÉ), peintre et graveur au burin; né à Padoue en 1431; mort à Mantoue en 1506.

1950. La flagellation (B. 1). Superbe épreuve; elle laisse à désirer pour la conservation.

MARATTI (CHARLES *dit* CARLE), peintre et graveur à l'eau-forte; né à Camurano en 1625; mort à Rome en 1713.

1951. Saint André sur le chevalet et tourmenté par les bourreaux, d'après le tableau de Zampieri, dit *le Dominiquin*, qui est dans la chapelle de Saint-Grégoire à Rome (B. 11). Très-belle épreuve tirée avant l'adresse d'*Arnould Westerhout*, à droite du bas de la marge.

1952. Le même sujet (B. 11). Épreuve tirée avec l'adresse de Vincent Billy substituée à celle d'Arnould Westerhout.

MARCENAY DE GHUY (ANTOINE DE) peintre et graveur; né à Arnay-sur-Aroux en 1722; mort à Paris en 1811.

1953. Marcenay vu à mi-corps, près d'une fenêtre. Très-belle épreuve.

1954. Le Tintoret, représenté de face et debout, presque jusqu'aux genoux, la main droite sur un livre fermé, d'après son portrait peint par lui-même. Rare et très-belle épreuve d'eau-forte pure.

1955. Stanislas Auguste, roi de Pologne, représenté dans un médaillon qu'un aigle élève dans les airs, d'après M^de^ Baciarelli. Belle épreuve avec marge.

1956. Charles Ier, roi d'Angleterre, vu à mi-corps, en cuirasse. Belle épreuve.

1957. Henri, comte de Berghe, en cuirasse, vu debout jusqu'aux genoux, d'apres Ant. Van Dyck. Très-belle épreuve avant la lettre; elle a de grandes marges.

1958. Homme vu à mi-corps, décoré d'une chaîne, d'après Ant. Van Dyck. Morceau dit *le jeune Seigneur*. Très-belle épreuve avec l'inscription en latin à la mémoire d'Ant. Van Dyck, gravée à l'eau-forte; elle a de la marge.

Le même. Belle épreuve avec l'inscription en français, et l'adresse de l'auteur et celle de Wille; elle a de très-grandes marges.

1959. Paysage d'après L. Van Uden; dans la marge, le titre; *Le ciel se couvre hatons nous*. Très-belle épreuve.

1960. La Bohémienne, sous une voute de rochers, d'après D. Teniers. Très-belle épreuve.

Vieillard, en buste et coiffé d'une toque; sa barbe est en partie blanche; d'après Rembrandt. Belle épreuve.

Paysage de forme ronde, d'après Francisque. On remarque, sur le devant, deux hommes dans un bateau. Très-belle épreuve.

1961. Tobie recouvrant la vue, d'après Rembrandt. Rare et belle épreuve d'eau-forte pure.

1962. Le même sujet. Très-belle épreuve de la planche terminée; elle est à toutes marges.

1963. Cavalier dans une campagne, donnant la main à une dame, d'après Rembrandt. Sujet de demi-figures, dit *l'Homme à la plume blanche*. Très-belle épreuve.

1964. Homme à barbe blanche, coiffé d'une toque; au bas, un paysage (la chûte du jour); d'après Rembrandt. Très-belle épreuve avant la lettre.

Le même. Belle épreuve avec la lettre, mais avant que le paysage n'ait été séparé du portrait; elle a de la marge.

1965. Dame en voile, les cheveux ornés de deux plumes et de perles; au bas, un paysage (les voyageurs); d'après Rembrandt. Très-belle épreuve avant la lettre.

La même. Belle épreuve avec la lettre, mais avant que le paysage n'ait été séparé du portrait; elle a de la marge.

La même. Belle épreuve tirée de la planche coupée; elle a de la marge.

1966. Rembrandt, représenté de face et debout, presque jusqu'aux genoux, sa palette à la main, d'après son portrait peint par lui-même. Rare et très-belle épreuve d'eau-forte pure.

Le même. Très-belle épreuve de la planche terminée, avec la lettre.

1967. Vieillard à barbe blanche, dit *le Vieillard atrabilaire*, d'après Rembrandt. Très-belle épreuve tirée avant que les marges du cuivre n'aient été entièrement nettoyées; on y voit une espèce d'astérisque, indiquée légèrement à la pointe, au-dessus de PL. N° 19. Elle a de la marge

Le même. Belle épreuve tirée après les marges du cuivre nettoyées; l'indication mentionnée ci-dessus a disparu. Elle a de grandes marges.

1968. Riche paysage, d'après Rembrandt; dans la marge, le titre : Commencement d'orage. Rare et superbe épreuve avant la lettre, et avant que les essais de pointe, à gauche et à droite de la marge du cuivre, n'aient été effacés.

1969. La Fleuriste; elle est représentée à une fenêtre, cueillant un œillet; d'après Gérard Dow. Superbe épreuve avant la lettre.

1970. La même. Épreuve pareille à la précédente, et avec de très-grandes marges.

1971. La même. Très-belle épreuve avec la lettre; elle est à toutes marges.

1972. Le Testament d'Eudamidas, d'après N. Poussin. Rare et superbe épreuve avant la lettre, et avant que la planche n'ait été terminée.

1973. Le même sujet. Superbe épreuve de la planche poussée à l'effet, avec la lettre; mais avant l'ombre portée en haut de la fenêtre, par des contre-tailles diagonales. Elle est à toutes marges.

1974. Le même sujet. Très-belle épreuve avec l'ombre portée à la fenêtre.

1975. L'Amour fixé; allégorie d'après Ch. Le Brun. Très-belle épreuve.

1976. La Bataille, d'après J. Parrocel. Rare et superbe épreuve avant la lettre, et avant grand nombre de travaux.

1977. Le même sujet. Très-belle épreuve de la planche terminée, avec la lettre.

1978. Paysage vu au clair de lune; sur le devant, une grande voûte de rochers et des pêcheurs; d'après J. Vernet. Rare et superbe épreuve avant la lettre, et avant divers travaux.

1979. L'Enfant qui fait des châteaux de cartes, d'après Chardin. Très-belle épreuve.

Buste d'homme en manteau fourré, la tête couverte d'un bonnet, d'après J.-B. Greuze. Deux épreuves dont une avant la lettre.

1980. Régulus, d'après Pescheux. Très-belle épreuve à toutes marges.

1981. Charles V, dit le Sage, roi de France. Très-belle épreuve avec de grandes marges.

Le même personnage. Épreuve moins belle que la précédente; elle a de la marge.

1982. Charles VII, dit le Victorieux, roi de France. Très-belle épreuve avec de grandes marges.

1983. Henri IV, dit le Grand, roi de France, d'après Jannet. Belle épreuve; la marge inférieure, à droite, est rousse.

1984. Le prince Eugène, d'après Kopeski. Très-belle épreuve avec de grandes marges.

Le même portrait. Épreuve un peu moins belle que la précédente, et avec des marges moins grandes.

1985. Le chevalier Bayard, d'après N....... Très-belle épreuve, elle a de la marge.

1986. Le vicomte de Turenne, d'après Champagne. Très-belle épreuve, avant le ciel; elle a de la marge.

1987. Le maréchal de Villars. Très-belle épreuve avec marge.

1988. Le maréchal de Saxe, d'après Liotard. Très-belle épreuve, avant le ciel; elle a de la marge.

Le même personnage. Belle épreuve avec le ciel.

1989. Maximilien de Béthune, duc de Sully, d'après F. Porbus. Très-belle épreuve tirée avant les contre-tailles diagonales sur le fond, entre la cuirasse et le bras gauche du personnage. Elle est à toutes marges.

Le même portrait. Épreuve tirée avec les contre-tailles ci-dessus mentionnées.

1990. Dame coiffée en cheveux, d'après Peronneau. Belle épreuve.

Le chancelier Michel de l'Hopital. Très-belle épreuve.

1991. Le président de Thou, d'après Ferdinand. Très-belle épreuve avec marge.

1992. Jeanne d'Arc. Très-belle épreuve, avec un petit *D*, légèrement tracé au milieu de la marge du haut du cuivre. Elle a de la marge.

Le même portrait. Très-belle épreuve tirée après la disparition du petit *D*; elle a de la marge.

1993. Charles, duc de Brunswick et de Lunebourg, d'après Fontaine. Superbe épreuve avec de très-grandes marges.

1994. Marie-Antoinette, princesse de Pologne, d'après le portrait peint au pastel par elle même. Très-belle épreuve.

1995. Le général Paoli. Très-belle épreuve; elle a de grandes marges.

1996. Victor de Riquety, marquis de Mirabeau, vu debout à mi-corps, ayant une cuirasse. Très-belle épreuve avec marge.

1997. Marc. Pet. de Voyer de Paulmy, comte d'Argenson, vu à mi-corps, d'après Nattier. Très-belle épreuve.

1998. Le marquis de Puységur, colonel du régiment de Vexin, d'après F. Le Grand. Superbe épreuve avant la lettre; elle a de grandes marges.

1999. Le même portrait. Belle épreuve avec la lettre.

2000. B. G. Sage, chimiste célèbre; il est vu à mi-corps, dans un ovale. Très-belle épreuve avec marge.

2001. L'étonnement; buste de jeune femme qui caractérise cette expression. Très-belle épreuve avec marge.

L'effroi; buste de vieillard, la main gauche élevée. Très-belle épreuve avec marge.

2002. Les voyageurs à la droite d'une campagne ; au milieu, une rivière. — Le pêcheur au bord d'une rivière ; au milieu, deux arbres ; à droite, des rochers. — Paysage avec voûte de rochers. — Vue d'un bois ; à la gauche, deux hommes. Très-belles épreuves avec marges. En tout, 4 estampes.

2003. Rivière bordée à gauche par des bois ; près de là, une habitation. — Rivière bordée par des rochers ; à gauche, on voit une maison. — Vieillard sous de grands arbres, se dirigeant à l'aide de deux bâtons, vers la gauche, où coule une large rivière. Très-belles épreuves avec marges. En tout 3 estampes.

MARIETTE (Jean), dessinateur et graveur à l'eau-forte et au burin ; mort à Paris en 1742, à l'âge de quatre-vingt-trois ans.

2004. L'Ange gardien conduisant un enfant ; dans la marge, le titre : *Dieu a donné ordre à ses anges de vous garder en toutes vos voies. Pse. XC.*, les noms du peintre et du graveur, et l'adresse de P. Mariette. Superbe épreuve avant la lettre, et avant grand nombre de travaux ; la planche n'étant presque qu'à l'eau-forte pure. Extrêmement rare, sinon unique. Elle a de la marge.

2005. Saint Antoine de Padoue, d'après Ant. Dieu. Très-belle épreuve, avec l'adresse du graveur ; elle a de grandes marges.

MARINUS (Ignace), graveur au burin ; né à Anvers, dans la première moitié du XVIIe siècle.

2006. La Nativité, d'après Jacq. Jordaens (Hecquet, n° 3). Superbe épreuve du premier état, avant le changement du caractère des têtes, notamment l'expression de la figure de la Vierge. Elle porte, au milieu du bas de la marge inférieure : *Cum priuilegio*. Cabinet Graaf.

2007. Jésus-Christ devant Caïphe, d'après Jacq. Jordaens (Hecquet, n° 7). Très-belle épreuve du premier état, avant le nom du graveur, à la suite du mot *inuent* ; elle porte l'adresse de *Martinus Van den En-*

den, qui a été remplacée depuis par celle de *Gillis Hendricx*.

NOTA. Dans le dernier état, les lettres ont été effacées, et la planche a été touchée.

2008. Martyre de sainte Apolline, d'après Jacq. Jordaens (Hecquet, n° 13). Très-rare et superbe épreuve du premier état, avant l'adresse d'A. Bloteling.

2009. Le même sujet. (Hecquet, n° 13). Superbe épreuve du deuxième état, avec l'adresse d'*A. Bloteling*. Très-rare de cette beauté. Cabinet Lousbergs.

2010. Le Roi boit. Composition représentant une réunion de paysans se réjouissant, d'après Corn. Saftleven. Superbe épreuve du premier état, avant l'adresse de *Gillis Hendricx*. Très-rare, surtout de cette qualité.

2011. Vieux paysan et jeune paysanne assis devant un tonneau, d'après A. Brauwer; au bas de la marge inférieure, qui porte 49 millimètres de hauteur, on lit à gauche : *A. Brauwer pinxit*, et à droite: *Marinus fecit*. Superbe épreuve.

MAROT (JEAN), architecte, dessinateur et graveur à l'eau-forte ; né à Paris, vers le commencement du XVIIe siècle ; l'année de sa mort n'est pas connue.

2012. Divers vases. Suite de douze estampes en hauteur, numérotées de 1 à 12 au haut de la droite ; exception faite des quatrième et sixième morceaux, qui ne portent pas de numéros. Très-belles épreuves, avec l'adresse de *F. L. D. Ciartres*, à la première pièce servant de titre. Elles ont des marges.

2013. *Recveil des plvs beavx Edifices et Frontispices des Eglizes de Paris*, avec dédicace à Henri de Harlay par Jacques Van Merlen. Très-belle épreuve avec de grandes marges.

2014. Autre épreuve, moins belle que la précédente.

2015. 1) *Veue de l'Église de St Denis en France et du Mausolée de Vallois baty par Catherine de Medicis apres les desseins de M[r] l'Abbé de St Martin.*

2016. 2) *Profil de l'Eglise du Temple dont tous les architectes admirent le plan et le croyent vn des plus beaux de la Christienté.*

2017. 3) *Veue de l'Eglise de St André des Arts qui a esté batie par Mr Gamard et ou est la sepulture de Mrs de Thou.*

2018. 4) *Veue de l'Eglise des P. P. de l'Oratoire bastie apres les desseins de Mr Mercier.*

2019. 5) *Veue et plan de l'Eglise de St Roc.*

2020. 6) *Veue du cloistre et de l'Eglise du grand Prieuré du Temple.*

2021. 7) *Veue de l'Eglise des Bernardins ou est un vis double vnique en son espece et vniversellem^t admirée.*

2022. 8) *Veue de la Maison et de l'Eglise des P. P. de l'Oratoire.*

2023. 9) *Veue de l'Eglise des Incurables batie apres les desseins de Mr Gamard, et fondé par M^r le Cardinal de la Rochefoucault.*

2024. 10). *Veue et plan de l'Eglise de la Charité.*

2025. 11) *Veue du grand portail de derriere de l'Hostel Dieu basty par Monsieur Gamart.*

2026. 12) *Veue de l'Abbaye de St Victor, fondée aupres de Paris, dans vn Fauxbourg de son nom, par le Roy Louis 6me surnommé le Gros en l'année* 1113.

Nota. Les pièces décrites ci-dessus, sont en très-belles épreuves et avec de grandes marge.

2027. Très-belle épreuve du n° 12 de la suite précédente, mais ayant peu de marge.

2028. 1) *L'Eglise paroissiale de* S^T SAUVEUR, *dans la rue de St Denis a Paris.*

2029. 2) *L'Eglise Paroissiale et Archipresbyterale de* S^T. SEVERIN *du costé du Cimetiere a Paris.*

2030. 5) *L'Eglise des R. P.* MINIMES *de la place Royalle a Paris.*

2031. 6) *Autre veue de l'Eglise des R. P.* CHARTREUX *de Paris au Fauxbourg St Germain.*

2032. 8) *L'Eglise des* CARMES DESCHAUSSÉS, *au bout du fauxbourg St Germain, du costé du Parc du Palais d'Orleans a Paris.*

2033. 9) *L'Eglise de* N. D. DES CHAMPS, *autrefois selon l'opinion commune le Temple de Mercure, ou de Ceres; fut vn Prieuré de l'Ordre de St Benoist. . . . . Ste Congregation.*

2034. 10) *L'Eglise du Monastere du St Sacrement, des Religieuses de* PORT ROYAL *Ordre de Cisteaux... sur le dessin de M^r le Paustre, etc.*

2035. 11) *Veue de l'Eglise Abbatiale de* S^T VICTOR, *de l'Ordre des Chanoines Reguliers de St Augustin, du costé de Paris, dans le Fauxbourg qui porte son nom.*

2036. 12.) *Arc de Triomphe erigé à Stockolm au couronnement de la Reine de Suede et conduit par le Sr de la Vallée Intendant et Architecte des bastimens de sadite Majesté, et Graué par Jean Marot, Architecte.*

2037. 1) *Veue et Perspectiue de l'Hostel de Liancourt . . . ., du dessein de Mr Mercier Architecte du Roy.*

2038. 2) *Veue et Perspectiue du deuant de l'Hostel de la Vrilliere, du dessein de M. Mansart, Architecte.*

2039. 3) *Veue et Perspectiue de l'Hostel de la Vrilliere du costé du Iardin, du dessein de M. Mansart Architecte.*

2040. 4) *Veue et Perspectiue du deuant de l'Hostel de Cheureuse, du dessein de Mr Metezeau Architecte du Roy.*

2041. 5) *Veue et Perspectiue de l'Hostel de Cheureuse, du costé du Iardin.*

2042. 6) *Veue et Perspectiue de l'Hostel de Bautru, du dessein de M^r le Veau.*

NOTA. Les pièces décrites ci-dessus, sont en très-belles épreuves et avec de grandes marges.

2043. *Le Couuent des Fevilllans dans la reue St Honoré qui autrefois estoit le Fauxbourg, a esté fondé par Henry 3e l'an 1587*, et ca. Très-belle épreuve.

MARTENASIE (PIERRE), graveur à l'eau-forte et au burin; né à Anvers, dans le commencement du XVIIIe siècle; mort vers 1770.

2044. L'abreuvoir champêtre, d'après Berghem. Très-belle épreuve.

MARTIN (DAVID), graveur en manière noire, sur lequel nous n'avons pas de données; florissait en Angleterre, vers le milieu du siècle dernier.

2045. Louis-François Roubiliac travaillant à la statue de Shakspeare, d'après Adr. Carpantiers. Très-belle épreuve.

MARTSS DE JONGE (JEAN), peintre et graveur à l'eau-forte; né en Hollande, au commencement du XVIIe siècle.

2046. Cavalier courant à toute bride vers le fond à droite, où l'on voit une bataille sanglante (B. 4). Très-belle épreuve du deuxième état, *non décrit :* le n° 4 a été effacé et remplacé par 5. *a.*

2047. Cheval en repos, vu de profil et tourné vers la droite (B. 5). Épreuve du deuxième état, *non décrit*, avec la lettre alphabétique *b*, à la suite du numéro 5. Elle est légèrement rognée à la droite du bas.

2048. Combat de cavalerie : on remarque sur le premier plan à droite, trois cavaliers courant à toute bride vers le fond de la gauche, où un détachement de cavalerie est à la poursuite de l'ennemi (B. 6). Rare. Belle épreuve; mais laissant un peu à désirer pour la conservation.

2049. Au milieu du premier plan, un cavalier, le pistolet à la main, se dirige vers le fond à droite, où il y a combat; il est suivi de deux autres cavaliers. Au milieu du bas du terrain, on lit *: J. M. D. Jonge fecit*, et un peu vers la gauche : *C. I Visscher ex.* Largeur : 113 millimètres; hauteur : 82 millimètres. Ce morceau, *non décrit*, est rare. Très-belle épreuve avec marge.

MASSÉ (Jean-Baptiste), peintre et graveur à l'eau-forte et au burin; né à Paris en 1687; mort en 1767.

2050. Portrait d'Antoine Coypel, d'après lui-même (R.-D. 1). Très-belle épreuve avec de grandes marges.

MASSON (Antoine), peintre et graveur à l'eau-forte et au burin; né à Louvry, près d'Orléans, en 1636; mort à Paris en 1700.

2051. Louis Abelly, évêque de Rodez, d'après Le Brun (R.-D. 9). Très-belle épreuve du deuxième état.

2052. Jacques-Nicolas Colbert, abbé du Bec (R.-D. 19). Superbe épreuve du deuxième état; elle a de la marge.

2053. Louis Verjus, comte de Crécy (R.-D. 23). Superbe épreuve du deuxième état, avec la lettre.

2054. Marin Cureau de la Chambre, d'après P. Mignard (R.-D. 24). Un des chefs-d'œuvre du maître. Superbe épreuve du premier état, avant les contre-tailles sur la joue gauche du personnage; elle a de la marge.

2055. Pierre Dupuis, peintre de fleurs, d'après N. Mignard (R.-D. 25). Très-belle épreuve avec marge.

2056. Toussaint Forbin de Janson, évêque (R.-D. 27). Très-belle épreuve.

2057. Frédéric-Guillaume, dit le Grand, électeur de Brandebourg (R.-D. 30). Très-belle épreuve avec marge.

2058. Louis-Henri de Pardaillan de Gondrin, archevêque de Sens (R.-D. 31). Superbe épreuve du premier état, avant l'adresse de *Desrochers*.

2059. Marie de Lorraine, duchesse de Guise, princesse de Joinville, d'après P. Mignard (R.-D. 32). Rare et très-belle épreuve du troisième état, avant le lapin à la suite du mot *pinxit*.

2060. Henri de Lorraine, comte d'Harcourt, grand-écuyer de France (R.-D. 34). Cette pièce, connue sous le nom de *Cadet à la Perle*, est d'après P. Mignard. Superbe épreuve du premier état, avant le n° 4 sur la marge du cuivre, vers le haut de la gauche. Elle a de grandes marges. Très-rare de cette beauté et de cette condition.

2061. Le même portrait. Très-belle épreuve du deuxième état, avec le chiffre 4; mais avant la retouche. A cette épreuve le n° 4 a été gratté.

2062. Marie Herinx, femme de Claude Heliot (R.-D. 36). Très-belle épreuve avec marge.

2063. Louis XIV, d'après C. Le Brun (R.-D. 43). Très-belle épreuve avec marge.

2064. Denis Marin de la Châtaigneraye, secrétaire du roi (R.-D. 50). Très-belle épreuve du deuxième état, avec la lettre.

2065. François Rouxel de Medavy, archevêque de Rouen (R.-D. 51). Très-belle épreuve du deuxième état, avec la lettre.

2066. André Le Nostre (R.-D. 55). Très-belle épreuve du troisième état, avant la qualité de : *Ch^er de l'ordre de St-Michel;* le mot Parisiis et l'année 1692 ont été enlevés.

2067. Guy Patin, médecin du roi (R.-D. 59). Très-belle épreuve du deuxième état, avant l'adresse du graveur.

2067 *bis.* Le même portrait (R.-D. 59). Belle épreuve du troisième état, avec l'adresse ci-dessus mentionnée.

2068. Hardouin de Beaumont de Péréfixe, archevêque de Paris, d'après N. Mignard (R.-D. 61). Très-belle épreuve du premier état.

2069. Isaac-Louis Le Maistre de Sacy (R.-D. 64). Très-belle épreuve du deuxième état; elle a de la marge.

2070. Antoine Turgot de Saint-Clair, maître des requêtes (R.-D. 66). Belle épreuve avec marge.

MASSON (Magdeleine), femme de Nicolas Habert, graveur au burin; elle est née vers 1646, et morte en 1713.

2071. Philippe de France, duc d'Orléans, frère unique de Louis le Grand, d'après Habert. Très-belle épreuve.

MATHAM (Jacques), graveur au burin; né à Harlem en 1571; mort dans la même ville en 1631.

2072. Portrait de Henri Goltzius, d'après ce peintre et graveur (B. 22). Superbe épreuve.

2073. L'Adoration des bergers, d'après Abraham Bloemaert (B. 67). Très belle épreuve; elle manque un peu de conservation, vers la gauche.

2074. La Sainte Vierge, l'Enfant-Jésus, sainte Elisabeth et saint Jean. Morceau en hauteur, d'après Mathieu de Boys (B. 78). Superbe épreuve.

2075. Moïse, législateur d'Israël, représenté assis, ayant sous le bras les Tables de la Loi, d'après Michel-Ange Buonaroti (B. 81). Très-belle épreuve.

2076. Saint Luc peignant une image de la Sainte Vierge, d'après H. Goltzius (B. 113). Superbe épreuve du premier état, avant l'adresse de *J. Meyssens.*

2077. Diane, déesse de la lune, favorisant les amours d'un jeune homme, d'après *H. Goltzius* (B. 148). Rare et superbe épreuve du premier état, *non décrit*, avant que l'adresse de *R. de Baudous* n'ait été effacée et remplacée par celle de *Joann. Jansson.* Elle a une tache rousse.

2078. Portrait d'homme tenant un verre à la main, d'après Corneille Ketel (B. 169). Superbe épreuve. Rare de cette beauté.

2079. Le grand-prêtre Aaron, représenté assis, et revêtu de ses habits sacerdotaux, d'après Charles van Mander (B. 171). Très-belle épreuve.

2080. La Prière de Jésus-Christ dans le jardin des Oliviers, d'après J. Palma (B. 187). Superbe épreuve avec de grandes marges.

2081. La Vierge, l'Enfant-Jésus, saint Jean-Baptiste et sainte Catherine, d'après le Titien (B. 208). Très-belle épreuve du premier état, *non décrit*, avant l'adresse de *J. C. Visscher.* Elle est rognée sur le trait carré, en haut et de chaque côté.

2082. L'Enfant-Jésus assis, bénissant le globe de la terre, d'après H. Goltzius (B. 260). Très-belle épreuve du premier état, avant toute adresse.

2083. Jean Van de Velde, célèbre calligraphe ; avec cette devise : *La voix se perd, l'écritvre demeure* (B. p. X. du supp. 28 a. Weigel, 713). Belle épreuve.

2084. Nicolas Nomius, théologien célèbre. Morceau *non décrit* par Bartsch ni par Weigel. Rare. Très-belle épreuve avec marge.

MATHAM (Théodore), fils du précédent, graveur au burin ; né à Harlem, vers la fin du XVIe siècle ; l'année de sa mort n'est pas connue.

2085. Léonard Marius de Goes, vicaire à Harlem, d'après N. Moyaert. Très-belle épreuve.

2086. Théodore Graswinckel, avocat de Hollande, d'après Mirevelt. Superbe épreuve du premier état, avant que la planche n'ait été réduite.

2087. Le Révérend Corneille Hofland, prêtre à Harlem, d'après Sprong. Très-belle épreuve.

2088. Jean Banning Wuytiers, prêtre catholique à Amsterdam. Rare. Très-belle épreuve.

2089. Buste d'inconnu, au milieu d'allégories; à gauche le soleil, et du côté opposé la lune ; au bas de la droite, deux naïades. Morceau rare. Très-belle épreuve avec marge.

MATHAM (Adrien),) dessinateur et graveur au burin ; né à Harlem, vers 1600 ; mort dans la même ville en 1670.

2090. Pierre Bor, historien, d'après F. Hals. Superbe épreuve.

MATTUE ou **MATTEUS** (Corneille), peintre et graveur à l'eau-forte flamand ; florissait dans dans le XVIIe siècle.

2091. Le Muletier (B. 3). Très-belle épreuve. Cabinet Robert-Dumesnil.

2092. Paysage avec pêcheur (Weigel, 4). Très-belle épreuve de la planche terminée ; elle manque de conservation.

MATSYS (Corneille), dessinateur et graveur au burin; né en Flandre, dans la première moitié du XVIe siècle.

2093. La Patience (B. 42). Très-belle épreuve du premier état, *non décrit*, avant le mot *Patiencia*, au bas de la gauche. Rare.

2094. La Paysanne jalouse; 1549 (B. 52). Belle épreuve.

2095. Vignette offrant des arabesques, au milieu desquelles on voit un vieillard assis, les poings sur les hanches; au-dessus de sa tête, l'année 1550 surmontée du monogramme du maître. Largeur : 130 millimètres; hauteur : 50 millimètres. *Pièce non décrite*. Rare.

MAUPERCHÉ (Henri), peintre et graveur à l'eau-forte; né à Paris en 1604; mort dans la même ville en 1686.

2096. La Fontaine monumentale (R.-D. 49). Très-belle épreuve.

MECKEN (Israel de) peintre et graveur au burin; né à Meckenen sur la Meuse, vers le milieu du XVe siècle; mort selon les uns en 1523, selon les autres en 1528.

2097. Le Crucifiement (B. 18). Très-belle épreuve; mais manquant un peu de conservation.

2098. L'Annonciation (B. 34). Superbe épreuve, le coin gauche supérieur est restauré.

2099. La Vierge assise dans une cour (B. 46). Très-belle épreuve; elle est tachée d'huile, vers le bas de la gauche.

2100. Deux Singes avec leurs petits (B. 190). Superbe épreuve.

2101. Les deux Singes enchaînés (B. 191). Superbe épreuve.

2102. Caractères alphabétiques avec arabesques, représentant les lettres *A. B. C. D.* (B. 210). Très-belle épreuve avec marge; elle a une petite restauration, au verso de la gauche de la lettre *C.*

2103. Sainte Hélène. Cette sainte est représentée debout, et vue presque de face, dirigée vers la droite, la tête couronnée, et la main gauche appuyée contre une croix; elle tient sous son bras droit un livre. Dans la partie supérieure, au-dessous de la traverse de la croix, on lit : *Sancta Helena.* Hauteur. 121 millimètres ; largeur : 72 millimètres. Morceau très-rare, *non décrit* par Bartsch. Fort belle épreuve.

MEERE (J... DE), peintre et graveur à l'eau-forte ; florissait à Gand en 1800.

2104. Paysage en largeur, orné de figures et d'animaux, d'après *v. Uden* (Lucas van Uden). Morceau légèrement gravé, avec esprit. Belle épreuve.

MEHUS ou **MEUS** (LIÉVAIN), peintre et graveur à l'eau-forte ; né à Audenaerde en 1630 ; mort à Florence en 1691.

2105. Décoration, où deux cariatides soutiennent une architrave ; au tiers de la hauteur, à gauche, on lit : *Liuio m. f.* Pièce fort rare. Très-belle épreuve.

MEIER (MELCHIOR), dessinateur et graveur au burin allemand, sur lequel nous n'avons pas de données.

2106. Apollon écorchant Marsyas. Très-belle pièce en largeur, gravée en 1581. Superbe épreuve.

MESLIN, **MELLIN** ou **MELIN** (CHARLES), peintre et graveur à l'eau-forte ; né en Lorraine, dans le commencement du XVIIe siècle ; mort vers 1650.

2107. *Ex voto.* Seule pièce gravée par ce maître (R.-D. 1). Très-belle épreuve du premier état, avant cette adresse : *J. Robillart ex.*, dans la marge du bas à gauche.

2108. Le même sujet (R.-D. 1). Très-belle épreuve du deuxième état, *non décrit*, avec l'adresse de J. Robillart.

MELLAN (CLAUDE), dessinateur et graveur au burin ; né à Abbeville en 1601 ; mort à Paris en 1688.

2109. Le Christ nu, couronné d'épines par des soldats. Belle épreuve avec marge.

2110. Ange debout sur des nuages, tenant une banderolle, sur laquelle on lit : *Prières et instrvctions chrestiennes.* Deux très-belles épreuves, dont une avant l'inscription.

2111. Titre des œuvres de Tristan. Deux très-belles épreuves, dont une avant l'inscription : *Les Amovrs de Tristan.*

2112. Anne d'Autriche, reine de France. Belle épreuve.

2113. Victor Le Bouthillier, archevêque de Tours. Belle épreuve avec de grandes marges.

2114. Henri-Louis Habert de Montmort. Belle épreuve tirée avant cette adresse: *A Paris, chez Vanheck*, à la gauche du bas de l'ovale.

Le même portrait. Épreuve avec l'adresse ci-dessus. mentionnée.

2115. Henriette-Marie de Buade Frontenac, femme de Henri-Louis Habert de Montmort.

2116. Henri de Mesmes, président à mortier au parlement de Paris. Belle épreuve.

2117. Louis d'Orléans, d'après J. Le Grain Polo. Belle épreuve.

2118. Claude de Rebe, archevêque de Narbonne. Belle épreuve.

2119. Armand-Paul du Plessis, cardinal, duc de Richelieu. Belle épreuve.

2120. Pierre Séguier, chancelier de France. Superbe épreuve. Rare de cette beauté.

2121. Femme nue sur un lit, un amour lui soulève la jambe, et un autre amour lui présente un raisin; derrière elle, une souricière. Morceau très-rare et non terminé. Fort belle épreuve.

MENANT (P...), dessinateur et graveur à l'eau-forte, sur lequel nous n'avons pas de données.

2122. Vue d'une église de village; on remarque à droite, un gros arbre. Très-belle épreuve; les angles du haut et celui de la gauche du bas sont restaurés.

MERCATI (JEAN-BAPTISTE), peintre et graveur a l'eau-forte; né à Borgo-san-Sepolcro, dans la seconde moitié du XVIe siècle; florissait à Rome, entre les années 1616 et 1637.

2123. Le Baptême de Jésus-Christ, dans le Jourdain (B. I). Très-belle épreuve.

MERLEN (Théodore-Jean van), dessinateur et graveur au burin flamand; florissait dans la première moitié du XVII siècle.

2124. L'arche de Noé. Petit morceau ovale, en hauteur. Très-belle épreuve.

MEUNIER (Louis), dessinateur et graveur à l'eau-forte; né en France, dans la première moitié du XVIIe siècle.

2125. Titre représentant un cartouche d'ornements en rinceaux, entremêlés de guirlandes de fleurs, où se jouent des amours (R.-D. 1). Très-belle épreuve du deuxième état, avec la lettre; mais avant l'adresse de N. Bonnart. Elle a de la marge.

MEYER (Théodore), peintre et graveur à l'eau-forte; né à Zurich en 1571; mort dans la même ville en 1658.

2126. M. Burckard Leemann, pasteur de l'église de Zurich en 1608. Très-belle épreuve.

MEYER (Conrad), peintre et graveur à l'eau-forte; né à Zurich en 1619; mort dans la même ville en 1689.

2127. Jean-Jacques Breitinger, pasteur de l'église de Zurich en 1613. Belle épreuve.

MEYER ou **MEIER** (Félix), peintre et graveur à l'eau-forte; né à Winterhur en 1653; mort à Wyden en 1713.

2128. Deux paysages: dans l'un on remarque, à gauche, des rochers avec cascades, et dans le fond une tour carrée en ruine; dans l'autre, on voit à droite, au-delà d'un arbre, une statue mutilée, et à gauche une fontaine. Très-belles épreuves.

2129. Deux autres paysages. Le premier représente un site de rochers; dans le fond, vers la droite, deux figures dont une assise. Le second offre, presqu'au milieu du deuxième plan, deux arbres près d'un sarcophage. Très-belles épreuves.

2130. Deux autres paysages: l'un représente la vue d'un fleuve, au bord duquel on remarque une tour ronde, et dans le fond une chaîne de hautes montagnes; l'autre représente à droite des ruines, et vers la gauche du fond une pyramide. Très-belles épreuves.

2131. Paysage de forme ovale, d'après un dessin d'Abraham Genoels ; on y voit sur le devant une pièce d'eau, au bord de laquelle trois femmes sont assises. Très-belle épreuve avec marge.

MEYERINGH (Albert), peintre et graveur à l'eau-forte ; né à Amsterdam en 1645 ; mort en 1714.

2132. Entrée de grotte, où l'on voit un scabellon, portant ce titre : *Eenige Landschappen geinventeert, geetzt en uytgegeven door Albert Meyeringh in Amsterdam* 1695 (B. 1). Rare et très-belle épreuve du premier état, *non décrit*, avant que l'année 1695 n'ait été enlevée; elle a de la marge.

2133. La même vue (B. 1). Très-belle épreuve du deuxième état (celui décrit), après la suppression de la date; elle a de la marge.

2134. Le Troupeau de moutons (B. 2). Très-belle épreuve avec marge.

2135. Le même (B. 2). Très-belle épreuve, avec une marge plus grande que la précédente.

2136. Le Joueur de flûte (B. 3). Très-belle épreuve du premier état, *non décrit*, avant divers travaux, notamment les tailles horizontales sur le terrain, près de l'homme assis; elle a de la marge.

2136 *bis*. Le même (B. 3). Belle épreuve de la planche terminée.

2137. Le Sarcophage, orné de deux cèdres (B. 5). Très-belle épreuve avec marge.

2138. Pan et Syrinx (B. 7). Rare et fort belle épreuve du premier état, *non décrit*, avant grand nombre de travaux, notamment sur le terrain et sur le rocher du premier plan ; elle a de la marge.

2139. Le même sujet (B. 7). Très-belle épreuve de la planche terminée; le rocher et le terrain de devant se détachent en vigueur sur le fond; elle a de la marge.

2140. Le Mausolée (B. 8). Belle épreuve.

2141. Le Chariot de foin (B. 9). Belle épreuve.

2142. Le Mur du jardin (B. 10). Belle épreuve avec marge.

2143. Le même (B. 10). Belle épreuve avec une marge plus grande que la précédente.

1144. Le Pont (B. 12). Très-belle épreuve avec marge.

2145. Le même (B. 12). Très-belle épreuve avec de grandes marges.

2146. La Chûte d'eau (B. 13). Très-belle épreuve avec marge.

2147. La même (B. 13). Très-belle épreuve.

2148. Les Pêcheurs (B. 14). Très-belle épreuve.

2149. Les mêmes (B. 14). Belle épreuve avec de très-grandes marges.

2150. La Bourrasque (B. 15). Très-belle épreuve avant quelques legers travaux, notamment la reprise du contour des jambes de l'homme; elle laisse un peu à désirer pour la conservation.

2151. La même (B. 15). Très-belle épreuve, avec les travaux additionnels; elle a de la marge.

2152. Le Coup de fusil (B. 16). Très-belle épreuve, avec de grandes marges.

2153. Le même (B. 16). Belle épreuve avec marge.

2154. La Statue tronquée (B. 17). Très-belle épreuve, d'une grande finesse.

2155. Les Bergères (B. 19). Très-belle épreuve, d'une grande finesse.

2156. La Pêche aux écrevisses (B. 20). Très-belle épreuve avec de grandes marges.

2157. La même (B. 20). Épreuve pareille à la précédente.

2158. Les Bergers (B. 21). Très-belle épreuve.

2159. Les mêmes (B. 21). Belle épreuve avec de grandes marges.

2160. Le Berger jouant de la flûte (B. 22). Très-belle épreuve.

2161. Le même (B. 22). Très-belle épreuve.

2162. Le Pont de bois (B. 23). Très-belle épreuve.

2163. Le même (B. 23). Fort belle épreuve avec de très-grandes marges.

2164. L'inscription (B. 24). Très-belle épreuve avec de grandes marges.

1165. Les Baigneurs (B. 26). Superbe épreuve; elle a deux déchirures au milieu: une en haut et l'autre en bas.

2166. Deux paysages avec fabriques, ornés de figures. Ils sont gravés sur la même planche (Weigel, 27). Très-belle épreuve du premier état.

MICHEL (Jean-Baptiste), graveur à l'eau-forte et au burin; né à Paris en 1748; mort en 1804.

2167. Paysans jouant aux cartes, d'après David Teniers. Très-belle épreuve.

MIELE (Jean), peintre et graveur à l'eau-forte; né dans un bourg à dix lieues d'Anvers en 1599; mort à Turin en 1864.

2168. Le Berger (B. 1). Très-belle épreuve.

2169. Le siége de Maestricht, par Alexandre de Parme, 1579 (B. 4). — La prise de la ville de Maestricht (B. 5). — La prise de la ville de Bonn par le prince de Chimay en 1588 (B. 6). Pièces extrêmement rares. Très-belles épreuves avec de grandes marges. En tout 3 estampes.

2170. Fronstispice de livre (B. 8). Copie en contre-partie gravée au burin, de l'estampe de ce maître. Belle épreuve.

Le Père Éternel avec le Saint-Esprit. Morceau en largeur, attribué par quelques curieux à ce maître. Belle épreuve.

2171. La sainte Famille avec le petit saint Jean; morceau décrit, à tort, par Bartsch dans l'œuvre de B. Biscaino, sous le n° 25 (Weigel, 11). Belle épreuve, mais manquant de conservation.

MILATZ (F... A...), peintre et graveur à l'eau-forte; né à Harlem en 1763; mort en 1808.

2172. Deux paysages : dans l'un on voit, vers la droite, deux hommes assis au bord d'un chemin; dans l'autre, on remarque un cavalier et un homme luttant contre l'orage. Très-belles épreuves avec marges.

MILÉ (T...), graveur en manière noire, sur lequel nous n'avons pas de données.

2173. David tenant, par les cheveux, la tête de Goliath; au bas de la droite, on lit : *T : Milé f. J : v somer ex.* Deux belles épreuves, dont une avant la lettre.

MILET ou **MILLET** (Jean-François); dit *Francisque*, peintre et graveur à l'eau-forte; né à Anvers en 1643 ou 1644; mort à Paris en 1680.

2174. Les deux Amants (R.-D. 1). Morceau fort rare. Belle épreuve.

2175. Le Voyageur (R.-D. 2). Morceau fort rare. Très-belle épreuve, mais manquant de conservation.

MITELLI (Joseph-Marie), peintre et graveur à l'eau-forte; né à Bologne en 1634; mort dans la même ville en 1718.

2176. Saint Léon, pape, venant à la rencontre d'Attila, d'après C. Alexandre Algardi (B. 28). Très-belle épreuve du premier état, à l'eau-forte seulement.

2177. Le même sujet (B. 28). Belle épreuve du deuxième état, avec la retouche au burin et la lettre.

MOITTE (Pierre-Étienne), graveur à l'eau-forte et au burin; né à Paris en 1722; mort dans la même ville en 1780.

2178. Henri-Louis Duhamel, inspecteur général de la marine, d'après *Drouays* le fils. Très-belle épreuve avec marge.

2179. Julien le Roy, horloger du roi, d'après Perronneau. Très belle épreuve; elle a de la marge.

MOL (Jean-Baptiste van), peintre et graveur à l'eau-forte; contemporain de Rembrandt.

2180. Sainte Magdeleine, à genoux, dans une grotte; au-dessous d'une pierre, sur laquelle est un vase à parfums : *J. B. M. fecit anno* 1637. Pièce fort rare. Très-belle épreuve.

MOL (Robert de), peintre et graveur à l'eau-forte, sur lequel nous n'avons pas de données.

2181. La défaite de Darius par Alexandre, d'après Pierre Berettini, dit *Pietre de Cortone*. Très-rare et fort belle épreuve d'eau pure, avant les armes et la lettre; elle laisse un peu à désirer pour la conservation.

2182. Le même sujet. Belle épreuve de la planche terminée, avec les armes et la lettre; elle laisse aussi un peu à désirer pour la conservation.

MOLYN (Pierre de) le père, peintre et graveur à l'eau-forte; né à Harlem, vers 1598; l'année de sa mort n'est pas connue.

2183. Différents paysages ornés de figures. Suite de quatre estampes. Au milieu du haut du premier morceau, dans un cartouche, on lit : *Pieter de Molyn fecit et excudit Ano* 1626. Belles épreuves avec marges.

MONTAGNA (Benoit), peintre et graveur au burin; né à Vicence en 1458; mort à Vérone, vers 1530.

2184. Saint Jérôme assis à terre, sous un rocher percé (B. 14). Belle épreuve.

MONTAGNE ou de **PLATE-MONTAGNE** (Michel), peintre et graveur à l'eau-forte; né à Anvers en 1600; mort à Paris en 1660 ou 1666.

2185. Le quai en avant des ruines (R.-D. 13). Très-belle épreuve du premier état.

La mère et son enfant (R.-D. 15). Très-belle épreuve du premier état; elle est rognée au trait carré, dans la partie supérieure.

MOOR (Charles de), peintre et graveur à l'eau-forte; né à Leyde en 1656; mort à La Haye en 1738.

2186. Jean van Goyen, peintre hollandais. Très-belle épreuve, mais manquant de conservation.

2187. François Mieris, peintre à Leyde. Belle épreuve avec de grandes marges.

2188. Le même personnage. Il est représenté comme dans la pièce précédente, vu de trois-quarts dirigé à gauche; le pilastre ne s'y trouve pas, la planche étant plus étroite. Ce morceau, gravé librement à l'eau-forte, est regardé par quelques curieux, comme une production de ce maître. Extrêmement rare. Superbe épreuve.

MOREELSE ou **MOREELSEN** (Paul), peintre et graveur à l'eau-forte et en clair obscur; né à Utrecht en 1571; mort dans la même ville en 1638.

2189. Berger debout près d'une bergère assise, et tenant sur ses genoux un nid d'oiseaux. Morceau en largeur, sans nom ni marque. Rare. Très-belle épreuve.

2190. La mort de Lucrèee. Morceau gravé en clair-obscur. Pièce rare. Très-belle épreuve avec marge.

MORGHEN (Raphael), graveur à l'eau-forte et au burin; né à Naples en 1758; mort à Florence en 1833.

2191. La Cène, d'après le sujet peint dans le réfectoire des Dominicains, à Milan, par Léonard de Vinci; dans la marge, on lit cette inscription : Amen dico vobis quia unus vestrum me traditurus est. *Matt : C: XXVI;* et au-dessous, la dédicace à Ferdinand III. Superbe épreuve avant la lettre; seulement les armes, et les noms d'auteurs et la dédicace tracés à la pointe. Elle est encadrée.

2192. Le Soleil, sous la figure d'Apollon, assis sur un char traîné par quatre chevaux de front; les Heures l'accompagnent en dansant autour du char que précède l'Amour tenant un flambeau, et l'Aurore qui sème des fleurs. Cette très-belle estampe, d'après la fresque du Guide, est connue sous le nom de *le Char de l'Aurore*. Fort belle épreuve avant la lettre; seulement les noms d'auteurs. Elle est encadrée.

2193. La Charité allaitant un enfant; deux autres enfants sont dans ses bras; d'après *le Corrège*. Superbe épreuve avant toutes lettres. Rare.

2194. L'image de la vie humaine, ou le Temps faisant danser les Heures, d'après N. Poussin. Superbe épreuve avant la lettre et avec les armes; la dédicace et les noms du peintre, du dessinateur et du graveur sont tracés à la pointe. Elle a de très-grandes marges. Rare de cette beauté.

2195. Apollon et les Muses sur le Parnasse, d'après la composition que Raphaël Mengs a peinte dans la galerie de la villa Albani. Superbe épreuve avant toutes lettres; elle a de grandes marges. Très-rare à rencontrer de cette beauté.

2196. François de Moncade, marquis d'Aytonne, à cheval, d'après A. Van Dyck. Superbe épreuve avant la lettre, et la contre-taille sur la cuirasse.

MORIN (Jean), peintre et graveur à l'eau-forte; né à Paris, au commencement du XVIIe siècle; mort dans la même ville, vers 1666.

2197. La Sainte Face (R.-D. 23). Belle épreuve du deuxième état.

2198. La Vierge transportée au ciel (R.-D. 29). Belle épreuve; elle a de la marge.

2199. Groupe de deux anges (R.-D. 37). Très-belle épreuve.

2200. Anne d'Autriche, reine régente de France (R.-D. 40). Superbe épreuve.

2201. Robert Arnauld d'Andilly (R.-D. 42). Très-belle épreuve.

2202. Guido Bentivoglio, cardinal (R.-D. 43). Très-belle épreuve.

2203. Pierre Berthier, évêque de Montauban (R.-D. 44). Très-belle épreuve du deuxième état; elle a de la marge.

2204. Saint Charles Borromée (R.-D. 45). Belle épreuve à toutes marges.

2205. Le même saint (R.-D. 46). Superbe épreuve du deuxième état.

2206. Théophile Brachet de la Milletière (R.-D. 48). Rare et belle épreuve du premier état, *non décrit*, avant divers travaux, notamment sur le haut de la joue gauche du personnage, du côté de l'ombre; cette place, presque blanche, s'accorde mal avec les autres parties.

2207. Le même portrait (R.-D. 48). Belle épreuve du deuxième état, avec les travaux additionnels, principalement sur la joue gauche du personnage, pour donner de l'harmonie à cette partie.

2208. Jean-Pierre Camus, évêque de Bellay (R.-D. 49). Très-belle épreuve.

2209. N. Chrystin (R.-D. 51). Très-belle épreuve.

2210. Jérôme Franck, peintre (R.-D. 52). Superbe épreuve du deuxième état.

2211. François Potier, marquis de Gesvres (R.-D. 53). Très-belle épreuve; elle a de la marge.

2212. Honorine Grimberghe, comtesse de Bossu (R.-D. 55). Très-belle épreuve du premier état, *non décrit*, avant que les angles du bas et le gauche supérieur du cuivre, qui sont ici aigus, n'aient été arrondis. Fort rare. Elle a de la marge.

2213. Le même portrait (R.-D. 55). Très-belle épreuve du deuxième état, avec les angles arrondis; elle a de la marge.

2214. La même Dame (R.-D. 56). Très-belle épreuve du premier état.

2215. Henri de Lorraine, duc de Guise, comte d'Eu (R.-D. 57). Superbe épreuve; elle a de la marge.

2216. Henri de Lorraine, comte d'Harcourt, grand-écuyer de France (R.-D. 58). Belle épreuve; elle a de très-grandes marges.

2217. Henri II, roi de France (R.-D. 59). Superbe épreuve.

2218. Henri IV, roi de France (R.-D. 60). Belle épreuve du deuxième état, *non décrit*, avec cette adresse : *A Paris chez Bligny Peintre, Doreur Cour du manege aux Thuilleries*, entre le nom du peintre et celui du graveur. Elle est à toutes marges.

2219. Corneille Jansenius, évêque d'Ypres (R.-D. 61). Très-belle épreuve du premier état; elle a de la marge.

2220. Marguerite Lemon (R.-D. 62). Superbe épreuve du deuxième état.

2221 Louis XI, roi de France (R.-D. 63). Très-belle épreuve.

2222. Louis XIII, roi de France (R.-D. 64). Très-belle épreuve. Cabinet Robert-Dumesnil.

2223. Le président de Maisons (R.-D. 65). Très-belle épreuve.

2224. Michel de Marillac, garde des sceaux (R.-D. 66). Belle épreuve; elle a de la marge.

2225. Le même portrait (R.-D. 66). Épreuve de la planche coupée en ovale, et publiée par Bligny. Elle a de la marge.

2226. Pierre Maugis des Granges (R.-D. 67). Très-belle épreuve; elle laisse à désirer pour la conservation.

2227. Le cardinal Mazarin (R.-D. 68). Belle épreuve d'un état antérieur au premier décrit; elle est beaucoup moins travaillée dans toutes les parties de la planche :

la calotte, le rabat et le camail du personnage, du côté d'où vient le jour, sont avant les contre-tailles. Extrêmement rare.

2228. Le même portrait (R.-D. 68). Très-belle épreuve du premier état décrit.

2229. Jacques Le Mercier, architecte (R.-D. 69). Superbe épreuve du premier état, *non décrit*, avec les angles du cuivre aigus. Très-rare. Elle a de grandes marges.

2230. Le même portrait (R.-D. 69). Très-belle épreuve du deuxième état, avec les angles du cuivre arrondis. Elle a de grandes marges.

2231. Nicolas de Netz, évêque d'Orléans (R.-D. 70). Très-belle épreuve; elle a de la marge.

2232. Philippe II, roi d'Espagne (R.-D. 71). Très-belle épreuve; elle a de la marge.

2233. Le cardinal de Richelieu (R.-D. 72). Fort belle épreuve; elle a de très-grandes marges.

2234. Omer Talon, avocat général au parlement de Paris (R.-D. 74). Belle épreuve du deuxième état, avec la lettre; mais avant les travaux faits depuis sur le manteau, à droite : cette partie est du même ton que celle de gauche. Elle manque de conservation.

2235. Le même portrait (R.-D. 74). Belle épreuve du troisième état, avec les travaux additionnels; le manteau, à droite, se détache en vigueur de la bordure. Elle est mal conservée.

2236. Dom Jean-Grégoire Tarrisse, général de la congrégation de Saint-Maur (R.-D. 75). Superbe épreuve.

2237. Michel Le Tellier, (R.-D. 76). Superbe épreuve, avec les angles du cuivre aigus; elle a de la marge.

2238. Le même portrait (R.-D. 76). Très-belle épreuve; elle est rognée sur le bord du cuivre, à l'exception du bas.

2239. Augustin de Thou, premier du nom (R.-D. 77) Superbe épreuve.

2240. Christophe de Thou (R.-D. 78). Très-belle épreuve, mais en mauvais état de conservation.

2241. Jacques Tubœuf (R.-D. 80). Superbe épreuve avec de grandes marges.

2242. Charles de Valois, duc d'Angoulême (R.-D. 81) Superbe épreuve; elle a de la marge.

2243. Jean du Verger de Hauranne, abbé de Saint-Cyran (R.-D. 82). Très-belle épreuve du premier état.

2244. Jean-Baptiste-Amador Vignerod ou Wignerod (R.-D. 85). Très-belle épreuve du deuxième état.

2245. François de Villemontée (R.-D. 86). Superbe épreuve.

2246. Nicolas de Neufville, marquis de Villeroy (R.-D. 87). Superbe épreuve; elle a de la marge.

2247. Antoine Vitré (R.-D. 88). Très-belle épreuve; elle est à toutes marges.

2248. L'Enclos (R.-D. 90). — Les ruines à gauche (R.-D. 91). Très-belles épreuves du premier état.

2249. Suite de quatre paysages en hauteur, d'après Jacques Fouquier ou Fouquières : paysan et paysanne en marche; le chariot; le cavalier; les deux chaumières (R.-D. 95 à 98). Très-belles épreuves; celles des n°s 97 et 98 manquent de conservation.

2250. Suite de quatre pièces : Le Bouvier assis; la Cafarelle; la vieille Femme assise; Vestiges d'Aqueduc (R.-D. 99 à 102). Très-belles épreuves. Plus, le Bouvier assis, épreuve avec *A* 1 sur le ciel, à gauche, et l'adresse de la veuve de F. Chereau dans la marge du bas; la Vieille Femme assise, avec *A* 2 sur le ciel, à gauche. En tout 6 estampes.

2251. La Chasse aux canards (R.-D. 103); le Bouvier près d'une mare (R.-D. 104); la Paysanne en marche (R.-D. 105). Superbes épreuves; elles ont des marges.

MOUCHERON (ISAAC), peintre et graveur à l'eau-forte; né à Amsterdam en 1670; mort dans la même ville en 1744.

2252. Zaal Stucken..... ou peintures d'Isaac Moucheron dans la maison H. D. B. Metzquita. Quatre morceaux en hauteur numérotés de 1 à 4. Très-belles épreuves avec remarques : celle du premier morceau est avant l'adresse, et avant les changements dans l'effet; il n'y a point de tailles perpendiculaires sur les eaux; celle du second est avant cette adresse : *by Ysack en Barent Greve Exc.*, à l'angle gauche inférieur au-dessus du trait carré; et celle du quatrième morceau est aussi avant l'adresse de l'éditeur : *By Ysack en Barent Greve Excudit*, dans la marge du bas, à gauche.

2253. Vue d'un jardin ; on remarque, vers la droite, deux femmes et un homme près d'un terme, et sur le devant, du côté gauche, deux chiens. Rare et très-belle épreuve avant divers travaux, notamment les contre-tailles perpendiculaires sur le terme.

2254. La même vue. Très-belle épreuve de la planche terminée; mais avant l'adresse de : *Ysack en Barent Greve Excudit*, dans le bas à gauche, au-dessous du trait carré. Elle a de la marge.

2255. Autre vue d'un jardin, où l'on remarque sur le devant deux fontaines surmontées de sphynx. Rare et très-belle épreuve avant divers travaux, notamment les contre-tailles diagonales sur les peupliers, qu'on voit derrière le sphynx qui est à droite.

2256. La même vue. Très-belle épreuve de la planche terminée; mais avant l'adresse de : *'t Amsterdam by Ysack en Barent Greve* etc , dans la marge du bas à gauche.

2257. Paysage arcadique : on remarque sur le premier plan, à droite, deux femmes, et à gauche, un tombeau. Très-belle épreuve avant l'adresse de : *by Ysack en Barent Greve Ecudit*. Elle a une tache d'huile, au milieu du ciel, près de la bordure.

2258. Les sept mêmes vues de Jardins; quatre en hauteur, trois en largeur. Très-belles épreuves des planches terminées, mais avant l'adresse de : *by Ysack en Barent Greve*, etc.; elles ont de très-grandes marges.

2259. Deux pièces de la suite précédente : nos 2 et 3. Belles épreuves du même état, mais ayant des marges moins grandes.

MOYAERT ou **MOOJAERT** (NICOLAS), peintre et graveur hollandais; florissait dans la première moitié du XVIIe siècle.

2260. Histoire de Jacob. Suite de six estampes, numérotées de 1 à 6, savoir : 1) Le Songe de Jacob. — 2) Visite de Jacob à Rachel. — 3) Laban et Jacob. — 4) Jacob luttant avec l'Ange. — 5) Réconciliation de Jacob et d'Esaü. — 6) Jacob enfouissant les idoles. Morceaux rares. Très-belles épreuves.

2261. Pâtre gardant les animaux. Très-belle épreuve.

Bœufs, vaches et moutons dans une campagne. Très-belle épreuve.

MOYREAU (JEAN), graveur à l'eau-forte et au burin ; né à Orléans en 1691 ; mort à Paris en 1762.

2262. L'Empire de Flore, d'après N. Poussin. Très-belle épreuve avec marge.

2263. *La Colation*, d'après Ant. Watteau. Très-belle épreuve; elle a de la marge.

MULLER (HERMAN), dessinateur et graveur au burin; né à Amsterdam, vers le milieu du XVIe siècle.

2264. Flore, d'après *A. Blommaert*. Cette déesse est représentée assise, une corbeille de fleurs sur le bras droit. Jolie pièce de forme ronde. Très-belle épreuve avec l'adresse du graveur.

MULLER (JEAN), graveur au burin; né en Hollande, vers 1570; l'année de sa mort n'est pas connue.

2265. La Fuite en Égypte; la Vierge assise au pied d'un arbre, tient l'Enfant-Jésus dans ses bras (B. 6). Très-belle épreuve.

2266. Chilon, législateur de Sparte, vu en buste dans un ovale (B. 13). Très-belle épreuve.

2267. Bartholomé Spranger, peintre d'Anvers (B. 21). Très-belle épreuve du premier état, avant l'adresse de Corneille Danckerts.

2268. Jean Sweling, musicien et organiste à Amsterdam (B. 22). Superbe épreuve du premier état, *non décrit*, avant toute lettre et avant la réduction de la planche; la marge inférieure du cuivre a 6 millimètres de plus que dans l'état décrit par Bartsch. Extrêmement rare.

2269. Mercure présentant le jeune G. Spranger à Minerve, qu'on voit assise au milieu de la composition, d'après B. Spranger (B. 67). Rare et superbe épreuve du premier état, *non décrit*, avant divers travaux, notamment la contre-taille sur la marche du siége, au-dessous du pied gauche de la déesse; elle est paraphée par le peintre.

Le même sujet (B. 67). Très-belle contre-épreuve tirée sur une épreuve de la planche terminée; elle a de la marge, et porte aussi le paraphe de Spranger.

2270. Un Faune se faisant ôter par un Satyre une épine du pied (B. 71). Très-belle épreuve du premier état, avant le changement d'inscription.

MULLER (GUSTAVE ADOLPHE), graveur à l'eau-forte, au burin et en manière noire; né à Vienne, vers 1700; l'année de sa mort n'est pas connue.

2271. Jacob Van Schuppen, d'après son portrait peint par lui-même. Très-belle épreuve; elle a de la marge.

MULLER (JEAN-GOTTHARD), graveur à l'eau-forte et au burin; né à Bernhausen, dans le Wurtemberg, en 1747; mort à Stuttgard en 1830.

2272. *Alexandre vainqueur de soi-même*, d'après G. Flinck. Très-belle épreuve avant la lettre.

2273. Frédéric-Maurice de La Tour d'Auvergne, vicomte de Turenne, d'après R. Nanteuil. Très-belle épreuve; elle a de grandes marges.

MULLER (Frédéric), dessinateur et graveur au burin; né à Stuttgard en 1782; mort près de Pirna en 1816.

2274. Hufeland, médecin, d'après F. Tischbein. Fort belle épreuve, avec le nom du personnage au simple trait; elle a de très-grandes marges.

2275. Amour tenant de ses deux mains l'une des nageoires d'un dauphin. Étude partielle de la Galatée de H. Goltzius, d'après Raphaël. Très-belle épreuve avec marge.

Autre étude d'après Gér. Édelinck; elle représente un génie, une plume à la main, monté sur le dos d'une figure à oreilles d'âne. Très-belle épreuve avec marge.

MULLER (Henri-Charles), graveur au burin; né à Strasbourg en 1784.

2276. La Madonna di S. Sisto, d'après Raphaël. Jolie petite pièce en hauteur. Très-belle épreuve avant la lettre; seulement cette indication à la pointe : *C. Müller sc.* 1818. Elle est sur papier de Chine, avec de grandes marges. Cabinet Révil.

MUNNICKUYSEN (Jean), graveur au burin; né dans la Frise en 1636; l'année de sa mort n'est pas connue.

2277. Henri-Théodore Spiegel, bourgmestre et conseiller, d'après *N. Limburgh*. Très-belle épreuve.

MUSIS (Augustin de), dit *Augustin Vénitien*, graveur au burin; né à Venise, vers 1490; mort à Rome on ne sait en quelle année.

2278. La Sibylle de Cumes, d'après Raphaël (B. 123). Superbe épreuve du premier état, avant l'adresse d'Ant. Salamanca et la retouche. Cabinets de Gérard, sculpteur, et Van den Zande.

2279. Iphigénie, devenue prêtresse dans la Tauride (B. 194). Très-belle épreuve du premier état, avant l'adresse d'Ant. Salamanca.

2280. L'Empereur rencontrant le guerrier, d'après Raphaël (B. 196). Belle épreuve.

2281. L'Amour de la gloire (B. 370). Ce morceau en hauteur, d'une exécution très-soignée, est regardé comme étant d'après Raphaël. Très-belle épreuve.

2282. Chapiteau, base et entablement de l'ordre Corinthien (B. 531 à 533). Superbes épreuves du premier état, avant l'adresse d'Ant. Salamanca.

MUSSCHER (Michel van), peintre et graveur en manière noire; né à Rotterdam en 1645; mort à Amsterdam en 1705.

2283. Michel van Musscher, d'après son portrait peint par lui-même.

MYTENS (Martin), peintre et graveur en manière noire; né à la Haye, vers 1630; mort en Suède on ne sait en quelle année.

2284. Jacob de Wilde, célèbre antiquaire à Amsterdam. Morceau rare. Très-belle épreuve.

Impr. de A. Guyot et Scribe, 18, rue Neuve-des-Mathurins.

www.ingramcontent.com/pod-product-compliance
Ingram Content Group UK Ltd.
Pitfield, Milton Keynes, MK11 3LW, UK
UKHW021104230726
13926UKWH00004B/2000